21世纪通用法学系列教材

经济法

（第二版）

LAW TEXTBOOKS FOR NON-LEGAL MAJORS

主 编 于朝印 张晓霞

副主编 刘中建 黄淑慧 李 艳

撰稿人 （以撰写章节先后为序）

于朝印 周艳丽 黄淑慧

王 华 张晓霞 李 艳

张 闽 刘中建 赵建良

中国人民大学出版社

· 北京 ·

图书在版编目（CIP）数据

经济法/于朝印，张晓霞主编．--2版．--北京：
中国人民大学出版社，2021.7
21世纪通用法学系列教材
ISBN 978-7-300-29548-0

Ⅰ.①经…　Ⅱ.①于…　②张…　Ⅲ.①经济法—中国
—高等学校—教材　Ⅳ.①D922.29

中国版本图书馆CIP数据核字（2021）第123399号

21世纪通用法学系列教材
经济法（第二版）
主　编　于朝印　张晓霞
副主编　刘中建　黄淑慧　李　艳
Jingjifa

出版发行	中国人民大学出版社		
社　　址	北京中关村大街31号	**邮政编码**	100080
电　　话	010-62511242（总编室）		010-62511770（质管部）
	010-82501766（邮购部）		010-62514148（门市部）
	010-62515195（发行公司）		010-62515275（盗版举报）
网　　址	http://www.crup.com.cn		
经　　销	新华书店		
印　　刷	北京昌联印刷有限公司	**版　　次**	2019年2月第1版
规　　格	185 mm×260 mm　16开本		2021年7月第2版
印　　张	14.5 插页1	**印　　次**	2021年7月第1次印刷
字　　数	354 000	**定　　价**	42.00元

主编简介

于朝印，山东财经大学法学院教授，法学博士，硕士生导师，美国哥伦比亚大学法学院2017年度访问学者。主要从事经济法、金融法和信托法的教学与研究。公开发表论文40余篇，主编、参编教材多部，主持、参与国家级、省部级科研项目多项。

张晓霞，山东财经大学教授，博士，硕士生导师，主要从事劳动法与社会保障法、经济法的教学与研究。在核心刊物上发表论文多篇，主持国家级、省部级课题多项。

第二版修订说明

《经济法》自出版以来，被诸多兄弟院校采用，许多读者提出了宝贵意见。2020 年 5 月 28 日十三届全国人大三次会议通过的《中华人民共和国民法典》，健全了我国的民事法律体系，成为我国法制建设的重要里程碑。为了更好地满足教学需要、全面反映我国法制建设的最新成果，我们对教材进行了部分修订，修订的内容主要包括合同法、税法与商标法。

于朝印、张晓霞、赵建良参加了具体的修订工作。

2021 年 6 月

前　言
——为新时代大学生成长而编写

教材是教学的基本要素之一，是教师进行教学的蓝本，是学生获取知识的重要载体。

传统的经济法教材在内容、体例和编写风格上已显陈旧和老套，明显不能满足新时代大学生对于新的教学理念、新的教学手段和新的教学内容的要求，与新时代教育理念与教育方法脱节。根据对数百名学生的调研，传统经济法教材存在着以下几个方面的问题。

第一，教材很多章节的内容几乎是法律条文的简单罗列，既缺少相应的案例支撑，又缺少对法律条文的具体分析和应用示范，使学生们普遍感觉经济法枯燥难学，学习积极性不高。

第二，教材内容安排不合理。传统的经济法教材内容呈现出大而全的特点，但随着许多专业教学计划的调整和课程课时的压缩，教材很多章节的教学任务无法在规定的课时内完成。许多章节不能作为教学内容，这不仅造成了资源的浪费，也导致学生对教学的严肃性和教材的规范性产生质疑。

第三，教材定位不准确。传统经济法教材内容大而全的编排体例并不适合非法学类专业学生的培养。传统经济法教材没有考虑非法学专业学生没有法律专业基础、教学课时短的实际情况，仍旧以法学专业培养目标为标准编排教材，明显不切实际。传统经济法教材一味强调知识体系的完整性、基础概念和基本原理的重要性，导致教学目标、培养目标与学生的实际情况脱节。

因此，针对调研过程中学生反映的实际问题，新教材的编写强调在以下几个方面加以改进。

第一，提高教材的可读性和亲和性。法律制定与修改的背后有着丰富的社会实践，法律制定与修改也体现了价值选择和理念判断，对于财经类专业的法律初学者来说，教材的编写要注重可读性和亲和性，让学生从更加多维的角度感知、认识法律，提高学生的阅读兴趣和学习兴趣。

第二，提高教材的思想性。教材不仅仅是传授知识的工具，还是传播思想的重要载体。法律课程应当通过教学活动让学生认识法律、遵守法律，培养法治思维，树立法治意识，因此，新教材着重增加思想引导性的内容。

第三，改革教材的编写体例。首先，本着精选教学内容、完成教学计划的原则，新教材对教学内容进行了甄选。其次，改变教材的编写思路，每章的内容不再强调体系的完整性，而是突出重点的理论与实践问题。教材编写不要求面面俱到，但对相关问题的讲解要力求完整，不再把法律行为与法律责任人为割裂开来。最后，强调案例教学，每章的内容结合该领域的热点或重点的法律问题编写，将知识介绍与案例分析结合起来，通过案例分析法律规范的选择适用，突出案例教学的比重。案例的编写分为案情介绍、裁判要旨、案例分析几个部分，分析部分直引相关法条，向学生表明具体法条在案件中的适用过程。

第四，注重与现代信息传播技术的融合。学校对课程的信息化建设提出了要求。结合学校的网络教学平台的建设，教材的编写兼顾了将来线上课堂、在线教育、拍摄视频课件等要求，契合了教育信息化发展的要求。

本教材是山东财经大学教学质量与教学改革建设的重要内容之一，适用于经济学、管理学及相关学科的本科教学。

本书主编是于朝印、张晓霞，副主编是刘中建、黄淑慧、李艳。编写的具体分工如下：

第一章：于朝印、周艳丽；

第二章：黄淑慧；

第三章：王华；

第四章：张晓霞；

第五章：李艳；

第六章：张闽；

第七章：刘中建；

第八章：赵建良。

教材的编写融入了一线教师多年来的教学感悟和所思所想，凝聚了一线教师们多年来兢兢业业的教学实践经验和探求真知的不懈努力。编写组经过多次沟通与论证，共同致力于编写一部内容紧凑、体例活泼、突出实用性、具有一定思想深度的精品教材。编写组认为，课程教学目标应当做适当的修正，不应当把理论扎实、基础牢固作为非法学专业学生的培养目标，教材面向的是一群没有多少法律基础的年轻人，在有限的学时里，应当以培养非法学专业学生的学习兴趣、开阔视野、提升法制素养为根本使命。

当然，教材的编写也存在着不足，希望在后续的使用中不断改进与完善，以更好地服务于经管类专业的教学，为学生专业素养的提高作出应有的贡献。

编　者

2018 年 12 月 3 日

目　录

绪　论

一、经济法的语源

根据目前文献，“经济法”的国外语源可以追溯到18世纪中期。据国内学者考证，法国空想社会主义者摩莱里（1720—1780年）是现有文献中最早使用“经济法”一语的学者。他在1755年出版的《自然法典》第四篇“合乎自然意图的法制蓝本”中使用了“经济法”一词，摩莱里赋予了“经济法”非常丰富的含义：第一，经济法实质上是分配法，是关于“自然产品或人工产品的分配”的法律规范；第二，经济法的宗旨在于“从根本上消除社会恶习和祸害”，从而促进理想社会的实现；第三，经济法具有仅次于宪法的崇高地位，是“基本的和神圣的法律”。1843年，法国另一位空想社会主义者泰·德萨米（1803—1850年）在其出版的《公有法典》中也对“经济法”进行了阐释，将“分配法或经济法”置于第二章“根本法”之后，在承袭摩莱里一些思想的同时，创造性地提出了对后来共产主义理论有重要贡献的按比例分配的思想。他强调：经济法就是用来实现其按比例分配思想、建造未来社会理想模式——“公社宫”、构造产品统计和分配的政治经济体制的重要分配制度。如果将《自然法典》中“经济法”语境与后世经济法的学术思想发展相映照，其“分配法或经济法”的表述已经透露出丰富而深刻的经济法思想，甚至还可以认为是后来许多关于经济法实质上是分配法的观点的“源头”。

在摩莱里之后、德萨米之前，法国重农学派学者尼古拉·博多（1730—1792年）在其名为《经济哲学初步入门，或文明状态分析》（1771年）的著作中，曾使用过类似“经济法”的词语（直译为“经济法规”）。法国经济学和社会学学者蒲鲁东（1809—1865年）在其1865年出版的《论工人阶级的政治能力》中也曾使用过“经济法”一词，被一些观点认为是“在法律意义上的首次使用”。他认为法律应该通过“普遍和解”的途径解决社会生活的矛盾。但如果不改组社会，“普遍和解”就无法实现。他认为，因为公法易于导致过多限制经济自由的危险，私法因其无法影响经济活动的全部结构，也无助于实现这一目标，所以，社会组织将建立在“作为政治法和民法之补充和必然结果的经济法”基础上。很多学者认可蒲鲁东的“经济法”概念基本上是在法律意义上使用的观点，其不仅从抽象的意义上界定经济法的基本特质（这一点摩莱里与德萨米不仅做到了，还从功能上将经济法界定为“分配法”），而且从法域归属上将其界定为公法与私法的“补充和必然结果”。这一思想比日本一些学者将经济法归入第三法域或社会法要早许多。同时，蒲鲁东认为经济法是能够实现社会的“普遍和解”的社会组织制度的基础思想，这不仅大大提升了经济法效力的地位，而且其中还暗含着对经济法“协调性”特质的理解。他似乎认为，经济法的最高宗旨和社会功能亦在于克服传统社会生活的矛盾及传统解决手段的两极弊端。现在看来，“普遍和解”虽然可能仍然是一种空想，但是试图从制度设计中克服传统法律价值取向的两极，以解决社会矛盾中的两极，进而实现“两极”的协调，即使在一百多年后的当今社会，亦不失为极有价值的创见。如果将其“普遍和解”的制度基础——经济法作如是观，它是不是已经在“分配法或经济法”的思路上更进一层了呢？

二、经济法的产生与发展

经济法在不同时期、不同国家产生的原因不尽相同。

战争中经济法制的实践成为经济法学得以形成和发展的沃土。[①] 在第一次世界大战期间，德国大力推行经济管制。当时德国建立了战时工业委员会和战时原料管理处。同时，德国颁布了《关于限制契约最高价格的通知》《确保战时国民粮食措施令》等管制经济的法律文件，1919年制定了以“经济法”命名的《钾经济法》和《煤炭经济法》等法律。在经济法的发展上，德国被称为经济法的发源地。[②] 在经济法作为法学学科的发展过程中，也出现了诸如集成说、对象说、世界观说、方法论说、机能说等诸多观点。

20世纪以苏联为首的很多社会主义国家，包括德意志民主共和国、捷克斯洛伐克等国家实行计划经济，在经济发展过程中也制定并实施了很多经济法律法规。具体到经济法，作为法学学科的发展出现的较大学术争论是，经济法是否为一个独立的部门法。[③]

市场经济的发展也是产生经济法的重要背景。以美国为代表的西方市场经济国家在经济社会发展过程中也发育出了经济法。美国早在1890年就制定了世界上较早的反垄断法，以规范、保护市场经济中的正常竞争。美国属于普通法系，它的法律制度和法学教育与欧洲大陆国家大陆法系的存在很大不同。虽然美国没有像大陆法系一样的部门法划分，没有经济法这个说法，但这并不意味着它没有实质意义上的经济法。第二次世界大战后的日本在美国的经济民主化改造后也走上了市场经济的发展道路，然而其经济法的发展却受到德国的巨大影响，在日本，经济法作为法学学科在战后得到了很大发展。

经济法产生的背景原因可能不同，或因战争，或因市场经济发展需要，或因对经济发展实施控制。尽管存在目的、手段和价值取向上的巨大差异，但三种经济法的功能却有一点是相同的，即体现了国家或政府对经济的一种能动作用。从这个意义上说，经济法在一定程度上表明了政府与社会经济发展的关系，不管是市场经济还是计划经济，不管在古代还是在近现代，政府总会通过一定的方式或多或少地影响或控制经济的发展。

三、经济法在中国的产生与发展

以文献所及，20世纪50年代前国内出版的《法律大辞典》中出现的“经济法”，实为对1916年德国学者赫德曼在《经济字典》中关于“经济法”的解释的翻译。20世纪50年代以后直至1978年，我国没有部门法意义上“经济法”一词广泛使用的法制土壤。

1978年年底，中国共产党十一届三中全会作出把工作重点转移到社会主义现代化建设上来的决定，体制革新迫在眉睫，法制需求日益强烈，会前已有相关舆论。一篇以《按照经济规律办事，加快实现四个现代化》为题的文章在《人民日报》上发表。该文提出：“必须加强经

---

① 史际春，邓峰．经济法总论．北京：法律出版社，1998：75.

② 邱本．经济法总论．北京：法律出版社，2007：17.

③ 阿莱克西·雅克曼，居伊·施郎斯．经济法．北京：商务印书馆，1997：71－75.

济立法和经济司法工作，把国家、企业、职工的利益和种种权益关系，用法律形式体现出来，并由司法机关按照法律办法处理。”在十一届三中全会后召开的首次全国人大会议——五届全国人大二次会议上，时任全国人大常委会委员长叶剑英致开幕词，他强调：“随着经济建设的发展，我们还需要各种经济法。”这是“经济法”语词在新中国成立后的重要文献中的首次使用。其后，分管法律工作的全国人大常委会副委员长彭真多次在重要会议的讲话、文章中提到“经济法”。如1979年7月，他在《关于七个法律草案的说明》中指出：“我们还要经过系统的调查研究，陆续制定各种经济法和其他法律，使社会主义法制逐步完备起来。”如果说，在叶剑英使用“经济法”时，该词仍有浓重的“经济法律”含义，那么，彭真使用的“经济法”已经开始有了一些部门法上的意义。

1979年以后，全国人大常委会和国务院的经济立法工作机构建立并开始工作，大量的经济法律法规制定并颁布，经济法研究不断深入，“经济法”不仅具有了部门法意义上的含义，而且迅速成为人们耳熟能详的名词。

经济法作为一门法学学科也经历了快速的发展，其间出现了很多代表性的学说。如20世纪80年代经济法的“纵横统一说”；1992年后我国决定实行社会主义市场经济，经济法学科的发展过程中又出现了“协调说”“干预说”“调节说”“调制说”等多种学说，从此经济法作为独立部门法的地位得到了确立。

四、市场经济条件下经济法的必要性

(一) 基于市场缺陷所产生的法律调整需求

市场是资源配置的有效机制，这已为19世纪以来欧洲和北美洲大多数国家的资本主义市场经济成就所证明。但是，市场不是万能的，市场机制也有许多自身不可克服的缺陷，以致在资源配置上失灵和失效，即不能或难以实现资源的高效配置，这也为19世纪末之后资本主义经济的发展状况，特别是周期性经济危机所证明。现代经济学认为，市场缺陷（又称市场失灵或市场失效）有下述主要表现。

1. 不完全竞争

市场经济是竞争经济，正因为有竞争，市场才能够高效率地配置资源。然而，竞争必然导致集中从而出现垄断。在现代，完全竞争只是作为一种理论形态而存在的，现实中几乎所有的行业都存在一定程度的不完全竞争，垄断与竞争并存则是市场经济的常态。垄断必然冲击市场主体间的地位平等、自由竞争和公平交易。在垄断条件下，价格不由买卖双方共同决定而仅由垄断者操纵，因而必然出现严重的价格扭曲，这种扭曲的价格就不再是真实反映市场供求状况的信号。所以，垄断既破坏市场机制正常运行所必要的竞争秩序，又损害市场配置资源的效率。正因为如此，需要政府采取反垄断措施，来维护自由和公平的竞争秩序。

2. 不完善信息

市场机制中的经营决策是市场主体依据市场信息自主作出的，经营决策的正确与错误，均取决于所依据的市场信息是否充分和真实。而市场调节具有盲目性，反映市场供求状况的价格信号具有滞后性，并且市场欺诈难以避免，所以，风险和不确定性在市场上几乎无处不在、无时不有，各个市场主体都难以充分获得完善的信息，经营决策失误时有发生。不仅如此，交易当事人之间还往往存在信息不对称。如消费者相对于经营者、股东相对于股份公司、中小企业相对于大企业，在交易中处于明显的不利地位，更容易出现失误而使其利益受损。在信息不完善的条件下，经营决策失误就必然降低市场配置资源的效率。正因为如此，需要政府为市场主体提供收集、处理和传播信息的服务，并强制信息优势主体向信息劣势主体告知必要信息，尽可能降低信息不充分、失真和滞后的程度。

3. 外部性

在市场机制中，普遍地存在着私人经济活动给交易当事人之外的公众带来利害后果却不能在价格中得到反映，从而降低资源配置效率的现象。当私人经济活动给外部带来利益时，当事人不可能因此而从交易价格中得到补偿，此即正外部效应，又称外部经济；当私人经济活动给外部带来损害时，当事人也不可能因此而从交易价格中受到惩罚，此即负外部效应，又称外部不经济。私人经济活动不能因具有正外部效应而增加收益，就得不到市场的激励，社会福利会随之减少；不能因具有负外部效应而增加成本，就受不到市场的抑制，社会公害会随之加剧。这就造成资源配置上私人边际成本和收益与社会边际成本和收益之间的差异，从而使资源在正外部效应经济活动和负外部效应经济活动之间得不到合理配置，降低了资源配置效率。在现代市场经济中，外部效应的存在范围一直呈现扩大趋势，外部效应的承受者不仅包括当代公众而且包括后代公众。特别是随着社会人口的日益增加、自然资源消耗的日益加速和经济全球化的日益加深，负外部效应已成为可持续发展的巨大威胁。正因为外部效应具有上述特点，需要政府采用财政、金融、管制等手段，增加正外部效应行为的收益和负外部效应行为的成本，特别是需要政府来强化市场主体的社会责任，矫正和抑制市场主体的负外部效应行为。

4. 公共产品短缺

公共产品是正外部效应的一种表现，与私人产品相对应，又称公共物品或公共品，如国防、治安、路灯、无线广播、电视信号、法律政策等。公共产品具有消费时的非排他性特征，即公共产品在其效应所及范围内，每个社会成员都享受该产品所带来的好处。而私人产品的消费则具有可排他性。这个特点决定了公共产品不可能通过市场来有效提供，在市场机制下必然出现公共产品供给不足。尽管市场无法有效提供，但公共产品为市场正常运行和社会公众所必需。正因为如此，需要政府来提供公共产品或者组织公共产品供给。在现实中，有些产品兼有公共产品和私人产品双重属性，如高等教育等，被称为混合产品或准公共产品，往往也需要由政府提供或由政府与私人共同提供。政府提供或组织提供公共产品，既是政府干预的一种形式，也是政府采取其他干预形式的重要原因（如为提供公共产品而征税）。

5. 社会分配不公

市场经济的正常运行，需要有稳定的社会环境，而稳定的社会环境需要由社会分配公平来维护。社会分配不公，是指在特定时期内存在的、与当时社会公认的公平准则不相符合的收入、财富和社会福利分布状态。市场机制在一定意义上是“嫌贫爱富”“助强欺弱”“大鱼吃小鱼”的机制，它可能会产生令人难以接受的收入水平和消费水平的巨大差异。这是因为不同市场主体间在教育、继承权、劳动能力、身份地位、努力程度、要素价格和运气等因素上的差别，这些都将通过市场转化为收入差别；并且，收入差别一旦形成，市场还会使之扩大。所以，即使是最有效率的市场体系，也可能产生极大的不平等。历史和现实已表明，市场机制作用下自发形成的国民收入和财富的分配结果，日益呈现出两极分化的状态，由此而激发的日益尖锐的社会矛盾已逐步显示出对经济和社会安全的威胁。政府应当介入社会分配领域，尤其是运用公共财政、社会保障等再分配手段，缓解市场机制造成的社会分配不公问题。

6. 宏观经济运行不稳

在市场经济中，失业、通货膨胀和经济危机等供需总量失衡现象，是宏观经济运行不稳定的主要表现。市场经济体制自产生以来，就不时地受到通货膨胀和经济萧条的周期性困扰，例如，第二次世界大战后美国已发生了9次经济衰退。资本主义历史上的历次经济危机，都给政府经济职能扩张提供了契机。一方面，危机发生后需要政府采取救治性质的干预措施；另一方面，鉴于经济危机的周期性，需要政府在危机发生前采取防范性质的干预措施。可见，政府干预是在周期性经济危机的救治和防范中不断发展和完善的。

市场缺陷作为政府干预的依据，既决定政府干预的目的，也界定政府干预的范围，还限定政府干预的程度。政府干预的目的就是弥补市场缺陷，存在市场缺陷的领域才是政府干预的范围，政府干预的程度应当以不削弱市场机制在资源配置上的基础性作用为限，这些都是市场经济国家的共性。至于政府干预的具体内容，则因不同的国度和时期而变化。

(二) 基于政府缺陷的政府与市场的关系

为弥补市场缺陷而出现的政府干预，在提高效率、增进平等和促进宏观经济稳定与增长方面，取得了巨大成就，这已为战后许多市场经济国家的经济成就所证明。例如，西方主要国家在战后的“黄金”年代里，增长最快、最繁荣的时期，正是政府干预在国内和国际上达到顶峰的时期。但是，同市场不是万能的一样，政府也不是万能的，自政府干预经济以来，市场经济的运行仍然存在许多问题，并且出现了许多在自由市场经济体制中不曾有的新问题。例如，政府不干预经济时期的经济危机，一般表现为通货膨胀的危机或者经济停滞的危机，而在政府干预经济以后，则出现了“滞胀”并存的经济危机。于是，现代经济学在继续关注市场缺陷的同时，还将研究视野扩及政府缺陷（又称政府失灵或政府失效）。政府缺陷是一种典型的非市场缺陷。

一般认为，政府有内部性、寻租行为、信息不完善、官僚机构膨胀、政策效率递减等缺陷。政府缺陷是因政府干预才存在和显露的，政府干预则因弥补市场缺陷而具有必要性，故政府缺陷不可避免并且难以为政府自身行为所修补。因此，政府对经济的干预应当被置于法制的框架内，而不应当由政府任意干预社会经济生活。

五、经济法的体系

经济法是国家为了克服市场失灵而制定的、调整需要由国家干预的具有全局性和社会公共性的经济关系的法律规范的总称。[①]

一般来说，经济法主要包括市场规制法和宏观调控法两部分内容。市场规制法主要包括反垄断法、反不正当竞争法、消费者权益保护法、产品质量法、广告法、商标法等内容；宏观调控法主要包括税法、财政法、投资法、产业法等内容。

在此需要特别说明的是，编者并没有严格按照经济法定义和内容体系来编排本书的内容，而是结合财经类院校的非法学类专业学生的培养目标对内容作了适当调整，包含了非经济法学科中的部分内容，以便使学生掌握经济生活中基本的经济法制度，提高自身的法律素养。

---

① 李昌麒．经济法学．北京：法律出版社，2007：57.

第一章 合同法

无论“古代法”或是任何其他证据，都没有告诉我们有一种毫无“契约”概念的社会。

[英] 梅因：《古代法》(商务印书馆 1997 年版)

认识合同法，也许是认识所有法律的有效方法。

[美] 弗雷德里奇·凯斯勒等：《合同法：案例与材料》(中国政法大学出版社 2005 年版)

引 言

在莎士比亚著名的戏剧《威尼斯商人》中，富商安东尼奥为了帮助好友巴萨尼奥求婚，向犹太高利贷商夏洛克借贷 3 000 金币，夏洛克基于对安东尼奥的仇恨，与安东尼奥订立了“一磅肉契约”，即如果安东尼奥能如期还款，夏洛克不收利息；如果安东尼奥不能如期还款，夏洛克要从安东尼奥身上割一磅肉。后来，因为安东尼奥作为抵押的商船失踪，夏洛克向法院起诉要求履行合同，准许他从安东尼奥身上割一磅肉。后来巴萨尼奥的新婚妻子鲍西娅乔装成律师出庭为该案辩护，机智地救了安东尼奥，惩罚了夏洛克。20 世纪 50 年代我国有一部风行全国的电影《白毛女》，在该片中，恶霸黄世仁与管家穆仁智以重租厚利迫使佃农杨白劳与其签订了与杨白劳相依为命的女儿喜儿的“卖身契”，从此喜儿被抢入黄家，受尽折磨，最后逃进深山等来了革命的胜利。20 世纪 90 年代末，我国有一部家喻户晓的贺岁片《甲方乙方》，该片采用了现实生活中合同双方当事人的称谓作为片名，讲述四个人开办“好梦一日游”业务满足一些人梦想的故事。

我们在古今中外的文学艺术作品中都发现了合同的影子，可以看出合同不单是律师、法官等法律人的专利，它遍布在普通人生活的方方面面，与我们每个人的生活息息相关。同时，从现代文明与法制的角度审视，人们对《威尼斯商人》中的“一磅肉契约”和《白毛女》中喜儿的“卖身契”这两个合同会有什么样的评价呢？

合同法从功能上说是为了便利社会主体的交易而制定的行为规则。从历史发展的角度，合同法经过了古代合同法、近代合同法和现代合同法三个发展阶段。①

在人类社会的早期就出现了各种交易活动的法律规范。私有制的出现导致了大量的交易现象，而这成为制定法律的现实需要。在古代奴隶社会和封建社会，调整交易活动的合同法规范

① 崔建远．合同法．北京：法律出版社，2003：3－7.

得到了初步发展。《汉谟拉比法典》[①] 就见证了古代合同法的特征。早期的合同类型相对简单，常见的合同如田园买卖合同、租赁合同、借贷合同、寄托合同、商品买卖合同，对合同的调整没有发育出专门的合同法，而是通过当时综合性的法典来统一调整。在对合同的调整上，很多情况下是通过包括刑事手段在内的强制性手段进行调整的，注重合同调整的统一性而不注重合同当事人的合同自由。古代社会更注重合同订立的仪式，"仪式不但和允约本身具有同样的重要性，仪式并且还比允约更为重要"[②]。

时至近代，经过资产阶级的民主革命，社会生产力得到了快速发展，从而引发了生产方式、交易方式的巨大变化。近代社会的合同法，以《法国民法典》中的合同制度为代表，以合同自由和人格平等为主要标志。[③] "合同自由是指订立合同的当事人可以决定是否订立合同以及考虑什么条款对他有利的自由。这是 19 世纪放任主义的经济基础之一"[④]。梅因为这个时代的合同自由进行了注解："所有进步社会的运动，到此为止，是一个'从身份到契约'的运动。"[⑤] "从身份到契约"无疑是个人自决原则在近代社会发展中的写照，成为合同自由原则的基础。

现代社会科技高速发展、社会生活日新月异、生活节奏加快，也对越来越复杂的交易提出了改革的要求。因此，定型合同或格式合同逐步成为普遍的交易方式，但是在方便交易、提高效率的同时，格式合同的大量使用对传统的合同自由提出了新的挑战。因此，有学者指出："现代契约法的中心问题，已不是契约自由而是契约正义问题。"[⑥]

可以说，合同法是一种体现平等（equality）、公平（fairness）及合理性（reasonableness）、稳定（certainty）的价值观和方法论。[⑦] 因此，可以认为合同法的基本功能是阻止人们对契约的另一方当事人采取机会主义行为，以促进经济活动的最佳时机选择（the optional timing of economic activity），并使之不必采取成本昂贵的自我保护措施。[⑧]

第一节 合同的订立

一、合同的定义与特征

（一）合同的定义

合同是民事主体之间设立、变更或终止民事权利义务关系的协议。

合同广泛地存在于社会生活的方方面面，小到寄宿学生到学生餐厅就餐，乘客乘坐交通工具出行，消费者到超市购物，大到居民购买房屋、汽车等大宗商品，都是在当事人之间订立并履行各式各样的合同。

---

① 古代巴比伦第六代国王汉谟拉比在位期间（约公元前 1792—前 1750 年）制定颁布的法典，是世界上现存最早、最全面、最完整的法律汇编。爱德华滋．汉穆拉比法典．沈大銈，译．北京：中国政法大学出版社，2005.

② 梅因．古代法．北京：商务印书馆，1997：177.

③ 崔建远．合同法．北京：法律出版社，2003：3－7.

④ A.G. 盖斯特．英国合同法与案例．北京：中国大百科全书出版社，1998：4.

⑤ 同②97.

⑥ 王晨．日本契约法的现状与课题．外国法译评，1995（2）.

⑦ 杨良宜．国际商务游戏规则——英国合同法．北京：中国政法大学出版社，2000：2.

⑧ 理查德·A. 波斯纳．法律的经济分析：上．北京：中国大百科全书出版社，1997.

（二）合同的特征

1. 主体平等性

合同主体平等是指法律上的平等，只要合同当事人在订立、履行合同过程中意志是自由的，不存在欺诈、胁迫等限制当事人意志自由的情形，就实现了法律上的平等。当事人事实上存在的不平等，如经济实力、认识能力、信息方面的不平等状况并不影响合同主体法律上的平等性。

2. 意思表示①的自由性

合同是双方当事人的合意，是当事人内心真实的意思表示，合同当事人在订不订立合同、和谁订立合同、订立什么合同等方面享有充分的自由。一方当事人使用胁迫、欺诈等手段与对方当事人订立合同，就是对另一方当事人合同自由的侵犯，合同也就不具有相应的法律约束力。

3. 权利义务的相对性

权利义务的相对性是指合同的当事人只能向合同的对方当事人行使权利、履行义务。如果没有特别约定，合同之外的当事人没有权利要求债务人向其履行，债务人也没有义务向债权人之外的人履行。

示例 1-1

甲与乙签订房屋买卖合同，约定买方甲分两期向卖方乙支付购房款。甲支付首期购房款后，乙将房屋交付于甲。甲接收房屋后交于丙居住。第二期房款支付期限届至，甲失去支付能力，乙可否要求丙支付房款？

二、合同的订立

（一）合同订立的条款

合同的订立是指合同当事人通过接触与洽商而达成合意的过程。一般说来，订立合同应当包括合同当事人、标的②、数量、质量、价款、履行期限、履行地点、违约责任等条款。

根据合同的订立和履行的实际状况，不同类型的合同所需的条款并不相同，如顾客到超市购物的合同，它所包含的必备条款包括：合同当事人——顾客与超市，标的——商品，商品的数量，商品的价款。如果顾客在付款后自己带走商品，那么履行期限、履行地点则不是这个合同的必备条款。但是如果购物方式发生变化，如网购，合同的必备条款随之也会出现差异，采用网购的方式购买商品则会有不同的合同条款要求：合同当事人——买方与卖方，标的——商品，商品的数量，商品的价款，履行期限——到货时间，履行方式——送货上门。在有的房屋买卖合同中付款方式或付款期限也会成为必备条款。

（二）合同订立的方式

1. 口头方式

我们生活中绝大多数的小额、即时履行合同都是口头订立的，如到餐厅就餐，在农贸市场、农村集市上的交易等合同，绝大多数是口头订立的，这符合交易便利和交易效率原则。如

---

① 意思表示，法律术语，是指把意在产生一定效果的内心意思表达出来的行为。如甲对乙表示甲想买乙的房子，甲对朋友表示他不需要朋友偿还对他的欠款了，甲立遗嘱将书籍于死后捐给国家图书馆等。

② 标的是指合同权利和义务所指向的对象，如买卖合同中的货物，服务合同中的服务行为。

果一个几块钱的交易也订立书面合同，会出现什么样的场景呢？符合不符合交易的效率原则呢？

口头订立合同也有不利的方面，即在合同出现纠纷的时候，就会产生举证困难。

2. 书面方式

书面方式订立合同，是通过书面文件确定合同的内容。书面文件既包括以合同书、信件、电报、电传和传真等传统书面文件形式，也以包括电子数据交换、电子邮件等能够有形表现所载内容并可以随时调取查用的数据电文这种新的书面形式。采用书面方式订立合同通常存在两种情况：一种是交易额大、对双方当事人利益影响重大的合同，如房屋买卖合同、企业间的大宗商品交易；另一种是指交易额可能不大，但是双方权利、义务关系较为复杂的合同，如保险合同、银行卡合同。书面合同可以全面、准确地确定双方当事人的权利和义务关系，因此在发生合同纠纷时是非常重要的证据。

很多书面合同会采用格式条款，这种合同也称作格式合同。格式条款是合同的一方当事人未与对方当事人协商而预先制定的可以反复使用的合同条款。格式合同的使用可以提高交易效率，节约交易成本。

从格式条款的形成角度分析，格式合同大体有两种：一种是在长期的商业活动中形成的固定的合同条款，具有商业惯例的性质，如提单、租船合同、保单等；另一种是具有优势地位的一方当事人自行制定的格式条款。[1] 后一种格式条款很容易使制定方利用制定格式条款的机会加入不利于对方当事人的内容，因此，我国《民法典》规定，格式条款的制定方应当遵循公平原则确定当事人之间的权利义务关系，并采取合理方式提请对方注意免除或者减轻其责任等与对方有重大利害关系的条款，按照对方的要求，对该条款予以说明。提供格式条款的一方未履行提示或者说明义务，致使对方没有注意或者理解与其有重大利害关系的条款的，对方可以主张该条款不成为合同的内容。提供格式条款一方不合理地免除或者减轻其责任、加重对方责任、限制对方主要权利或者排除对方主要权利的，则格式条款无效。如果对格式条款有两种以上的解释，应当作出不利于条款制定方的解释，格式条款与非格式条款不一致的，以非格式条款为准。

示例 1－2

一家商店的店堂告示上醒目地提醒顾客：本店商品离柜概不退换。

问题：这个告示是否是格式条款？如果是，是否有效？

示例 1－3[2]

案情：2003 年，被告与原告某公司签订房屋买卖合同，其中有一合同条款约定“不得擅自封闭阳台”。由于被告所购住房临近马路，被告遭受了较大的灰尘和噪音干扰，于是将阳台进行了封闭。原告提起诉讼要求被告拆除阳台的封闭物。

裁判要旨：法院认为，原告以格式合同的方式限制了业主对阳台的专有支配权，属于无效条款，被告加装玻璃窗，不影响小区美观，遂判决驳回原告的诉讼请求。二审法院亦维持原判。

---

① 孔祥俊．合同法教程．北京：中国人民公安大学出版社，1999：118.

② 案例来源：http：//www.66law.cn/lawarticle/4423.aspx，有删改。

分析：通常情况下，房屋买卖合同是开发商事先拟定的供交易反复使用的格式合同。按照《民法典》的规定，格式条款应当公平地确定当事人之间的权利义务关系，格式条款的制定方不能在条款中排除对方的主要权利、加重对方责任。原告以格式合同排除业主对阳台的专有支配权，是对被告主要权利的排除，属于无效的格式条款。因此，法院驳回原告的诉讼请求是合理的。

3. 推定方式

除了口头与书面形式以外，还存在推定形式的合同。双方当事人并不以语言文字的方式订立合同，而是以行为表明了订立合同的意愿，如顾客通过自动售货机购买商品。

示例 1－4

顾客在无人售货的店铺里挑选完商品自行付款后离开；公交车到站后，乘客刷卡上车，到站后下车。

问题：示例中的两种情形属于什么方式订立的合同，为什么？

（三）合同的类型

1. 有名合同与无名合同

有名合同是指法律确定了特定名称和规则的合同，也称为典型合同。我国《民法典》合同编第二分编·典型合同确定了包括买卖合同、租赁合同、借款合同、赠与合同在内的 19 类有名合同，除此之外，像《保险法》中的保险合同、《农村土地承包法》中的土地承包合同等合同则属于特别法上的有名合同。

无名合同也称为非典型合同，是指法律没有确定具体名称和相应规则的合同，无名合同适用《民法典》合同编通则的规定或其他法律最相类似的规定。

有名合同和无名合同的划分是动态的，会随着时代的变化而变动。现在的有名合同将来可能会成为无名合同，反之亦然。

2. 双务合同与单务合同

双务合同是指合同双方当事人互相负有对待给付义务的合同。单务合同是指只有合同的一方当事人负有给付义务的合同。像买卖合同、租赁合同都属于双务合同，合同当事人都要向对方履行一定的义务，如在买卖合同中，买方有支付价款的义务，卖方有交付标的物的义务；在租赁合同中，出租人要交付租赁物，承租人应当支付租金。赠与合同是单务合同的代表。在赠与合同中，只有赠与人负有无偿给予赠与物的义务，受赠人却不负有任何对待给付义务。

示例 1－5

甲对乙表示，如果乙在高考中能成功入读清华大学，甲就会赠与乙最新款的 iPhone 手机。乙从此以后发奋苦读，付出艰辛努力，最后成功入读清华大学。

问题：甲与乙之间订立的是双务合同还是单务合同？为什么？

3. 有偿合同与无偿合同

有偿合同是指合同的一方当事人获取合同规定的权益，应当向对方当事人支付相应代价的合同，如买卖合同、租赁合同、运输合同等就是有偿合同。

无偿合同是指合同的一方当事人获取合同规定的权益，不必向对方当事人支付相应代价的合同，如赠与合同。

一般说来，有偿合同是双务合同，无偿合同是单务合同，区别有偿合同与无偿合同的意义与区分双务合同与单务合同基本上是相同的。①

4. 诺成合同与实践合同

诺成合同是一种“一诺即成”的合同，即当事人意思表示一致，合同即可成立的合同。传统上，买卖合同、雇佣合同、承揽合同等属于诺成合同。

实践合同指除了合同当事人意思表示一致，还需要交付标的物，合同才能成立的合同。通常认为，保管合同、借贷合同等属于实践合同。

诺成合同与实践合同的主要区别在于合同的成立与生效时间不同。②

示例 1－6

赠与人在赠与财产的权利转移之前可以撤销赠与。经过公证的赠与合同或者依法不得撤销的具有救灾、扶贫、助残等公益、道德义务性质的赠与合同，不适用前款规定。

问题：这是我国《民法典》第 658 条的规定。根据该条规定分析赠与合同的性质，是诺成合同还是实践合同？

5. 本约与预约

预约，也称预约合同或预约协议，是指当事人之间约定将来订立合同的合同。当事人约定在将来一定期限内订立合同的认购书、订购书、预订书等，构成预约合同。预约合同的当事人通常依预约所负之义务为订约之义务或再为磋商之义务，而并非要像本约中负给付特定物之义务。预约可以在任何交易形态中存在，是当事人缔约期间对未来事项的预先规划。

本约是为了履行预约合同而订立的合同。从交易的角度看，预约是交易的准备阶段，是交易双方达成的意向性、框架性的协议，预约本身并不确定交易的具体内容，一般不产生具体的债权债务关系。本约是交易双方达成的具体交易条款，确定了双方在交易中的权利义务关系。

违反预约的当事人要承担缔约过失责任，而违反本约的当事人要承担合同的违约责任。

(四) 合同的订立过程

合同的订立分为要约与承诺两个步骤。

1. 要约

(1) 要约的定义。

要约是要约人向受要约人表达的希望与之订立合同的意思表示。要约的内容应当具体确定，也就是要约应当包含欲订立合同的主要条款，如当事人、标的、数量、价款等内容，如果受要约人同意就可以订立合同；要约要表明一经受要约人承诺，要约人即受该意思表示约束。

示例 1－7

在某村荒地承包经营权招标会上，招标书规定，100 亩荒地承包经营权，标底为 10 万元，承包期为 10 年，报价最高者中标，承包金一次交清。投标人甲的标价为“在最高标主的基数上加 1 元”。

---

① 孔祥俊．合同法教程．北京：中国人民公安大学出版社，1999：45.

② 王利明．合同法新论·总则．北京：中国政法大学出版社，2000：40.

问题：甲的投标是否构成要约？为什么？

示例 1-8

某超市想采购一批床上用品，向几个生产厂家发出电报："我超市欲采购一批床上用品，请附寄图样与说明，如质地优良、款式新颖，我方会派人前行联系购买事宜。"

问题：超市发出的电报是不是要约？为什么？

（2）要约的法律效力。

要约的法律效力是指要约所具有的法律约束力。要约的法律效力涉及以下几个方面的问题：要约何时生效？要约的效力存续多长时间？要约对谁具有约束力？

1）要约的生效。

我国《民法典》规定要约到达受要约人时生效。如果用信件发出要约，要约到达受要约人时生效；如果以口头方式发出要约，要约为受要约人理解时生效；如果要约采用数据电文形式，受要约人指定特定系统接收的，数据电文进入该特定系统的时间，为要约生效时间；未指定特定系统的，该数据电文进入收件人的任何系统的首次时间，为要约生效时间。

2）要约的存续期间。

前述已经说明，要约的效力始于要约到达受要约人。要约的存续期间分两种情况：第一种情况，要约的存续期间始于到达、终于要约失效。《民法典》规定了要约失效的四种情形：要约被拒绝；要约被依法撤销；承诺期限届满，受要约人未作出承诺的；受要约人对要约内容作了实质性变更的。在这四种情形下，要约的存续期间始于到达生效、终于要约失效。第二种情况，要约的存续期间始于到达生效、终于要约被承诺。如果要约被受要约人承诺，要约的效力因为合同的订立而转化为合同的效力，而要约本身的效力终止。

3）要约的效力内容。

需要指出的是，要约的效力主要存在于合同订立阶段，主要表现为对要约人和受要约人订约行为的约束。对要约人的约束主要表现在两方面：一是要约生效后，要约人不可以随意撤销要约，或修改、变更要约；二是要约一经受要约人承诺则合同订立，要约人要遵守合同的约定。对受要约人的效力也表现在两方面：一是受要约人取得了承诺的资格；二是受要约人应当按照要约的内容进行承诺，不能对要约的内容进行实质性变更。

（3）要约的撤回与撤销。

要约可以撤回，但是撤回要约的通知应当早于要约到达受要约人或者与要约同时到达受要约人。要约可以撤销，但撤销要约的通知应当在受要约人发出承诺通知之前到达受要约人。撤回的要约实质上是未生效的要约，撤销的要约则是已经生效的要约。对已经生效的要约的撤销行为应当加以限制，否则会损害受要约人的利益。[①] 如果要约人确定了承诺期限或者以其他形式明示要约不可撤销，或受要约人有理由认为要约是不可撤销的，并已经为履行合同做了准备工作的，要约不可撤销。

2. 要约邀请

要约邀请，也称为要约引诱，是希望他人向自己发出要约的意思表示。依照我国《民法

---

① 孔祥俊．合同法教程．北京：中国人民公安大学出版社，1999：118.

典》的规定，实践中商家寄送的价目表，发布的拍卖公告、招标公告、招股说明书、债券募集办法、基金招募说明书、商业广告和宣传等为要约邀请。

示例 1－9

甲：西红柿多少钱一斤？ ………………………… ①

乙：三块。 ………………………… ②

甲：太贵了，两块五行吗？ ………………………… ③

乙：不行，两块五我赔了，两块八最低价。 ………………………… ④

甲：这样，我两块五买你十斤怎么样？ ………………………… ⑤

乙：你说什么？（乙有点耳背） ………………………… ⑥

甲：两块五买你十斤！ ………………………… ⑦

乙：我算一下…… ………………………… ⑧

甲：（西红柿装袋）要不了十斤了，来五斤行吗？ ………………………… ⑨

乙：五斤最低两块七！ ………………………… ⑩

甲：好吧，就按你说的价，来五斤。 ………………………… ⑪

乙：好嘞！ ………………………… ⑫

问题：从合同订立的角度看，①到⑫是要约邀请还是要约，是要约的哪一种状态，生效、失效、撤回还是撤销？

3. 承诺

承诺是受要约人同意要约的意思表示。承诺是合同订立的决定性环节，承诺生效，合同才能订立。

（1）承诺的要件。

承诺要具备四个条件才能产生法律上的约束力。

第一，承诺必须由受要约人向要约人作出。要约是由要约人向其希望与之缔约的人发出的，已经表明了缔约的具体指向性，因此承诺也只能由受要约人作出，而不能由第三人作出。

第二，承诺必须在规定的期限内到达要约人。我国《民法典》第 481 条规定，承诺应当在要约确定的期限内到达要约人。如果要约没有确定承诺期限的，要约以对话方式作出的，应当即时作出承诺；要约以非对话方式作出的，承诺应当在合理期限内到达。

第三，承诺的内容应当与要约的内容一致。英美合同法在处理要约与承诺的关系时采取镜像原则（mirror image rule），也就是要约内容应当为承诺全部接受。依据我国《民法典》第 488 条的规定，承诺的内容应当与要约的内容一致。如果受要约人对要约的标的、数量、质量、价款或者报酬、履行期限、履行地点和方式、违约责任和解决争议方法等事项加以变更，就构成了对要约内容的实质性变更。对要约内容的实质性变更不构成承诺，而是受要约人向要约人发出一项新的要约，也叫反要约。

第四，承诺的方式应当符合要求。依据我国《民法典》第 480 条的规定，承诺应当以通知的方式作出，但是也存在例外，根据交易习惯或者要约表明可以通过行为作出承诺的除外。

（2）承诺的生效。

承诺的生效是指承诺所具有的法律约束力。承诺生效主要关注的是承诺的生效时间与生效地点问题。承诺生效有两种立法体例：一种是发信主义，即受要约人发出承诺后承诺即生效，英美普通法系国家采用这种体例；一种是到达主义，即承诺到达要约人时承诺生效，以德、法为代表的大陆法系国家采用这一体例。我国采用的是到达生效主义。

1）承诺的生效时间。与要约一样，承诺的生效也是采用到达生效原则，即承诺到达要约人时生效。承诺生效，合同成立，因此，承诺的生效时间就是合同的成立时间。

2）承诺的生效地点。如果要约人与受要约人在同一地点的，那么要约与承诺的生效地点是相同的。如果要约人与受要约人不在同一地点的，那么要约与承诺的生效地点是不相同的。承诺的生效地点也就是合同的成立地点，这对于将来产生合同纠纷时选择管辖法院具有重要意义。①

（3）承诺的撤回。

如同要约一样，承诺也可以撤回。承诺的撤回是指受要约人在承诺生效之前将其撤回的行为。撤回承诺的通知应当早于承诺通知到达要约人，或者与承诺通知同时到达要约人。承诺撤回的结果是承诺不生效，也就阻止了合同的订立。

与要约不一样的是，承诺不可以撤销。原因在于，承诺生效后，合同成立，如果允许受要约人撤销承诺，则等于允许受要约人撤销已经成立的合同。

4. 缔约过失责任

缔约过失责任是指在合同订立过程中，一方当事人因违反诚实信用原则给对方当事人造成利益损失而应当承担的赔偿责任。

依据《民法典》第500条和第501条的规定，应当承担缔约过失责任的主要有四种情形：（1）假借订立合同之名，恶意与对方进行磋商；（2）故意隐瞒与订立合同有关的重要事实或者提供虚假情况；（3）泄露或者不正当地使用在订立合同过程中所知悉的对方的商业秘密；（4）其他违背诚实信用原则的行为。

示例 1-10

2002年11月7日，A县国土资源局在报纸上刊登了《国有土地使用权挂牌出让公告》，2002年11月20日，A县国土资源局收到甲公司与乙公司的竞买申请书与保证金。同日，省国土资源厅接到举报称A县国土资源局土地挂牌出让中有不规范、暗箱操作行为，后经查明，待出让土地正在上报审批而未获批准，省国土资源厅要求A县国土资源局在未经依法批准前停止挂牌。之后，甲公司提起诉讼要求A县国土资源局承担违约责任。②

问题：1. A县国土资源局在报纸上刊登《国有土地使用权挂牌出让公告》是要约还是要约邀请？

2. 甲公司与A县国土资源局之间是否订立了国有土地使用权出让合同？

3. A县国土资源局对甲公司要承担什么责任，违约责任还是缔约过失责任？为什么？

---

① 我国《民事诉讼法》第34条规定："合同或者其他财产权益纠纷的当事人可以书面协议选择被告住所地、合同履行地、合同签订地、原告住所地、标的物所在地等与争议有实际联系的地点的人民法院管辖，但不得违反本法对级别管辖和专属管辖的规定。"

② 根据最高人民法院民事判决书（2003）［民一终字第82号］改编。

第二节　合同的效力

《民法典》第 502 条规定，依法成立的合同，自成立时生效。结合承诺的有关规定，承诺到达要约人时生效，承诺生效时合同成立。对大多数合同来说，承诺的生效时间、合同的成立时间以及合同的生效时间是一致的，但有些合同成立时间与生效时间不一致，如有些合同成立后需要有关部门批准。

合同依法成立后就对合同的当事人产生了约束力。如《法国民法典》第 1134 条的规定："依法订立的契约，对于缔约当事人双方具有相当于法律的效力。"合同就是当事人为自己制定的法律，之所以赋予合同对于当事人的约束力，在于"合同法的基本目标是使人们能实现其私人目的"[①]。当然，这种合同的约束力是只限于合同当事人之间的，这也是合同相对性特征的体现。

《民法典》第 502 条的规定也同时说明了合同成立与合同生效之间的关系。依法成立的合同，自合同成立时就产生约束力；反过来，如果合同不是依法订立的，就不会产生约束力。从这一点上来说，合同的成立与合同的生效实际上是既相互联系又存在区别的概念。合同的成立针对的是合同是否存在的问题，而合同的生效解决的是成立的合同是否具有约束力的问题[②]；合同的成立是合同生效的前提，合同生效则是合同成立的结果。

一、合同的生效要件

合同的生效要件是指成立的合同如果发生合同上的约束力需要具备的条件。合同是一种常见的民事法律行为，即民事主体通过意思表示设立、变更、终止民事法律关系的行为。[③] 依据《民法典》第 143 条的规定，有效的民事法律行为应当具备三个条件。

第一，行为人具有相应的民事行为能力。民事行为能力是指权利能力人独立实施民事法律行为的资格。[④] 我国《民法典》从民事行为能力的角度把自然人分成三类：完全民事行为能力人、限制民事行为能力人和无民事行为能力人。完全民事行为能力人能独立实施所有民事法律行为。完全民事行为能力人指年满 18 周岁，精神状况、智力状况都正常的人；8 周岁以上、18 周岁以下的人为限制民事行为能力人；不满 8 周岁的人为无民事行为能力人。另外，不能辨认自己行为的成年人为无民事行为能力人，不能完全辨认自己行为的成年人为限制民事行为能力人。无民事行为能力人由其法定代理人代理其实施民事法律行为，限制民事行为能力人实施民事法律行为由其法定代理人代理或者经其法定代理人同意、追认，但是他们可以独立实施纯获利益的民事法律行为或者与其智力、精神健康状况相适应的民事法律行为。

第二，意思表示真实。意思表示是指把旨在产生一定效果的内心意思发表出来的行为。[⑤] 意思表示真实，是指表意人的表示行为应当真实地反映其内心的效果意思。[⑥] 意思表示行为是

---

① 罗伯特·考特，托马斯·尤伦．法和经济学．上海：上海三联书店，上海人民出版社，1999：313.

② 王利明．合同法新论·总则．北京：中国政法大学出版社，2000：40.

③ 《民法典》第 133 条。

④ 张俊浩．民法学原理．北京：中国政法大学出版社，1997：107.

⑤ 同④209.

⑥ 同②246.

合同生效的重要条件，如果行为人在受胁迫、受欺诈的情况下作出意思表示，则与其真意不符，该意思表示就不是真实的意思表示，合同效力则处于一种可撤销状态。

第三，不违反法律、行政法规的强制性规定，不违背公序良俗。

二、附条件的合同与附期限的合同

（一）附条件的合同

条件，是当事人以将来客观上不确定事实的成就或不成就，决定民事法律行为的效力发生或消灭的附款。[①] 条件应当是当事人约定的将来是否发生不确定的合法事实。《民法典》第158条规定："民事法律行为可以附条件，但是根据其性质不得附条件的除外。附生效条件的民事法律行为，自条件成就时生效。附解除条件的民事法律行为，自条件成就时失效。"第159条规定："附条件的民事法律行为，当事人为自己的利益不正当地阻止条件成就的，视为条件已经成就；不正当地促成条件成就的，视为条件不成就。"合同是一种常见的民事法律行为，适用前引的法律规定。

示例1-11[②]

案情：2013年5月原告与被告签订车辆买卖合同。合同约定，被告在当年8月购买了新车后就把自己的旧车作价6万元出售给原告，在合同签订后10日内原告支付定金1万元给被告。任何一方违反合同的约定应承担违约金1.2万元。合同签订后，原告按期向被告支付定金1万元。后由于被告生意亏损，在8月没能购买新车，无法向原告交付旧车，因而返还了原告所交定金。2014年2月原告以被告违反合同为由起诉至法院，要求被告因未履行合同支付1.2万元违约金。

裁判要旨：法院经审理认为，原被告双方签订的合同系附生效条件的合同，该合同的生效条件为被告于2013年8月购买新车，但被告在8月并未能购买新车，且未购买新车并非被告刻意为之，也非被告不正当阻止。因此，合同生效条件不成就，原被告所签订的合同未生效。故判决驳回了原告的诉讼请求。

分析：在双方签订的合同中，被告向原告交付旧车以被告于8月买新车为条件，而被告能否在8月买新车，是一件将来是否发生不确定的合法事实，构成合同的生效条件。被告没能在8月买新车，并不是故意阻止条件生效，而是因为生意亏损的原因。该条件未成就，合同也就不能生效。因此，法院判决驳回了原告的诉讼请求。

示例1-12

甲与乙签订房屋租赁合同，合同约定甲把房屋出租给乙3年，租金若干。同时合同约定，如果甲的儿子在房屋的3年租期内回国，则房屋租赁合同解除。

问题：该合同是不是附条件的合同，所附条件是什么条件？

（二）附期限的合同

期限是指未来确定到来的事实。附期限合同是指以期限作为合同生效或解除条件的合同。

---

① 魏振瀛．民法．北京：北京大学出版社，高等教育出版社，2000：154.

② 案例来源：http：//www.cermn.com/art176393.aspx.

《民法典》第 160 条规定："民事法律行为可以附期限，但是根据其性质不得附期限的除外。附生效期限的民事法律行为，自期限届至时生效。附终止期限的民事法律行为，自期限届满时失效。"

示例 1－13

甲和乙在 2000 年 3 月 3 日订立了房屋租赁合同，合同约定房屋自 2000 年 5 月 1 日起租，租期两年，2002 年 4 月 30 日到期。

问题：该合同是不是附期限合同，若是，所附期限是生效期限还是终止期限？

三、效力待定合同

效力待定合同是指合同虽然已经成立，但是因为欠缺合同的生效要件，须经有权人确认才能生效的合同。效力待定合同一般是因当事人缺乏订约能力或处分权能造成的。

效力待定合同包括以下几个类型。

（一）限制民事行为能力人订立的合同

限制民事行为能力人依法不能独立订立的合同，须经其法定代理人事先同意或事后追认才能生效。限制民事行为能力人依法不能独立订立的合同，相对人可以催告法定代理人在 30 日内予以追认。法定代理人未作表示的，视为拒绝追认。合同被追认之前，善意相对人有撤销的权利。撤销应当以通知的方式作出。

对于限制民事行为能力人订立的纯获利益的合同或者与其年龄、智力、精神健康状况相适应而订立的合同，则不必经法定代理人追认。

（二）无权代理人订立的合同

代理是指代理人以被代理人的名义在代理权限内从事民事法律行为，后果直接归属于被代理人的行为。无权代理是指没有代理权的代理，主要包括三种情况：第一，代理人根本没有代理权；第二，代理人超越代理权；第三，代理权消灭后从事的代理行为。

行为人在前述三种情形下以被代理人名义订立的合同，未经被代理人追认，对被代理人不发生效力，由行为人承担责任。对于无权代理合同，相对人可以催告被代理人在 30 日内予以追认。被代理人未作表示的，视为拒绝追认。合同被追认之前，善意相对人有撤销的权利。撤销应当以通知的方式作出。

依据《民法典》第 172 条规定，如果行为人在前述三种情形下以被代理人名义订立合同，相对人有理由相信行为人有代理权的，则该合同有效。这种代理是表见代理，即善意的相对人有理由相信无权代理人具有代理权的一种代理。

示例 1－14

甲原为 A 公司的业务员，2012 年 6 月被公司辞退。2013 年 8 月，甲伪造 A 公司的公章，以 A 公司的名义与 B 公司订立买卖合同，约定由 A 公司向 B 公司购买价值 50 万元的一批货物，货到付款。合同订立后，B 公司积极组织生产，并向 A 公司发函询问有关交货事宜。A 公司否认与 B 公司签订合同，并拒绝 B 公司向其发货。B 公司认为其与 A 公司的合同有效，并按合同的约定交货。但 A 公司拒绝接受，B 公司遂诉至法院，要求该 A 公司履行合同，支付货款。

问题：A公司与B公司之间的合同是否有效？为什么？

四、可撤销合同

可撤销合同是指因为意思表示不真实而经撤销权人请求，由法院或仲裁机构变更或者撤销的合同。从效力的角度分析，可撤销合同是已经生效的合同。

依照《民法典》的规定，可撤销合同主要产生于以下几种情况。

1. 因重大误解订立的合同

重大误解是指当事人对合同的性质、当事人、标的、数量、质量、规格等产生了错误的认识。误解的产生是由于误解方自己的过错造成的，而不是因为他人的误导和欺诈造成的。

示例1-15

1993年6月26日，甲厂从中国银行银川市支行购买了100张面额100元的定期定额有奖储蓄存单。1993年7月10日，中国银行银川市支行公开摇奖并公布了中奖号码，规定从1993年7月15日至10月15日为兑奖期限，逾期不兑视为弃奖。在此期间，甲厂始终未去兑奖。在储蓄存单兑奖的最后一日，甲厂将有奖储蓄存单发给本厂职工，代替欠发工人的工资。该厂职工王某领到存单后发现中了一等奖，奖金1万元，王某立即持该奖券领取了奖金。甲厂得知王某中奖情况后，要求王某将1万元奖金交回厂里，王某拒绝，因而发生纠纷。一审法院认为，甲厂发放给王某的有奖储蓄存单，在1993年7月10日公开摇奖时中奖，使该存单从票面值100元升值为10 100元。此时，甲厂是已升值存单的合法持有人，奖金1万元应归甲厂所有。由于甲厂主管人员的疏忽大意，未了解存单中奖情况，而将已升值为10 100元的存单仍以票面值100元发放给王某，甲厂的行为属重大误解，是可撤销的民事行为。该案再审法院查明，甲厂其余几十名工人领取的有奖储蓄存单也都含有数额不等的奖金，甲厂对其他工人领取的奖金并未主张返还。①

问题：甲厂的行为是否构成重大误解？请说明理由。

2. 在订立合同时显失公平

显失公平是指一方当事人利用自己的优势、利用对方没有经验缺乏判断能力，或利用对方处于危困状态，致使双方的权利义务明显违反公平、等价有偿原则。

示例1-16

甲居住在山区农村，有一祖传花瓶。乙得知后上门以5 000元收购，随后乙通过拍卖公司拍卖获利10多万元，甲得知后以显失公平为由向法院提起诉讼，要求撤销与乙所订立之合同。

问题：甲的要求是否会获得法院的支持？为什么？

3. 一方以欺诈、胁迫的手段，使对方在违背真实意思的情况下订立的合同

欺诈，指一方采取虚假、狡诈或者其他不正当手段欺骗、误导对方当事人的行为。胁迫，指一方以将要给对方及其亲友造成生命、财产、名誉、自由、信誉损害或实施其他不法行为进行威胁的行为。

---

① 根据王某诉宁夏回族自治区银川市银川铝型材厂再审判决书整理。

示例 1-17

2007 年 2 月 28 日，原告张某从被告甲公司购买上海通用雪佛兰景程轿车一辆，价格 138 000 元，双方签有《汽车销售合同》。该合同第 7 条约定："……卖方保证买方所购车辆为新车，在交付之前已作了必要的检验和清洁，车辆路程表的公里数为 18 公里且符合卖方提供给买方的随车交付文件中所列的各项规格和指标……"合同签订当日，张某向甲公司交付了购车款等各项费用，甲公司将雪佛兰景程轿车一辆交付张某。2007 年 5 月 13 日，张某在将车辆送甲公司保养时，发现该车曾于 2007 年 1 月 17 日进行过维修。

问题：甲公司的行为是否构成欺诈？为什么？

具有撤销权的当事人应当自知道或者应当知道撤销事由之日起 1 年内、重大误解的当事人自知道或者应当知道撤销事由之日起 90 日内行使撤销权，当事人受胁迫的应当自胁迫行为终止之日起 1 年内行使撤销权，否则撤销权消灭；如果具有撤销权的当事人知道撤销事由后明确表示或者以自己的行为放弃撤销权的，也导致撤销权消灭。当事人自民事法律行为发生之日起 5 年内没有行使撤销权的，撤销权消灭。

五、无效合同

无效合同是指由于存在无效事由，虽然已经成立但始终不具有法律约束力的合同。[1] 依照《民法典》的相关规定，合同无效有以下三种情形。

(一) 恶意串通，损害他人合法权益

恶意串通，是指双方当事人明知或应知某种行为会产生损害他人合法权益的后果，故意进行相互的意思联络和沟通。在该类型的合同中，双方当事人以恶意串通的方式订立了合同，并且产生了损害国家、集体或者第三人利益的后果。

示例 1-18

甲与乙系夫妻关系，二人生育丙、丁两个子女。甲于 2013 年去世。涉案房产系甲与乙夫妻共同财产，登记在乙名下。甲去世后，乙和丙签订了房屋买卖协议，乙将涉案房屋出售给丙，并办理了过户手续，但丙没有向乙支付购房款。丁知道此事后，向法院主张房屋买卖协议无效。[2]

问题：乙和丙订立的合同是不是恶意串通，损害他人合法权益的合同，为什么？

(二) 违反法律、行政法规的强制性规定

法律是全国人大及其常委会制定的，行政法规是国务院制定的。违反法律、行政法规的强制性规定，合同无效，原因在于其违法性，这是一种典型的无效合同。在司法审判实践中，"强制性规定"一般指"效力性强制规定"。根据《全国法院民商事审判工作会议纪要》（法〔2019〕254 号）规定，"效力性强制性规定"包括：强制性规定涉及金融安全、市场秩序、国家宏观政策等公序良俗的；交易标的禁止买卖的，如禁止人体器官、毒品、枪支等买卖；违反特许经营规定的，如场外配资合同；交易方式严重违法的，如违反招投标等竞争性缔约方式订

---

① 孔祥俊．合同法教程．北京：中国人民公安大学出版社，1999：218.

② http://qqhertl.hljcourt.gov.cn/public/detail.php?id=2751.

立的合同；交易场所违法的，如在批准的交易场所之外进行期货交易。关于经营范围、交易时间、交易数量等行政管理性质的强制性规定，一般应当认定为“管理性强制性规定”。

示例 1-19[①]

案情：2011 年 10 月 10 日，甲公司与乙公司签订的合作勘查开发协议约定：甲公司补偿乙公司 3 500 万元后双方共同设立项目公司，并在符合条件时将乙公司的探矿权过户至项目公司名下。甲公司于 2011 年 10 月 25 日向乙公司实际支付 3 500 万元。2013 年 11 月 22 日，甲公司通知解除合同，原因在于合作勘查作业区位于新疆塔什库尔干野生动物自然保护区。乙公司回函拒绝，后乙公司提起诉讼，请求确认甲公司解除合同的行为无效；确认合作勘查开发协议有效。甲公司则反诉请求解除合作勘查开发协议，乙公司返还合作补偿款 3 500 万元并赔偿损失。

裁判要旨：最高人民法院（二审）认为，案涉探矿区域位于新疆塔什库尔干野生动物自然保护区内，根据合作勘查开发协议约定，双方当事人均知道或者应当知道不得在自然保护区内进行矿产资源勘探和开发活动，双方之间的协议违反了《自然保护区条例》的禁止性规定。同时，若认定协议有效并继续履行，将对自然生态环境造成严重破坏，损害环境公共利益。故协议依法应属无效，乙公司收取的 3 500 万元合作补偿款应予返还。甲公司主张的损失，部分由乙公司折价补偿，部分由甲公司自行承担或者在项目公司清算时另行解决。

分析：《自然保护区条例》属于行政法规，《民法典》规定，违反法律、行政法规的强制性规定的合同无效。该案中双方订立的合同因为违反了《自然保护区条例》的规定而无效。即使当事人已经获得国土资源主管部门（勘查开发）的批准，人民法院仍可以基于法律、行政法规的规定进行审查，如果合同违反法律、行政法规的强制性规定，损害环境公共利益的，应依法认定无效。

（三）违背公序良俗

公序良俗指的是公共秩序与善良风俗。违反公序良俗的合同无效，这是世界各国立法所普遍确立的原则。同时需要指出，公序良俗也不是一成不变的，它们会随着社会的文明程度的变化而变化。本章引言中的“一磅肉契约”和“卖身契”在当时的社会，人们并不否认它们的合法性和有效性，但在当今社会里，这类合同断无得到法律承认的可能。

上述三种合同是整体无效的合同，也是自始无效的合同。《民法典》第 506 条还规定了合同中两种无效的免责条款：造成对方人身伤害的；因故意或者重大过失造成对方财产损失的。如果一个不属于上述三种无效合同的合同中包含了上述免责条款，那么该条款无效，合同的其他部分依然具有约束力。

六、合同被确认为无效或被撤销的法律后果

（一）无效的合同或者被撤销的合同自始没有法律约束力

合同部分无效，不影响其他部分效力的，其他部分仍然有效。被确认为无效或被撤销的合同自合同成立时就不具有法律约束力，即使当事人已经全部或部分履行了合同，也不能说明该

---

① 案例来源：https：//www.chinacourt.org/article/detail/2016/07/id/2019565.shtml，有删改。

合同具有法律约束力。

（二）返还财产与赔偿损失

依据《民法典》第157条规定，合同无效或者被撤销或确定不发生效力后，当事人因该合同取得的财产，应当予以返还；不能返还或者没有必要返还的，应当折价补偿。有过错的一方应当赔偿对方因此所受到的损失，双方都有过错的，应当各自承担相应的责任。法律另有规定的，依照其规定。

合同被确认为无效或被撤销后，因合同的订立或履行而取得的财产应当返还，当然，返还财产的前提是原物存在，返还财产的目的在于使合同当事人恢复到合同订立之前的状况。如果原物已不存在，则无返还必要，应当进行折价补偿。

示例1－20[①]

2013年5月28日，某村民小组与甲签订农村集体土地租赁合同，由甲租赁某村民小组一块沿河土地。合同签订后，甲一直未使用租赁土地。2015年9月15日，甲与乙公司签订《农村集体土地租赁（转租）合同》，将租赁土地转租给乙公司从事沙石堆放、加工生产及转运等经营活动，租金120万元。乙公司实际支付首期租金80万元。因村民阻挠乙公司生产加工，乙公司向法院提起诉讼，请求确认乙公司与甲之间签订的《农村集体土地租赁（转租）合同》无效；甲返还乙公司已支付的租金并赔偿损失。法院经审理查明，结合当地水务局出具的说明及国土资源局出具的复函，某村民小组出租给甲、甲转租给乙公司的地块属于滩涂，系国家所有的自然资源，因此村民小组将该地块出租给甲，甲又转租给乙公司的行为应属无效。

问题：乙公司实际支付给甲的首期租金80万元应当如何处理？

示例1－21

甲与乙订立建材买卖合同，由于乙方工作人员的失误，乙方以远低于市场的价格向甲方发货，后乙通过诉讼撤销了该合同，但是建材已被甲用于在建工程。

问题：甲、乙之间的合同被撤销后应如何处理已经被甲使用的建材？

第三节 合同的履行

合同的履行是指合同的当事人全面地、适时地完成合同义务，实现合同目的的行为。

在合同履行中，当事人履行合同义务应当遵循两个原则：一是当事人应当按照约定全面履行自己的义务；二是当事人应当遵循诚实信用原则，根据合同的性质、目的和交易习惯履行通知、协助、保密等义务。

一、合同履行的补充适用规则

智者千虑，必有一失。不管在合同订立过程中筹划得多么周全，在合同的实际履行中都会存在或多或少的问题。对于合同生效后，当事人就质量、价款或者报酬、履行地点等内容没有

① 案例来源：https：//www.chinacourt.org/article/detail/2017/12/id/3099645.shtml，有删改。

约定或者约定不明确的，依据《民法典》第 510 条的规定，可以采用协议补充的方法予以补救；达不成补充协议的，按照合同有关条款或者交易习惯确定。

如果依据《民法典》第 510 条的规定合同的内容依然不能确定的，则应当适用《民法典》第 511 条的规定。

1. 质量要求不明确的，按照强制性国家标准履行；没有强制性国家标准的，按照推荐性国家标准履行；没有推荐性国家标准的，按照行业标准履行；没有国家标准、行业标准的，按照通常标准或者符合合同目的的特定标准履行。

2. 价款或者报酬不明确的，按照订立合同时履行地的市场价格履行；依法应当执行政府定价或者政府指导价的，按照规定履行。另外，依据《民法典》第 513 条的规定，如果合同执行政府定价或者政府指导价的，在合同约定的交付期限内政府价格调整时，按照交付时的价格计价。逾期交付标的物的，遇价格上涨时，按照原价格执行；价格下降时，按照新价格执行。逾期提取标的物或者逾期付款的，遇价格上涨时，按照新价格执行；价格下降时，按照原价格执行。在逾期履行中遇到价格调整，通常的原则是采取对逾期履行者不利的定价原则，以示对逾期履行这一违约行为的惩罚。

3. 履行地点不明确，给付货币的，在接受货币一方所在地履行；交付不动产的，在不动产所在地履行；其他标的，在履行义务一方所在地履行。

4. 履行期限不明确的，债务人可以随时履行，债权人也可以随时要求履行，但应当给对方必要的准备时间。

5. 履行方式不明确的，按照有利于实现合同目的的方式履行。

6. 履行费用的负担不明确的，由履行义务一方负担；因债权人原因增加的履行费用，由债权人负担。

二、涉及第三人的合同履行

通常情况下，合同义务应当由一方当事人向合同的对方当事人履行，但合同另有约定的除外。在合同的履行中，有两种情形涉及第三人。

（一）向第三人履行债务

如果当事人约定由债务人向第三人履行债务的，债务人未向第三人履行债务或者履行债务不符合约定，应当向债权人承担违约责任。

法律规定或者当事人约定第三人可以直接请求债务人向其履行债务，第三人未在合理期限内明确拒绝，债务人未向第三人履行债务或者履行债务不符合约定的，第三人可以请求债务人承担违约责任；债务人对债权人的抗辩，可以向第三人主张。

（二）由第三人履行债务

如果当事人约定由第三人向债权人履行债务的，第三人不履行债务或者履行债务不符合约定，债务人应当向债权人承担违约责任。

除法律另有规定或者当事人另有约定，债务人向第三人履行债务不符合合同要求，债务人应当向债权人承担违约责任，而不是向第三人承担违约责任；由第三人履行债务不符合合同要求，不是由第三人向债权人承担违约责任，而是应当由债务人向债权人承担违约责任。可见，第三人并不是合同的当事人，向第三人履行债务和由第三人履行债务体现的都是合同当事人的约定自由。①

三、双务合同中的抗辩权

抗辩权是指对抗对方请求权或否认他人权利主张的权利。抗辩权的功能在于通过行使该种权利而使对方的请求权消灭或使其效力延期发生。② 在双务合同中，有同时履行抗辩权、后履行抗辩权和不安抗辩权三种抗辩权。

（一）同时履行抗辩权

同时履行抗辩权，是指合同的双方当事人互相负有债务，且债务的履行没有先后顺序，一方在对方履行之前所享有的拒绝其履行请求的权利。《民法典》第525条规定："当事人互负债务，没有先后履行顺序的，应当同时履行。一方在对方履行之前有权拒绝其履行请求。一方在对方履行债务不符合约定时，有权拒绝其相应的履行请求。"

（二）后履行抗辩权

后履行抗辩权，是指合同双方当事人的债务履行有先后顺序的，在先履行合同义务的一方如果没有履行合同义务或履行合同义务不符合合同要求的，在后履行合同义务的一方所享有的对抗其履行要求的权利。《民法典》第526条规定："当事人互负债务，有先后履行顺序，应当先履行债务一方未履行的，后履行一方有权拒绝其履行请求。先履行一方履行债务不符合约定的，后履行一方有权拒绝其相应的履行请求。"

（三）不安抗辩权

不安抗辩权，是指合同双方当事人的债务履行有先后顺序的，在先履行合同义务的一方有确切证据证明对方不可能履行义务，可以中止履行合同义务的权利。《民法典》第527条规定，一方当事人可以在对方当事人出现以下情形时行使不安抗辩权：经营状况严重恶化；转移财产、抽逃资金，以逃避债务；丧失商业信誉；有丧失或者可能丧失履行债务能力的其他情形。需要强调的是，行使不安抗辩权，当事人应当有确切证据才能中止履行，否则应当承担违约责任。

依据《民法典》第528条的规定，一方当事人行使不安抗辩权、中止履行合同的，应当及时通知对方。若对方提供适当担保的，应当恢复履行。在中止履行后，对方未在合理期限内恢复履行能力并且未提供适当担保的，中止履行的一方可以解除合同并可以请求对方承担违约责任。

示例1-22

甲是一名小品演员，乙为一家演艺公司。甲、乙双方签订了一份演出合同，约定甲在乙主办的系列演出活动中出演一个节目，由乙预先支付给甲演出劳务费3万元。合同订立后不久，甲因健康原因住院。乙经问询医生得知，甲的病情不稳定，不确定他能否继续其演出活动。后乙向甲发出通知，暂不予支付合同中所约定的劳务费。

问题：乙公司暂不支付给甲劳务费的做法是否有法律依据？

---

① 孔祥俊．合同法教程．北京：中国人民公安大学出版社，1999：218.

② 王利明．合同法新论·总则．北京：中国政法大学出版社，2000：330.

第四节　合同的担保

合同的担保是指促使债务人履行债务，保障债权人债权得以实现的法律制度。合同的担保分为一般担保和特别担保。一般担保是指债务人以其全部财产作为债务的担保，债权人的代位权和撤销权就是实现这一目的的手段。特别担保是指在第三人的信用或特定财产上设置权利以保障债权人的债权实现，通常包括人的担保、物的担保和金钱担保。人的担保是指以债务人之外第三人的财产作为债权实现的担保，如保证。物的担保是指以债务人或第三人的特定财产作为债权实现的担保，如抵押、质押和留置。金钱担保是指以一定数额的金钱作为合同履行的担保，如定金、押金。

一、合同的一般担保

合同的一般担保也叫合同的保全，是指为了防止债务人的财产不当减少从而危害债权人的债权实现，法律允许债权人对债务人或第三人的行为行使代位权或撤销权以保护债权实现的制度。[①] 合同的保全主要是通过赋予债权人代位权和撤销权防止债务人的财产不当减少，从而保障债权的实现。

（一）代位权

根据《民法典》第 535 条的规定，代位权是指因债务人怠于行使其债权或与该债权有关的从权利，影响债权人的到期债权实现的，对债权人造成了损害，债权人可以向人民法院请求以自己的名义代位行使债务人对相对人权利，但是该权利专属于债务人自身的除外。简单地说，就是指债权人在特定情形下代位债务人向债务人的债务人行使债权。

债权人行使代位权，应当满足以下四个条件。

第一，债权人对债务人的债权是受法律保护的合法债权且已届清偿期。

第二，债务人怠于行使其债权给债权人造成了损害，债务人不积极行使债权致使其没有足够的财产清偿对债权人所负的债务，从实质上损害了债权人的利益。

第三，债权人应当通过向法院起诉的方式行使代位权。从国外立法的实践看，债权人行使代位权有直接行使方式和裁判方式。前者是指债权人可以直接行使代位权，后者是指债权人要经过法院裁判才能行使代位权。[②] 我国《民法典》采用的是裁判方式，即债权人应当通过向法院起诉的方式行使代位权。

第四，代位权的行使以债权人的债权为限。债权人行使债权的目的在于保全自己的债权，债权人行使代位权应当以其债权为限。同时，债权人行使代位权所产生的费用由债务人负担。

另外，《民法典》还规定了债权人的债权到期前可以行使代位权的情况。《民法典》第 536 条规定，债权人的债权到期前，债务人的债权或者与该债权有关的从权利存在诉讼时效期间即将届满或者未及时申报破产债权等情形，影响债权人的债权实现的，债权人可以代位向债务人的相对人请求其向债务人履行、向破产管理人申报或者作出其他必要的行为。

---

① 王利明．合同法新论·总则．北京：中国政法大学出版社，2000：370.

② 孔祥俊．合同法教程．北京：中国人民公安大学出版社，1999：319.

代位权行使的后果：人民法院认定代位权成立的，由债务人的相对人向债权人履行义务，债权人接受履行后，债权人与债务人、债务人与相对人之间相应的权利义务终止。

示例 1－23

A公司向B商业银行借款20万元，期限2年。还款期限届至，A公司经营亏损，无力偿还B银行的借款本息。B银行经查询得知C公司欠A公司到期货款30万元，但A公司从未向C公司主张债权。后B商业银行向法院提出以自己的名义向C公司行使代位权，以偿还A公司的借款。

问题：

1. B银行的请求是否会得到法院的支持？为什么？

2. B商业银行行使代位权时，向C公司主张20万元还是30万元？为什么？

（二）撤销权

撤销权是指债权人对于债务人所从事的危害债权实现的行为可以通过法院予以撤销的权利。

撤销权行使应当满足以下几个条件。

第一，债权是受法律保护的合法债权。

第二，债务人有损害债权实现的行为。债务人损害债权行为的表现形式主要是债务人以放弃其债权、放弃债权担保、无偿转让财产等方式无偿处分财产权益，或者恶意延长其到期债权的履行期限，影响债权人的债权实现的；债务人以明显不合理的低价转让财产、以明显不合理的高价受让他人财产或者为他人的债务提供担保，影响债权人的债权实现，债务人的相对人知道或者应当知道该情形的；债务人损害债权行为的后果是危害债权的实现，如果债务人的前述行为并没有危害债权的实现，则债权人没有必要行使撤销权；债务人损害债权行为的发生时间应当在债权产生之后，如果债务人的前述行为发生在债权产生之前，债权人也无从行使撤销权。

第三，撤销权的行使应当通过法院。

第四，撤销权的行使范围应当以债权人的债权为限。

债权人行使撤销权的必要费用，由债务人负担。根据《民法典》第541条的规定，债权人行使撤销权应当自债权人知道或者应当知道撤销事由之日起1年内行使。自债务人的行为发生之日起5年内没有行使撤销权的，该撤销权消灭。

示例 1－24

案情：2007年4月15日，被告向原告借款16万元，双方约定借款期限为1年。2008年4月14日借款到期后，被告未按约定履行还款义务，原告提起诉讼。被告于2000年9月购买了一座房产，2008年6月分家析产后将该房产转移给第三人（其长女）。2009年10月22日，（2009）林民郊初字第149号民事判决书判决被告偿还原告借款本金及利息，该判决生效后，原告向法院申请强制执行。

裁判要旨：被告未按约定履行还款义务，2008年6月被告分家析产后，将其本人于2000年9月20日购买取得的房产转移给第三人（其长女），致使（2009）林民郊初字第149号民事判决书未能执行终结。对于原告请求撤销被告向第三人转让房产的行为，本院依法予以支持。

分析：被告在借款到期未偿还的情况下，却进行了分家析产，将其购得的房屋转移给了自己的长女，使判决其偿还原告借款本息的判决得不到执行。被告的行为明显损害了原告的债权实现，原告可以通过法院行使撤销权，撤销被告通过分家析产把自己的房产转移给其长女的行为，从而使得自己的债权得以实现。

二、合同的特别担保

合同的特别担保包括保证、抵押、质押、留置、定金等五种方式，下面主要讲述保证、抵押和定金三种方式。

（一）保证

保证是指第三人与债权人约定，当债务人不履行债务时，由第三人履行债务或承担责任的担保方式。按照《民法典》规定，保证合同可以是单独订立的书面合同，也可以是主债权债务合同中的保证条款。保证人与债权人可以就单个主合同分别订立保证合同，也可以协议在最高债权额限度内就一定期间连续发生的借款合同或者某项商品交易合同订立一个保证合同。保证合同的内容包括：被保证的主债权种类、数额、债务人履行债务的期限、保证的方式、保证担保的范围、保证的期间和双方认为需要约定的其他事项。

1. 保证人的资格

保证人应当是具有代为清偿债务能力的法人、其他组织或者公民。根据《民法典》的规定，国家机关不得为保证人，但经国务院批准为使用外国政府或者国际经济组织贷款进行转贷的除外。学校、幼儿园、医院等以公益为目的的非营利法人、非法人组织不得为保证人。

2. 保证的方式

保证的方式有两种：一般保证和连带责任保证。

一般保证是指当事人在保证合同中约定，当债务人不能履行债务时，则由保证人承担债务履行责任。一般保证的保证人享有先诉抗辩权，即保证人在主合同纠纷未经审判或者仲裁，并就债务人财产依法强制执行仍不能履行债务前，对债权人可以拒绝承担保证责任。

连带保证是指当事人在保证合同中约定保证人与债务人对债务承担连带责任。连带责任保证的债务人在主合同规定的债务履行期届满时没有履行债务的，债权人可以要求债务人履行债务，也可以要求保证人在其保证范围内承担保证责任。

保证合同的当事人对保证方式没有约定或者约定不明确的，按照一般保证承担保证责任。

3. 保证范围和期间

保证的范围包括主债权及利息、违约金、损害赔偿金和实现债权的费用。保证合同另有约定的，按照约定。

保证期间是确定保证人承担保证责任的期间，不发生中止、中断和延长。保证人与债权人未约定保证期间的，保证期间为主债务履行期届满之日起 6 个月。债权人如果要求保证人承担保证责任的，应当在保证期间内提出权利主张，否则，保证人不再承担保证责任。

如果债权人和债务人未经保证人书面同意，协商变更主债权债务合同内容，减轻债务的，保证人仍对变更后的债务承担保证责任；加重债务的，保证人对加重的部分不承担保证责任。未经保证人书面同意，债权人和债务人变更主债权债务合同的履行期限，保证人保证期间不受影响。

债权人转让全部或者部分债权，未通知保证人的，该转让对保证人不发生效力。保证人与债权人约定禁止债权转让，债权人未经保证人书面同意转让债权的，保证人对受让人不再承担保证责任。

债权人未经保证人书面同意，允许债务人转移全部或者部分债务，保证人对未经其同意转移的债务不再承担保证责任，但是债权人和保证人另有约定的除外。

保证人承担保证责任后，有权向债务人追偿。

（二）抵押

抵押是指债务人或第三人与债权人约定，债务人或者第三人不转移财产的占有，将该财产抵押给债权人，债务人不履行到期债务或者发生当事人约定的实现抵押权的情形，债权人有权就该财产优先受偿。在抵押合同中，债务人或者第三人为抵押人，债权人为抵押权人，提供担保的财产为抵押物。

1. 抵押物的范围

根据《民法典》的规定，可以抵押的财产包括：建筑物和其他土地附着物；建设用地使用权；海域使用权；生产设备、原材料、半成品、产品；正在建造的建筑物、船舶、航空器；交通运输工具以及法律、行政法规未禁止抵押的其他财产。抵押人可以将前述财产一并抵押。

同时，《民法典》规定下列财产不得进行抵押：土地所有权；宅基地、自留地、自留山等集体所有土地的使用权，但是法律规定可以抵押的除外；学校、幼儿园、医疗机构等为公益目的成立的非营利法人的教育设施、医疗卫生设施和其他公益设施；所有权、使用权不明或者有争议的财产；依法被查封、扣押、监管的财产；法律、行政法规规定不得抵押的其他财产。

2. 抵押物登记

以建筑物和其他土地附着物，建设用地使用权，海域使用权和正在建造的建筑物、船舶、航空器等财产或财产权进行抵押的，当事人应当办理抵押物登记，抵押合同自登记之日起生效。以生产设备、原材料、半成品、产品、交通运输工具等财产进行抵押的，抵押权自抵押合同生效时设立；未经登记，不得对抗善意第三人。

3. 抵押的效力和实现

抵押担保的范围包括主债权及利息、违约金、损害赔偿金、保管和实现抵押权的费用。抵押权与其担保的债权同时存在，债权消灭的，抵押权也消灭。

债务人不履行到期债务或者发生当事人约定的实现抵押权的情形，抵押权人可以与抵押人协议以抵押财产折价或者以拍卖、变卖该抵押财产所得的价款优先受偿。协议损害其他债权人利益的，其他债权人可以请求人民法院撤销该协议。抵押权人与抵押人未就抵押权实现方式达成协议的，抵押权人可以请求人民法院拍卖、变卖抵押财产。抵押财产折价或者变卖的，应当参照市场价格。

抵押财产折价或者拍卖、变卖后，其价款超过债权数额的部分归抵押人所有，不足部分由债务人清偿。

（三）定金

定金是指一方当事人向另一方当事人支付的一定数额的金钱，以担保合同的履行。定金合同从实际交付定金之日起生效。

债务人履行债务的，定金应当抵作价款或者收回。给付定金的一方不履行债务或者履行债务不符合约定，致使不能实现合同目的的，无权请求返还定金；收受定金的一方不履行债务或者履行债务不符合约定，致使不能实现合同目的的，应当双倍返还定金。

定金的数额由当事人约定，但不得超过主合同标的额的20%，超过部分不产生定金效力。当事人既约定违约金，又约定定金的，一方违约时，对方可以选择适用违约金或者定金条款。定金不足以弥补一方违约造成的损失的，对方可以请求赔偿超过定金数额的损失。

第五节　合同的变更、转让与终止

一、合同的变更

合同的变更有广义和狭义之分。广义的合同变更是指合同主体的变更，即新的债权人或债务人代替了原债权人或原债务人，但是合同主体以外的合同内容不发生变化。狭义的合同变更是指合同的当事人不发生变化，而合同的内容发生变化。

《民法典》第543条规定，当事人协商一致，可以变更合同。可见，我国《民法典》采用的是狭义的合同变更，是当事人在协商一致的基础上进行的合同变更，与当事人因为意思表示瑕疵请求法院变更合同不同。前者是合同当事人意思自治、合同自由的产物；后者是司法救济的产物，目的是保证当事人权利义务的公平分配。

当事人对合同变更的内容约定不明确的，推定为未变更。

二、合同的转让

合同的转让是指合同的当事人将其在合同中的权利义务全部或部分转让给第三人。合同的转让只是引起合同当事人的变化，而不导致合同内容的变化。合同的转让包括合同权利的转让和合同债务的转移。

（一）合同权利的转让

合同权利的转让是指合同的债权人将其在合同中的权利全部或部分转让给第三人的行为。

1. 合同权利转让应当通知债务人

根据《民法典》第546条的规定，合同权利转让采取通知生效原则，即债权人转让权利的，应当通知债务人，未通知债务人的，该转让对债务人不发生效力；债权人转让权利的通知不得撤销，但经受让人同意的除外。

2. 合同权利转让的限制

依据《民法典》第545条的规定，债权人在以下三种情形下不得全部或部分转让合同权利。第一，根据债权性质不得转让。债权性质决定不得转让主要包括以下几种情形：根据信任关系发生的债权，如雇佣人对受雇人的债权、委托人对受托人的债权；以选定的特定人发生的债权，如某个特定演员的演出活动、某个特定作家的创作活动；附属于主合同的从债权。[①] 第二，按照当事人约定不得转让。第三，依照法律规定不得转让。

---

① 王利明．合同法新论·总则．北京：中国政法大学出版社，2000：418－419，424.

3. 合同权利转让的效力

债务人不得再向转让人履行合同义务。[①] 如果原债权人把债权全部转让给受让人，则债务人不得再向原债权人履行。

债权人向受让人转让权利的，受让人取得与债权有关的从权利，但该从权利专属于债权人自身的除外。与债权有关的从债权包括保证权、抵押权、利息债权等权利。

债务人接到债权转让通知后，债务人对转让人的抗辩，可以向受让人主张。

有下列情形之一的，债务人可以向受让人主张抵销：第一，债务人接到债权转让通知时，债务人对转让人享有债权，并且债务人的债权先于转让的债权到期或者同时到期的，债务人可以向受让人主张抵销；第二，债务人的债权与转让的债权是基于同一合同产生。

因债权转让增加的履行费用，由让与人负担。

示例 1－25

甲对乙负有 3 万元的债务，同时乙欠丙货款 6 万元，丙对乙数次追讨，对乙还款无望，于是将其对乙债权中的 3 万元转让给了好友甲，并同时通知了乙。甲受让丙的债权后向乙提出抵销。乙则认为，甲与丙之间的债权转让没有征得其同意，转让无效。

问题：甲与丙之间的债权转让是否有效？

示例 1－26[②]

案情：朱学金、赵香园夫妇（以下简称“朱氏夫妇”）为参加旧村改造安置用地的招投标，于 2003 年 11 月 15 日向朱忠兴（以下简称“朱子”）出具借条一份，载明：向其子朱忠兴借款 1 365 000 元，按银行同期借款利率 4 倍计息。2003 年 11 月 11 日，朱子向朱跃祥出具借条一份，载明：朱子向朱跃祥借款人民币 1 500 000 元整，按银行同期利率 4 倍计息；承诺以上借款在收到朱跃祥以书面形式要求归还借款的通知后 1 个月内还清；如无力归还，该建房用地使用权和建好后房屋的所有权归朱跃祥所有。2007 年 9 月 1 日，朱子与朱跃祥达成一份债权转让协议，双方约定将朱子享有的朱氏夫妇 1 365 000 元借款本息转让给朱跃祥以抵销朱子尚欠借款的部分本息。2007 年 9 月 14 日朱子向朱氏夫妇邮寄送达债权转让通知书一份。2007 年 9 月 26 日，朱跃祥向朱氏夫妇邮寄催款通知书和债权转让协议书各一份，但朱氏夫妇拒绝签收。朱跃祥起诉要求朱氏夫妇立即归还借款 1 365 000 元，并支付约定利息。一审法院认为朱子与朱氏夫妇之间的借款真实，依法应受到法律保护；朱子与朱跃祥之间的债权转让协议不违反法律禁止性规定，且已依法履行了通知义务，据此判决朱氏夫妇向朱跃祥归本还息。朱氏夫妇不服，提起上诉。

浙江省高级人民法院经审理查明：2007 年 8 月 13 日，朱子委托律师通过申通快递向朱学金、赵香园寄送快件一份，快递详情单上未载明寄送的材料名称。朱学金在快递详情单上签字签收。2007 年 9 月 14 日，朱跃祥通过申通快递向朱学金寄送快件一份，快递详情单上未载明寄送的材料名称，仅有收件人签名“朱”字。其他事实与一审法院查明的事实一致。

根据见证人赵志辉（系赵香园的弟弟、朱子的舅舅）给法院的信函中所述，朱学金、赵香园夫妇已年过八旬，有四子三女，当时因 54 平方米安置用地和赡养问题与四个儿子曾多次协商，

① 王利明．合同法新论・总则．北京：中国政法大学出版社，2000：418－419，424.

② 案例来源：http：//ld. zjlscourt. com/fywh/fglt/2012－10－26/12191. html.

考虑到朱子拥有加油站，资产丰厚，父母最终决定把54平方米安置用地和晚年生活托付给朱子。双方约定在父母有生之年不将借条公之于众。本案的借条系朱子聘用律师几易其稿后形成的。

裁判要旨：浙江省高级人民法院判决书经审理认为，朱氏夫妇年过八旬，需要子女的关心和照顾，54平方米安置用地上所建的房屋系朱氏夫妇的养老栖身之所，朱子作为负有赡养义务的子女，明知父母没有偿付能力，在律师参与下，几易其稿，最终形成由其与父母签署的约定4倍于银行同期借款利率且包含严格违约责任的借条，后又将该债权转让给朱跃祥。如按照借条约定的利息条款计算，现该1 365 000元款项的本息累积已达数百万元，原本可安享晚年的高龄父母将陷于债务困扰之中。朱子在本案中的相关行为不符合一般的家庭道德观念。法庭不是单纯的诉讼竞技场，保护老年人的合法权益，体现司法的人文关怀，始终是法院在审理本案中优先考虑的因素。综上，认定朱子和朱跃祥之间债权转让不成立，朱跃祥相应的诉讼请求亦不予支持。朱子和朱跃祥、朱子和朱氏夫妇之间的债务纠纷，宜通过其他合理合法途径解决。原判认定的部分事实不清，适用法律有误，实体处理不当，经浙江省高级人民法院审判委员会决定，判决撤销一审判决。

分析：一审法院认为朱氏夫妇与其子的债务关系真实有效，符合意思自治原则。朱子与朱跃祥的债权转让协议没有违反法律的强制性规定，且履行了通知义务，债权已经转让。故判决朱氏夫妇承担还款责任。

二审法院认定朱子与朱跃祥的债权转让协议不成立，不仅在于朱子没有确切的证据证明其已履行了债权转让的通知义务，更在于朱氏夫妇与其子的债务关系不符合一般的家庭道德观念，也可以说违反了公序良俗原则，不是有效的债权债务关系。只有合法、有效的债权才受法律的保护，债权的转让也应当以债权的合法、有效为前提。

（二）合同债务的转移

合同债务的转移是指合同债务人将其合同的义务全部或部分地转移给第三人。合同的债务在全部转移的情形下，原债务人退出合同关系；合同债务在部分转移的情形下，合同债务转让人与受让人共同作为合同的债务人。两种情形中都引起了合同当事人的变化。

1. 合同债务的转移应当获得债权人同意

债务人转移合同债务，不管是全部转移还是部分转移，债务人都会与受让人之间达成协议。但是债务转移协议达成之后并不生效，需要债权人同意才能生效。债务人或者第三人可以催告债权人在合理期限内予以同意，债权人未作表示的，视为不同意。

2. 债务转移的效力

抗辩权的转移。债务人转让义务的，原债务人可以行使的抗辩权转移至受让人，新债务人可以主张原债务人对债权人的抗辩；原债务人对债权人享有债权的，新债务人不得向债权人主张抵销。

从债务的转移。债务人转让义务的，附属于主债务的从债务随之转移至债务受让人，新债务人应当承担与主债务有关的从债务，但该从债务专属于原债务人自身的除外。

示例 1－27[①]

甲与乙签订油画的买卖协议，约定由甲购买乙所收藏的一幅油画。由于乙具有较高的装裱

① 案例来源：https：//www.wenkuxiazai.com/doc/238efa67caaedd3383c4d30b－5.html.

技艺，双方同时约定由乙将该油画装裱后交付给甲，甲为此支付了较高的购画价格。后来，经征得甲的同意，乙将交付油画的合同债务转由第三人丙来完成，乙将甲所支付的购画款全部转交给丙。当丙向甲交付约定的油画时，甲拒绝接受，理由是该油画未经装裱。甲提出要么由乙继续装裱该画，要么由丙退回部分钱款，乙和丙均予以拒绝。甲于是向法院提起诉讼。

问题：

(1) 在该案中，主债务与从债务分别指什么，主债务与从债务是否应当同时转移？

(2) 甲的主张能否得到法院的支持？

3. 合同权利义务的概括转移

合同权利义务的概括转移是指合同的一方当事人将其在合同中的权利义务一并转移给第三人，由第三人概括承继债权债务。《民法典》第555条规定："当事人一方经对方同意，可以将自己在合同中的权利和义务一并转让给第三人。"

合同权利义务的概括转移也相应适用合同债权转让、债务转移的相应规则。

示例1-28[①]

2005年9月1日，原告张学勤与李立均、马红亮、被告刘全喜共同投资50万元人民币成立了确山县金研石料加工有限公司，四人各占25%股份。2006年8月20日张学勤、李立均、马红亮、刘全喜同意李立均退股，其股份由张学勤接收。2007年9月13日，确山县金研石料加工有限公司的三股东张学勤、马红亮及刘全喜签订了一份书面"退股协议"，该协议中三人清算了公司资产并将公司债权债务概括转移给原告张学勤，马红亮和刘全喜二人分别承担亏损60万元，并通过现金或承担债务的方式承担亏损。现马红亮已经履行了协议约定，而刘全喜尚有41.455万元的亏损款未向原告张学勤付清。

问题：公司能否将债权债务概括转移给公司的股东？公司将债权债务概括转移给股东是否要取得债权人的同意？刘全喜是否应当向张学勤支付41.455万元的亏损款？

4. 并存债务承担

第三人与债务人约定加入债务并通知债权人，或者第三人向债权人表示愿意加入债务，债权人未在合理期限内明确拒绝的，债权人可以请求第三人在其愿意承担的债务范围内和债务人承担连带债务。

三、合同的终止

合同的终止是指因一定事由的产生或出现从而使合同的权利义务归于消灭的情形。根据《民法典》第557条的规定，合同在下列情形下终止：债务已经履行、债务相互抵销、债务人依法将标的物提存、债权人免除债务、债权债务同归于一人，以及法律规定或者当事人约定终止的其他情形。合同解除的，该合同的权利义务关系终止。

（一）合同的解除

合同的解除是指合同有效成立后由合同的一方当事人或双方当事人以意思表示消灭合同权利义务关系的行为。合同解除适用于有效成立的合同。合同解除适用于合同有效成立之后、全

① 案例来源：http://www.lsbar.com/caseContent/30512.

部履行完毕之前，无效合同、可撤销的合同并不适用合同的解除。

1. 合同解除的种类

（1）约定解除。

合同的约定解除是指合同有效成立后由合同的双方当事人通过协商消灭合同权利义务关系的行为。《民法典》第562条规定："当事人协商一致，可以解除合同。当事人可以约定一方解除合同的事由。解除合同的事由发生时，解除权人可以解除合同。"

（2）法定解除。

合同的法定解除是指合同有效成立后由合同的一方当事人通过行使法定解除权而消灭合同权利义务关系的行为。

《民法典》第563条规定当事人在下列情形下可以解除合同。

1）因不可抗力致使不能实现合同目的。不可抗力是指不能预见、不能避免和不能克服的情况，如地震、台风、洪水等自然灾害，以及战争、恐怖袭击等社会现象。

2）在履行期限届满之前，当事人一方明确表示或者以自己的行为表明不履行主要债务。这实质上是预期违约的情况，即一方当事人表明了根本不愿意受合同约束。

3）当事人一方迟延履行主要债务，经催告后在合理期限内仍未履行。当事人一方迟延履行主要债务已经构成根本违约。

4）当事人一方迟延履行债务或者有其他违约行为致使不能实现合同目的。

5）法律规定的其他情形。

以持续履行的债务为内容的不定期合同，当事人可以随时解除合同，但是应当在合理期限之前通知对方。

示例 1-29①

案情：2007年4月，原告乐购公司与被告浦阳公司签署合作协议书，约定浦阳公司按照乐购公司的特定要求建造并向乐购公司出租一幢商业用房用于经营大型超市。浦阳公司同意于2008年3月1日前将符合条件的房屋交付乐购公司装修使用。2009年2月5日，浦阳公司致函乐购公司称：鉴于乐购公司违背双方约定，大量修改交付标准致使建设工期严重滞后等原因，要求解除双方此前签署包括合作协议书在内的所有租赁文件。但根据事后庭审查明的事实可以认定，此时浦阳公司并无合同解除权。次日，乐购公司回函明确表示对解除函的异议，要求继续履行合作协议书。

2009年12月，乐购公司起诉要求被告继续履行合同，后又变更请求为要求被告立即返还原告预付租金100万元，并赔偿损失共计90余万元。浦阳公司认为：浦阳公司于2009年2月5日向乐购公司签发了解除合同通知，故双方合作协议书已于当时解除。鉴于系争协议书已经解除，乐购公司返还租金及赔偿违约金的诉求亦不应获得支持。

裁判要旨：上海市浦东新区人民法院经审理认为，浦阳公司在无解除权的情况下擅自解除合同，构成根本违约，应当承担相应的违约责任。故判决浦阳公司返还乐购公司预付租金100万元及支付乐购公司违约金350万元。一审宣判后，浦阳公司上诉至上海市第一中级人民法院，二审法院判决驳回上诉，维持原判。

---

① 张卓郁，孙闫．合同解除异议期条款的适用限制．人民法院报，2011-11-10：(7).

分析：合同的解除有两种方式：协议解除或法定解除。合同如果不能通过双方协议的方式解除，还可以通过法定解除的方式解除。但是，法定解除时，解除合同的一方应当享有解除权；否则，一方不能单方解除合同。该案中，浦阳公司在无解除权的情况下不能解除合同，应当按合同约定履行合同义务，浦阳公司不履行合同义务应当承担违约责任。

示例 1-30

2009 年 8 月，原、被告签订房屋买卖合同一份，约定原告购买被告开发的别墅房屋一套。合同签订的当日，原告向被告交纳了房款、配套费、维修基金等相关费用，之后被告交付了房屋，并为原告出具了住宅质量保证书。后来原告在装修过程中发现房屋有墙体开裂、渗水等质量问题。双方为此交涉未果，原告诉至法院要求解除与被告签订的商品房买卖合同并赔偿相应损失。诉讼过程中，原告申请对房屋是否符合《建筑抗震设计规范》以及房屋是否存在主体质量问题进行了鉴定。鉴定结论为该房屋缺少构造柱，房屋主体结构质量不合格，会影响房屋安全使用。

问题：原告要求解除合同的诉求能否得到法院支持？为什么？

2. 合同解除权的行使

合同的解除权应当及时行使。《民法典》第 564 条规定，当事人应当在法律规定或者当事人约定解除权行使期限内行使解除权，期限届满不行使的，该权利消灭。法律没有规定或者当事人没有约定解除权行使期限，自解除权人知道或者应当知道解除事由之日起一年内不行使，或者经对方催告后在合理期限内不行使的，该权利消灭。

行使解除权应当通知对方当事人。《民法典》第 565 条规定，当事人一方主张解除合同的，应当通知对方当事人。合同自通知到达对方时解除；通知载明债务人在一定期限内不履行债务则合同自动解除，债务人在该期限内未履行债务的，合同自通知载明的期限届满时解除。对方有异议的，任何一方当事人均可以请求人民法院或者仲裁机构确认解除合同的效力。

3. 合同解除的效力

合同解除的法律后果是使得合同关系解除。合同解除后对于合同已经履行的部分和未履行的部分具有什么样的效力呢？依据《民法典》第 566 条的规定，合同解除后，尚未履行的，终止履行；已经履行的，根据履行情况和合同性质，当事人可以要求恢复原状或者采取其他补救措施，并有权要求赔偿损失。合同因违约解除的，解除权人可以请求违约方承担违约责任，但是当事人另有约定的除外。主合同解除后，担保人对债务人应当承担的民事责任仍应当承担担保责任，但是担保合同另有约定的除外。

合同的权利义务终止，不影响合同中结算和清理条款的效力。

（二）抵销

抵销是指互相负有债务的双方当事人，各自以其债权冲抵其债务，从而使双方的债务在对等的数额内归于消灭。抵销可以节省给付的交换，降低交易成本，同时可以确保债权的效力。[①]

---

① 王利明．合同法新论·总则．北京：中国政法大学出版社，2000：552.

1. 抵销的种类

抵销分为法定抵销和合意抵销。法定抵销是指一方当事人在具备法律规定的构成要件时以单方的意思表示即可发生抵销的效力。《民法典》第 568 条第 1 款对法定抵销作了规定：当事人互负到期债务，该债务的标的物种类、品质相同的，任何一方可以将自己的债务与对方的到期债务抵销，但是，根据债的性质、按照当事人约定或依照法律规定不得抵销的除外。合意抵销是指双方当事人合意进行的抵销。《民法典》第 569 条规定了合意抵销：当事人互负债务，标的物种类、品质不相同的，经双方协商一致，也可以抵销。可见，抵销也是双方当事人的一种合同行为，是双方通过抵销合同的订立和履行，处理在先成立的两个债权债务。

2. 抵销的要件

第一，双方互相负有债权、债务。双方当事人之间的两个债权债务都应当合法有效，否则不能抵销。

第二，双方互付的债务应当是相同种类的给付。抵销通常在金钱债务、代替物债务中适用较多。标的物种类、品质不相同的，经双方协商一致，也可以抵销。

第三，非依债的性质不能抵销。所谓非依债的性质不能抵销，是指依给付的性质，如果允许抵销，就不能达到合同目的。[①] 如以不作为债务抵销不作为债务，就达不到合同目的。法律规定不得抵销，如法院在查封、扣押、冻结、拍卖、变卖被执行人的财产，应当保留被执行人本人及其所供养家属的必要生活用品。

3. 抵销的效力

一方当事人主张抵销的，应当通知对方。通知自到达对方时生效。抵销不得附条件或者附期限。

抵销的效力是双方的债权在抵销的额度内消灭。

示例 1－31[②]

2007 年，马某与王某签订了 3 500 万元投资协议，约定马某投资后取得王某煤矿 30％的股权。2008 年，双方又签订了股权转让协议，由王某出资 6 750 万元受让马某所持的 30％煤矿股权，随后王某在出具的承诺书中载明了付款时间和违约责任。后来王某未依承诺支付余款 2001 万元。马某于是提起诉讼，王某提出以马某在投资协议中欠款主张抵销，王某亦无证据证明马某所欠具体数额。

问题：王某提出的抵销主张能否成立？为什么？

示例 1－32

甲是一家从事加工的工厂，客户乙于 2016 年 9 月拉了一车铝材来甲厂加工，因乙对甲厂负有欠款，甲就扣下了乙的铝材。当年 10 月，甲厂突然收到法院的传票和诉状，原告丙是一家和甲厂之前没有业务往来的企业，声称乙是其员工，乙送到甲厂的铝材为丙公司所有，要求甲厂返还该批铝材。

---

① 王利明．合同法新论·总则．北京：中国政法大学出版社，2000：552.

② 债务抵销的前提是债权、债务的数额明确无争议——马志明与王振雄与企业有关的纠纷案．最高人民法院商事审判指导案例．北京：中国法制出版社，2014：721.

问题：甲厂能否扣下乙某的铝材抵销其债务？为什么？

(三) 提存

提存是指债务人因为债权人的原因无法履行债务时，可以将标的物提交到提存机关而消灭合同关系的制度。

1. 提存的原因

依据《民法典》第570条的规定，在下列情形下，债务人可以将标的物提存：(1) 债权人无正当理由拒绝受领；(2) 债权人下落不明；(3) 债权人死亡未确定继承人、遗产管理人，或者丧失民事行为能力未确定监护人；(4) 法律规定的其他情形。

2. 提存的成立

标的物的提存应当符合提存的要求，如果标的物不适于提存或者提存费用过高的，债务人依法可以拍卖或者变卖标的物，提存所得的价款。债务人将标的物或者将标的物依法拍卖、变卖所得价款交付提存部门时，提存成立。提存成立的，视为债务人在其提存范围内已经交付标的物。

3. 提存的通知

债务人提存标的物后，除债权人下落不明的以外，应当及时通知债权人或者债权人的继承人、遗产管理人、监护人、财产代管人。提存的通知有两方面的作用：一是向债权人或其继承人、遗产管理人、监护人、财产代管人表明其已经履行了合同义务，双方之间的合同关系已经消灭；二是告知债权人或其继承人、监护人提存机关的信息，便于其领取提存物。

4. 提存物的风险、孳息及费用

标的物提存后的毁损、灭失的风险由债权人承担。提存期间，标的物的孳息归债权人所有。提存费用由债权人负担。

5. 提存物的领取

债权人可以随时领取提存物，但债权人对债务人负有到期债务的，在债权人未履行债务或者提供担保之前，提存部门根据债务人的要求应当拒绝其领取提存物。

债权人领取提存物的权利，自提存之日起5年内不行使而消灭，提存物扣除提存费用后归国家所有。但是，债权人未履行对债务人的到期债务，或者债权人向提存部门书面表示放弃领取提存物权利的，债务人负担提存费用后有权取回提存物。

示例 1-33

甲在长沙某市场做生意，2013年6月甲向台商乙借款60万元，约定借款期限为两年，2015年6月借款到期后，甲才发现乙已于2015年3月去世。乙有两次婚史，在台湾生有三个子女，在大陆再婚后还有一个未成年继子女，乙的子女因遗产分配问题与乙的再婚妻子发生争执，双方都不愿办理继承手续，甲不知道向谁偿还借款，又担心因没有及时还款承担违约责任。①

问题：甲可以采用什么手段解除他与乙之间的债权债务关系？

---

① 案例来源：http：//csnotary.com/ArticleDetail－I143.html，有删改。

示例 1－34[①]

甲与乙于2014年5月21日签订房屋租赁合同。该合同约定，乙将自己的6间门面房出租给甲经营饭店，租期5年，每年租金11万元，每年的5月30日前一次性缴清，如逾期1个月缴不清上一年租金，乙有权单方解除合同。合同履行至2016年5月初，乙发现门面房租金大幅度提高，便找到甲要求涨房租，甲不同意。2016年5月底，甲如约向乙缴纳租金时，乙玩起了“失踪”。甲担心如果不能在1个月内缴纳租金，乙会以甲违约为由单方解除合同。

问题：甲可以通过什么手段来维护自己在合同中的合法权益？

（四）免除

免除是指债权人全部或部分免除债务人的债务，合同的权利义务全部或部分终止的情形。

债权人可以书面方式、口头方式或以其他方式免除债务，债权人全部免除的，债务全部消灭；债权人部分免除的，债务部分消灭，但是债务人在合理期限内拒绝的除外。免除主债务的，没有特别说明的，从债务随之消灭；免除从债务的，主债务并不随之免除。

（五）混同

混同是指债权债务同归于一人，导致合同权利义务关系消灭的事实，但是损害第三人利益的除外。

如甲、乙两个企业之间存在债权债务关系，后来因甲、乙两个企业合并而导致债权债务同归于一人而消灭。混同导致合同的消灭，附属于主债权的从债权，如抵押权、留置权等一同消灭；同理，附属于主债务的从债务也一同消灭。

第六节　违约责任

违约责任，简单地说就是合同当事人因违反合同义务所要承担的责任。合同的一方当事人因为违约行为承担违约责任，体现了合同法对于有效合同效力的维护，规定违约方的违约责任的目的在于保护非违约方的合同利益。当然，不同的违约行为也会导致不同的违约责任。

一、违约行为的形态

违约责任产生于违约行为，违约责任与违约行为密切相关。

（一）单方违约与双方违约

从违约主体的角度分析，违约行为可分为单方违约和双方违约。单方违约是指因一方当事人的行为造成的违约。在单方违约中，由违约的一方当事人承担违约责任。双方违约，是指合同双方当事人的行为分别构成违约。在双方违约中，依据《民法典》第592条第1款的规定，“当事人双方都违反合同的，应当各自承担相应的责任”。

（二）预期违约和履行期限届至后的违约

依据违约行为发生的时间，可以把违约行为分为预期违约和履行期限届至后的违约。预期违约是指合同的一方当事人在合同履行期限到来前明确表示或以其行为表明将不履行合同义

① 案例来源：http：//hlj. sina. com. cn/news/2/2016－07－11/detail-ifxtwiht3501394－p3. shtml，有删改。

务。依据《民法典》第 578 条的规定，对于预期违约的，对方当事人可以在履行期限届满之前要求违约人承担违约责任；同时，依据《民法典》第 563 条的规定，如果一方当事人预期违约，另一方当事人可以解除合同。履行期限届至后的违约是指当事人在履行期限届至后因不履行或履行不符合合同的约定造成的违约。

（三）根本违约和非根本违约

依据违约对合同目的实现的影响，可以把违约行为分为根本违约与非根本违约。根本违约是指合同一方当事人的违约行为致使合同目的无从实现。根据《民法典》第 563 条的规定，当事人一方迟延履行债务或者有其他违约行为致使不能实现合同目的，另一方当事人可以解除合同。非根本违约是指合同一方当事人虽然违反合同，但并不会导致合同目的不能实现。在非根本违约的情形下，另一方当事人不能解除合同。

二、承担违约责任的方式

（一）继续履行

继续履行也叫强制履行，是指当合同的一方当事人在另一方当事人违约时请求法院强制违约方继续履行合同义务的责任形式。

1. 继续履行的方式

如果当事人一方未支付价款、报酬、租金、利息，或不履行其他金钱债务的，对方可以要求其支付。如果当事人一方不履行非金钱债务或者履行非金钱债务不符合约定的，对方可以请求履行。对违约责任没有约定或者约定不明确，依据《民法典》第 510 条的规定仍不能确定的，受损害方根据标的的性质以及损失的大小，可以合理选择要求对方承担修理、更换、重作、退货、减少价款或者报酬等违约责任。

2. 继续履行的限制

继续履行作为一种承担违约责任的方式，它的采用应当符合现实性与合理性的基本要求。《民法典》第 580 条第 1 款规定，当事人一方不履行非金钱债务或者履行非金钱债务不符合约定的，对方可以要求履行，但有下列情形的除外。

第一，法律上或者事实上不能履行。双方订立合同后，在合同未及履行时，新颁布的法律规定合同的标的物禁止流通，合同无法履行，此为法律上的不能。双方订立合同，约定甲为乙画像，但后来甲未及履行合同义务就因病瘫痪失去绘画能力，合同义务无法履行，此为事实上不能。[①]

第二，债务的标的不适于强制履行或者履行费用过高。如以具有人身性质劳务为标的的给付，是不适于强制履行的债务标的。

第三，债权人在合理期限内未要求履行。

（二）赔偿损失

赔偿损失是指违约方因为不履行合同义务或履行合同义务不符合合同约定给对方造成损失应当进行的赔偿。合同法中规定赔偿损失的主要目的是对利益受损方进行补偿，而不是对违约方进行惩罚。

---

① 魏振瀛．民法．北京：北京大学出版社，高等教育出版社，2000：434.

1. 赔偿损失的适用

赔偿损失可以与其他责任方式并列使用，也可以单独使用。根据《民法典》第583条的规定，当事人一方不履行合同义务或者履行合同义务不符合约定的，在履行义务或者采取补救措施后，对方还有其他损失的，应当赔偿损失。

2. 赔偿损失的范围

一方当事人因为违约给对方造成损失的，应当进行赔偿。根据《民法典》第584条的规定，当事人一方不履行合同义务或者履行合同义务不符合约定，给对方造成损失的，损失赔偿额应当相当于因违约所造成的损失，包括合同履行后可以获得的利益；但是，不得超过违约一方订立合同时预见到或者应当预见到的因违约可能造成的损失。

3. 确定赔偿损失范围的规则

确定赔偿范围时要遵循合理预见原则。根据《民法典》第584条的规定，违约方应当承担的赔偿责任不应当超过违约方订立合同时预见到或者应当预见到的因违反合同可能造成的损失。确定赔偿范围时还要遵循减轻损失规则。根据《民法典》第591条的规定，当事人一方违约后，对方应当采取适当措施防止损失的扩大；没有采取适当措施致使损失扩大的，不得就扩大的损失要求赔偿。也就是说，违约方对对方当事人没有采取合理措施而导致的扩大损失不承担赔偿责任。

（三）违约金

违约金是合同双方当事人事先约定，在一方当事人违约时向对方当事人进行的给付。《民法典》第585条规定，当事人可以约定一方违约时应当根据违约情况向对方支付一定数额的违约金，也可以约定因违约产生的损失赔偿额的计算方法。

违约金在性质上可以分为赔偿性违约金和惩罚性违约金。《民法典》第585条第2款规定，约定的违约金低于造成的损失的，当事人可以请求人民法院或者仲裁机构予以增加；约定的违约金过分高于造成的损失的，当事人可以请求人民法院或者仲裁机构予以适当减少。该款规定的违约金实质上是一种赔偿性违约金，违约金的作用在于弥补当事人因违约所造成的损失，违约金可以根据实际损失的大小进行调整。《民法典》第585条第3款规定，当事人就迟延履行约定违约金的，违约方支付违约金后，还应当履行债务。该款规定是一种惩罚性违约金，主要是对迟延履行的一种惩罚。

（四）定金

定金是指合同的双方当事人为了保证合同债务的履行，由一方当事人向对方当事人支付的一定金额的担保。

根据《民法典》第587条的规定，债务人履行债务后，定金应当抵作价款或者收回。给付定金的一方不履行债务或者履行债务不符合约定，致使不能实现合同目的的，无权请求返还定金；收受定金的一方不履行债务或者履行债务不符合约定，致使不能实现合同目的的，应当双倍返还定金。对于定金数额的确定，根据《民法典》第586条第2款的规定，定金的数额由当事人约定，但不得超过主合同标的额的20%，超过部分不产生定金的效力。

如果当事人既约定违约金，又约定定金的，一方违约时，对方可以选择适用违约金或者定金条款，即一方当事人不能既主张定金，又要求适用违约金。如果定金不足以弥补一方违约造成的损失的，对方可以请求赔偿超过定金数额的损失。

第七节 买卖合同、赠与合同和借款合同

前面总则讲了合同法的一般规定和基本制度，分则则是结合典型合同的自身特点所作的具体规定。总则与分则是一般与特殊的关系，当分则没有规定时，适用总则的规定。因篇幅所限，本节仅对买卖合同、赠与合同和借款合同加以介绍。

一、买卖合同

（一）定义

买卖合同是出卖人转移标的物的所有权于买受人，买受人支付价款的合同。

买卖是商品交换最普遍的形式，买卖合同是商品流转的基本法律行为，关系着老百姓日常生活需要、企业生产经营活动的效率和我国经济建设的健康发展。

（二）特征

1. 买卖合同是有名合同

《民法典》典型合同分编首先明确规定了买卖合同，当事人在因买卖合同发生法律纠纷的时候，主要适用合同法分则中买卖合同的规定。

2. 买卖合同是有偿合同

买受人通过支付价款有偿获得标的物的所有权。买卖合同是典型的有偿合同，《民法典》明确规定，法律对其他有偿合同有规定的，依照其规定；没有规定的，参照买卖合同的有关规定。

3. 买卖合同是双务合同

在买卖合同中，买方和卖方都享有一定的权利，承担一定的义务，而且其权利和义务存在对应关系，即买方的权利就是卖方的义务，买方的义务就是卖方的权利，因而是双务民事法律行为。

4. 买卖合同是诺成合同

买卖合同自双方当事人意思表示一致即可成立，不以一方交付标的物为合同的成立要件，当事人交付标的物属于履行合同的范畴。

5. 买卖合同是不要式合同

通常情况下，买卖合同的成立、生效并不需要必要的形式，但法律另有规定的除外。

（三）当事人

买卖合同的当事人，出卖财产的一方为出卖人或卖方，接受财产并支付价款的一方为买受人或买方。在一般情况下，所有权人是最经常的出卖人，但也有例外。行纪人、担保物权人、人民法院等有时也是出卖人。合同法对买卖合同的当事人的主体资格并未作特殊要求。因而，平等主体的自然人、法人或其他组织均可作为买卖合同的任何一方当事人。

当然，对某些以特殊物为标的物的买卖，法律亦对其主体进行一定限制，比如一般民众不得买卖军用枪支弹药。另外，法人或其他组织还要受其经营范围的限制。

（四）标的物

买卖合同是出卖人转移标的物的所有权于买受人。因此，买卖合同的标的物主要是实物，

如果出卖具有知识产权的标的物的，除法律另有规定或者当事人另有约定外，该标的物的知识产权不属于买受人。

（五）当事人的权利与义务

1. 卖方的义务

第一，一般而言，出卖的标的物，应当属于出卖人所有或者出卖人有权处分，但出卖人也可以就未取得处分权的标的物订立买卖合同。

出卖人就交付的标的物，负有保证第三人不得向买受人主张任何权利的义务，但法律另有规定的除外。买受人有确切证据证明第三人可能就标的物主张权利的，可以中止支付相应的价款，但出卖人提供适当担保的除外。因出卖人未取得处分权致使标的物所有权不能转移的，买受人可以解除合同并请求出卖人承担违约责任。

第二，卖方应当按照约定交付标的物并移转标的物所有权。

卖方应当按照约定的数量、质量、期限、地点、包装，向买受人交付标的物或提取标的物的单证，并转移标的物的所有权。同时，卖方还应当按照约定或者交易习惯交付其他有关单证或资料，如合格证、质保书、使用说明、产品检验书等。出卖人不按照约定交付标的物的，要按照当事人的约定或合同法的相关规定承担违约责任。

2. 买受人的义务

第一，及时检验标的物的义务。

买受人收到标的物时应当在约定的检验期间内检验。没有约定检验期间的，应当及时检验。当事人约定检验期限的，买受人应当在检验期限内将标的物的数量或者质量不符合约定的情形通知出卖人。买受人怠于通知的，视为标的物的数量或者质量符合约定。当事人没有约定检验期限的，买受人应当在发现或者应当发现标的物的数量或者质量不符合约定的合理期限内通知出卖人。买受人在合理期限内未通知或者自收到标的物之日起二年内未通知出卖人的，视为标的物的数量或者质量符合约定；但是，对标的物有质量保证期的，适用质量保证期，不适用该二年的规定。出卖人知道或者应当知道提供的标的物不符合约定的，买受人不受前两款规定的通知时间的限制。

出卖人多交标的物的，买受人可以接收或者拒绝接收多交的部分。买受人接收多交部分的，按照合同的价格支付价款；买受人拒绝接收多交部分的，应当及时通知出卖人。

第二，支付价款。

买受人应当按照合同约定的数额、时间、地点、方式支付价款。

（六）标的物所有权的移转

标的物的所有权自标的物交付时起转移，但法律另有规定或者当事人另有约定的除外。当事人可以在买卖合同中约定买受人未履行支付价款或者其他义务的，标的物的所有权属于出卖人。出卖具有知识产权的标的物的，除法律另有规定或者当事人另有约定的以外，该标的物的知识产权不属于买受人。

示例 1-35

同学们下课后去食堂买饭，是刷卡以后获得了饭的所有权，还是食堂师傅把饭交给你时获得了饭的所有权呢？

有同学说刷卡后，有同学说端在自己手里。到底是哪一种呢？

这里有一个概念——“交付”，需要界定。“何谓交付?”

交付，即移转占有。交付是动产物权变动的公示方法，也就是通过交付这样一种方式，向社会公众显示物权变动的意思表示。

由交付的概念得知，食堂师傅把饭交到你的手里就是交付，饭的所有权就由食堂转移给你了，你也就可以美美地享用了。

动产交付又可分为现实交付与观念交付。

现实交付依交货方式的不同，可以再分为三种情形：(1) 送货上门，即由出卖人运送货物到买受人处，此时货交买受人处才算完成交付。(2) 上门提货，即由买受人到出卖人处取走货物，此时货物运出出卖人处即算完成交付。(3) 代办托运，即由出卖人代理买受人与承运人订立运送合同，买受人承担运费的交付方式，此时出卖人将货物交给承运人即算完成交付。

观念交付是指动产占有在观念上的移转，此为法律在特殊情况下为顾及交易的便捷而采取的变通方法。它又分为三种：(1) 简易交付，是指受让人已经占有动产，于物权变动的合意成立时，视为交付。(2) 占有改定，是指动产物权的出让人与受让人之间特别约定标的物仍由出让人继续占有，这样，在物权让与的合意成立时，视为交付，受让人取得间接占有。也就是说当事人虽达成了物权转移的合意，但标的物仍然在出让人手中。(3) 指示交付，是指动产由第三人占有时，出让人将其对于第三人的返还请求权让与受让人，以代替交付。也就是说，标的物不在甲手，而是甲指示第三人把标的物交于乙。

(七) 标的物损毁、灭失风险的承担

标的物毁损、灭失的风险，在标的物交付之前由出卖人承担，交付之后由买受人承担，但法律另有规定或者当事人另有约定的除外。因买受人的原因致使标的物不能按照约定的期限交付的，买受人应当自违反约定之日起承担标的物毁损、灭失的风险。出卖人出卖交由承运人运输的在途标的物，除当事人另有约定的以外，毁损、灭失的风险自合同成立时起由买受人承担。当事人没有约定交付地点或者约定不明确，依据《民法典》第 603 条第 2 款第 1 项的规定，标的物需要运输的，出卖人将标的物交付给第一承运人后，标的物毁损、灭失的风险由买受人承担。

示例 1－36

甲公司借用乙公司的一套设备，在使用过程中不慎损坏一关键部件，于是甲公司提出买下该套设备，乙公司同意了。双方还口头约定甲公司支付贷款前，乙公司保留该套设备的所有权。天有不测风云。在支付价款前，甲公司生产车间失火，造成包括该套设备在内的车间所有财物被烧毁。那么，这套设备被烧毁的损失是由甲公司承担还是乙公司承担呢?

在这个案子里，甲公司先借用了乙公司的设备，后又提出购买该套设备。根据交付的定义，我们可知这属于观念交付的简易交付，即乙公司在与甲公司达成买卖合意时，视为交付。根据法律规定，标的物毁损、灭失的风险，在标的物交付之前由出卖人承担，交付之后由买受人承担，但法律另有规定或者当事人另有约定的除外。所以，本案中该套设备被烧毁的损失由甲公司承担。

(八) 买卖合同解除

因标的物的主物不符合约定解除合同的，效力及于从物。因从物不符合约定被解除的，效力不及于主物。主物就是两个独立物结合使用中起主要效用的物，处于附属地位的就是从物。比如汽车与备用轮胎就是主物与从物的关系。

标的物为数物，其中一物不符合约定的，买受人可以就该物解除，但该物与他物分离使标的物的价值显受损害的，当事人可以就数物解除合同。

出卖人分批交付标的物的，出卖人对其中一批标的物不交付或者交付不符合约定，致使该批标的物不能实现合同目的的，买受人可以就该批标的物解除。出卖人不交付其中一批标的物或者交付不符合约定，致使今后其他各批标的物的交付不能实现合同目的的，买受人可以就该批以及今后其他各批标的物解除。买受人如果就其中一批标的物解除，该批标的物与其他各批标的物相互依存的，可以就已经交付和未交付的各批标的物解除。

（九）其他类型的买卖合同

1. 分期付款的买卖合同

分期付款的买受人未支付到期价款的金额达到全部价款的五分之一的，出卖人可以要求买受人支付全部价款或者解除合同。出卖人解除合同的，可以向买受人要求支付该标的物的使用费。

2. 凭样品买卖的合同

凭样品买卖的当事人应当封存样品，并对样品质量予以说明。出卖人交付的标的物的质量应当与样品及其说明的质量相同。

凭样品买卖的买受人不知道样品有隐蔽瑕疵的，即使交付的标的物与样品相同，出卖人交付的标的物的质量仍然应当符合同种物的通常标准。

3. 试用买卖合同

试用买卖的当事人可以约定标的物的试用期限。对试用期限没有约定或者约定不明确，依据《民法典》第 510 条的规定仍不能确定的，由出卖人确定。

试用买卖的买受人在试用期内可以购买标的物，也可以拒绝购买。试用期间届满，买受人对是否购买标的物未作表示的，视为购买。

4. 招标投标买卖合同和拍卖合同

招标投标买卖的当事人的权利和义务以及招标投标程序等，依照有关法律、行政法规的规定。

拍卖的当事人的权利和义务以及拍卖程序等，依照有关法律、行政法规的规定。

当事人约定易货交易，转移标的物的所有权的，参照买卖合同的有关规定。

二、赠与合同

赠人礼物，经常发生。最常见的就是重大节日期间，亲朋好友互相探望，互赠礼物，生日、儿童节时，很多人都收到过礼物。

（一）概念

赠与合同是赠与人将自己的财产或财产权利无偿给予受赠人，受赠人表示接受的合同。赠与人可以将财产也可以将财产权利赠与他人，他人表示接受，合同就成立了。

（二）特征

1. 赠与合同为实践合同

依据《民法典》第 658 条第 1 款的规定，赠与人在赠与财产的权利转移之前可以撤销赠与，因此一般赠与合同为实践合同。

同时，该条第 2 款规定，经过公证的赠与合同或者依法不得撤销的具有救灾、扶贫、助残等公益、道德义务性质的赠与合同，不适用第 1 款规定，因此这些类型的赠与合同属于诺成合同。前述赠与合同的赠与人不交付赠与财产的，受赠人可以请求交付；应当交付的赠与财产因赠与人故意或者重大过失致使毁损、灭失的，赠与人应当承担赔偿责任。

2. 赠与合同为无偿合同

在赠与合同里，受赠方接受赠与而不用付出代价，不像买卖合同，卖方得到财物要支付相应价款。

3. 赠与合同为单务合同

在赠与合同里，受赠方一般不因受赠而负有义务。

（三）赠与财产的瑕疵和附义务的赠与

因为赠与合同是无偿合同，一般情况下，赠与的财产有瑕疵的，赠与人不承担责任。但若赠与人故意不告知瑕疵或者保证无瑕疵，造成受赠人损失的，则应当承担损害赔偿责任。

示例 1－37

甲乙是邻居，甲准备换电视机，就问乙：“要不要旧电视机?”“要!”乙答。但甲没有告知乙旧电视机已过了正常寿命周期。乙使用旧电视机 1 个月左右时，电视爆炸，导致乙人身、财产受损。甲是否要承担损害赔偿责任?

赠与也可以附义务，受赠人应当按照约定履行所附义务。附义务的赠与，赠与的财产有瑕疵的，赠与人在附义务的限度内承担与出卖人相同的责任。

（四）赠与人的撤销权

1. 任意撤销权

赠与人在赠与财产的权利转移之前可以撤销赠与，目的就是赋予赠与人与受赠人达成合意后法定要件实现前的悔约权。由于赠与合同为无偿单务合同，受赠人为纯获利益者，赠与人并不能从受赠人处取得任何财产利益，即使是附义务的赠与，所附的义务也不是赠与合同的对价义务。在赠与合同成立后，若不允许赠与人撤销赠与，则赠与人因一时冲动、思虑不周贸然应允将不动产等价值贵重物品无偿给予他人而为赠与的意思表示，也须负担履行赠与合同的义务，这对赠与人要求未免过于苛刻，有失公允。故应准许赠与人在一定条件下反悔，对赠与人的约束应较双务合同弱一些。

在赠与财产的权利转移前，赠与人可以撤销赠与。权利转移前就是动产没有交付前，不动产没办理登记前；如果产权转移手续已经办完则不得撤销。

关于撤销的方式，合同法没有规定，　般应以通知的方式作出，通知到达对方时合同解除。

2. 法定撤销权

（1）赠与人的法定撤销权。

受赠人有下列情形之一的，赠与人可以撤销赠与：1）严重侵害赠与人或者赠与人的近亲属的合法权益；2）对赠与人有扶养义务而不履行；3）不履行赠与合同约定的义务。赠与人的撤销权，自知道或者应当知道撤销原因之日起 1 年内行使。

（2）赠与人的继承人或者法定代理人的法定撤销权。

因受赠人的违法行为致使赠与人死亡或者丧失民事行为能力的，赠与人的继承人或者法定代理人可以撤销赠与。赠与人的继承人或者法定代理人的撤销权，自知道或者应当知道撤销原因之日起6个月内行使。

撤销权人撤销赠与的，可以向受赠人要求返还赠与的财产。赠与人的经济状况显著恶化，严重影响其生产经营或者家庭生活的，可以不再履行赠与义务。

三、借款合同

（一）概念

借款合同，是借款人向贷款人借款，到期返还借款并支付利息的合同。提供借款的一方为贷款人，又称出借人，受领货币的一方为借款人。

借款合同一般为诺成合同，但自然人之间的借款合同是实践性合同。《民法典》第679条规定："自然人之间的借款合同，自贷款人提供借款时成立。"

（二）借款合同的形式与条款

借款合同采用书面形式，但自然人之间借款另有约定的除外。

借款合同的内容包括借款种类、币种、用途、数额、利率、期限和还款方式等条款。

（三）当事人之间的权利与义务

1. 贷款人的权利

（1）要求借款人提供担保的权利。

（2）要求借款人提供与借款有关的业务活动和财务状况的真实情况的权利。

（3）按照约定检查、监督借款的使用情况的权利。

（4）借款人未按照约定的借款用途使用借款的，贷款人停止发放借款、提前收回借款或者解除合同的权利。

2. 贷款人的义务

（1）借款的利息不得预先在本金中扣除。利息预先在本金中扣除的，应当按照实际借款数额返还借款并计算利息。

（2）按照约定的日期、数额提供借款的义务。未按约定提供借款，造成借款人损失的，应当赔偿损失。

3. 借款人的义务

（1）按约定的日期、数额收取借款的义务。

（2）按照约定的数额、日期支付利息的义务。

（3）按照约定的期限返还借款的义务。逾期未还的，应当按照约定或者国家有关规定支付逾期利息。

（四）自然人之间的借款合同

自然人之间的借款合同，自贷款人提供借款时生效。

自然人之间的借款合同对支付利息没有约定或者约定不明确的，视为不支付利息。

自然人之间的借款合同约定支付利息的，借款的利率不得违反国家有关限制借款利率的规定。

课后练习

一、单项选择题

1. 甲公司拟为新三板上市造势，在无真实交易意图的情况下，短期内以业务合作为由邀请多家公司来其主要办公地点洽谈。其中，乙公司安排授权代表往返十余次，每次都准备了详尽可操作的合作方案，甲公司佯装感兴趣并屡次表达将签署合同的意愿，但均在最后一刻推脱拒签。其间，甲公司还将知悉的乙公司的部分商业秘密不当泄露。对此，下列哪一说法是正确的？（　　）

A. 未缔结合同，则甲公司就磋商事宜无须承担责任

B. 虽未缔结合同，但甲公司构成恶意磋商，应赔偿损失

C. 未缔结合同，则商业秘密属于乙公司自愿披露，不应禁止外泄

D. 甲公司也付出了大量的工作成本，如被对方主张赔偿，则据此可主张抵销

2. 甲将其电脑借给乙使用，乙却将该电脑卖给丙。依据我国《民法典》的规定，乙丙之间买卖电脑合同的效力是（　　）。

A. 有效　　　B. 无效　　　C. 可撤销合同　　　D. 效力待定合同

3. 甲与乙公司订立美容服务协议，约定服务期为半年，服务费预收后逐次计扣，乙公司提供的协议格式条款中载明“如甲单方放弃服务，余款不退”（并注明该条款不得更改）。协议订立后，甲依约支付5万元服务费。在接受服务1个月并发生费用8 000元后，甲感觉美容效果不明显，单方放弃服务并要求退款，乙公司不同意。甲起诉乙公司要求返还余款。下列哪一选项是正确的？（　　）

A. 美容服务协议无效

B. “如甲单方放弃服务，余款不退”的条款无效

C. 甲单方放弃服务无须承担违约责任

D. 甲单方放弃服务应承担继续履行的违约责任

4. 甲乙为夫妻，共有一套房屋登记在甲名下。乙瞒着甲向丙借款100万元供个人使用，并将房屋抵押给丙。在签订抵押合同和办理抵押登记时乙冒用甲的名字签字。现甲主张借款和抵押均无效。下列哪一表述是正确的？（　　）

A. 抵押合同无效

B. 借款合同无效

C. 甲对100万元借款应负连带还款义务

D. 甲可请求撤销丙的抵押权

5. 根据民事法律制度的规定，下列关于附条件民事法律行为所附条件的表述中，正确的是（　　）。

A. 既可以是将来事实，也可以是过去事实

B. 既可以是人的行为，也可以是自然现象

C. 既可以是确定发生的事实，也可以是不确定发生的事实

D. 既包括约定事实，也包括法定事实

6. 甲公司员工唐某受公司委托从乙公司订购一批空气净化机，甲公司对净化机单价未作明确限定。唐某与乙公司私下商定将净化机单价比正常售价提高200元，乙公司给唐某每台

100 元的回扣。商定后，唐某以甲公司名义与乙公司签订了买卖合同。对此，下列哪一选项是正确的？（　　）

A. 该买卖合同以合法形式掩盖非法目的，因而无效

B. 唐某的行为属无权代理，买卖合同效力待定

C. 乙公司行为构成对甲公司的欺诈，买卖合同属可变更、可撤销合同

D. 唐某与乙公司恶意串通损害甲公司的利益，应对甲公司承担连带责任

7. 方某为送汤某生日礼物，特向余某定做一件玉器。订货单上，方某指示余某将玉器交给汤某，并将订货情况告知汤某。玉器制好后，余某委托朱某将玉器交给汤某，朱某不慎将玉器碰坏。下列哪一表述是正确的？（　　）

A. 汤某有权要求余某承担违约责任　　B. 汤某有权要求朱某承担侵权责任

C. 方某有权要求朱某承担侵权责任　　D. 方某有权要求余某承担违约责任

8. 甲公司向某自行车厂发出函电，称“我公司急需一批自行车，请来电告知贵厂生产的自行车的最低价”。该自行车厂回电告知每辆 200 元。甲公司即汇款 1 000 元，求购 5 辆。本案中，甲公司汇款 1 000 元的行为是（　　）。

A. 邀约邀请　　B. 要约　　C. 承诺　　D. 合同成立

9. 根据合同法律制度的规定，下列情形中，构成有效承诺的是（　　）。

A. 受要约人向要约人发出承诺函后，随即又发出一份函件表示收回承诺，两封函件同时到达要约人

B. 受要约人在承诺期内发出承诺，正常情形下可如期到达要约人，但因连日暴雨致道路冲毁，承诺通知到达要约人时已超过承诺期限，要约人收到承诺通知后未作任何表示

C. 受要约人发出表示承诺的函件时已超过要约人规定的承诺期限，要约人收到后未作任何表示

D. 受要约人向要约人回函表示：“若价格下调 5%，我司即与贵司订立合同。”

10. 下列有关合同分类的说法，不正确的是（　　）。

A. 无名合同是法律未规定内容和名称的合同

B. 有偿合同中，债务人的责任相对比较重，而在无偿合同中，债务人的责任相对比较轻

C. 赠与合同是单务合同

D. 有偿合同即双务合同，无偿合同即单务合同

二、多项选择题

1. 2018 年 8 月 11 日，甲公司接到乙公司出售某种设备的要约，有效期至 9 月 1 日。甲公司于 8 月 12 日电复：“如能将每件设备价格降低 5 万元，即可接受。”对此，乙公司没有答复。甲公司于 8 月 29 日再次致电乙公司表示接受其 8 月 11 日要约中包括价格在内的全部条件。下列选项中不正确的是？（　　）

A. 乙公司的沉默表明其已接受甲公司的降价要求

B. 甲公司 8 月 29 日的去电为承诺，因此合同已成立

C. 甲公司 8 月 29 日的去电是迟到的承诺，因此合同没有成立

D. 甲公司 8 月 29 日的去电是新要约，此时合同还没有成立

2. 刘某有一宋代青花瓷花瓶，但是由于花瓶出现裂痕，其就找到专门做古玩修补的唐某。

双方约定一周完工，修补费用为 2 000 元，刘某先行支付定金 500 元。由于唐某的疏忽致使花瓶在修补过程中破碎，难以修复。下列说法正确的有（　　）。

A. 刘某可以要求履行合同　　B. 刘某可以要求双倍返还定金

C. 刘某不能要求继续履行合同　　D. 刘某可以向唐某行使损害赔偿请求权

3. 根据合同法律制度的规定，下列情形中，买受人应当承担标的物灭失风险的有（　　）。

A. 买卖双方未约定交付地点，出卖人将标的物交由承运人运输，货物在运输途中意外灭失

B. 约定在出卖人营业地交货，买受人未按约定时间前往提货，后货物在地震中灭失

C. 出卖人依约为买受人代办托运，货交第一承运人后意外灭失

D. 买受人下落不明，出卖人将标的物提存后意外灭失

4. 根据合同法律制度的规定，下列各项中，属于不可抗力的有（　　）。

A. 台风　　B. 地震　　C. 洪水　　D. 海啸

5. 甲、乙双方签订一份合同，约定甲向乙购买水泥 10 吨。乙按约定日期向甲交货，但甲因躲避他人债务不知去向。乙无奈，将水泥提存。提存当晚，突降特大暴雨，库房坍塌，水泥被水浸泡，全部毁损。1 个月后，甲躲债归来，请求乙交付水泥。乙拒绝，并要求甲支付水泥价款和提存费用。根据合同法律制度的规定，下列表述中，正确的有（　　）。

A. 乙的合同义务已履行完毕，有权拒绝甲交付水泥的请求

B. 水泥毁损的损失应由甲承担

C. 乙有权要求甲支付水泥价款

D. 乙有权要求甲支付提存费用

三、案例分析

1. 甲矿泉水厂为便于联系业务，扩大销路，聘请乙机关后勤部门干部李某当业务顾问并支付津贴。李某未经过单位有关领导同意，私自以乙机关的名义与甲方签订了一份购销矿泉水合同，并采取欺骗手段偷盖了单位印章。合同签订后，李某又拿着合同到机关下属单位要求按合同购买矿泉水。不久，乙机关领导得知此事，指令机关下属单位拒绝收货。为此，甲乙双方发生纠纷，甲方以乙方不履行合同为由起诉到人民法院，要求乙方履行合同义务并赔偿损失。

试分析：甲方的诉讼要求有无法律依据？李某的行为是无权代理吗？并说明理由。

2. 甲企业（本题下称“甲”）向乙企业（本题下称“乙”）发出传真订货，该传真列明了货物的种类、数量、质量、供货时间、交货方式等，并要求乙在 10 日内报价。乙接受甲发出传真列明的条件并按期报价，亦要求甲在 10 日内回复；甲按期复电同意其价格，并要求签订书面合同。乙在未签订书面合同的情况下按甲提出的条件发货，甲收货后未提出异议，亦未付货款。后因市场发生变化，该货物价格下降。甲遂向乙提出，由于双方未签订书面合同，买卖关系不能成立，故乙应尽快取回货物。乙不同意甲的意见，要求其偿付货款。随后，乙发现甲放弃其对关联企业的到期债权，并向其关联企业无偿转让财产，可能使自己的货款无法得到清偿，遂向人民法院提起诉讼。

问：(1) 甲传真订货、乙报价、甲回复报价行为的法律性质？

(2) 买卖合同是否成立，并说明理由。

(3) 对甲放弃到期债权、无偿转让财产的行为，乙可向人民法院提出何种权利请求，以保

护其利益不受侵害？对乙行使该权利的期限，法律有何规定？

3. 2006 年 3 月 20 日，上海的甲公司与北京的乙公司签订了一份买卖合同，约定：甲公司向乙公司购买 1 000 吨化工原料，总价款为 200 万元；乙公司在合同签订后 1 个月内交货，甲公司在验货后 7 日内付款。双方没有明确约定履行地点。

合同签订后，甲公司以其办公用房作抵押向丙银行借款 200 万元，并办理了抵押登记手续。由于办公用房的价值仅为 100 万元，甲公司又请求丁公司为该笔借款提供了保证担保。丙银行与丁公司的保证合同没有约定保证方式及保证范围，但约定保证人承担保证责任的期限至借款本息还清时为止。

4 月 10 日，乙公司准备通过铁路运输部门发货时，甲公司的竞争对手告知乙公司，甲公司经营状况不佳，将要破产。乙公司随即暂停了货物发运，并电告甲公司暂停发货的原因，要求甲公司提供担保。甲公司告知乙公司：本公司经营正常，货款已经备齐，乙公司应尽快履行合同，否则将追究违约责任。但乙公司坚持要求甲公司提供担保。甲公司急需这批货物，只好按照乙公司的要求，提供了银行保函。5 月 25 日，乙公司收到银行保函，当日向铁路运输部门支付了运费并发货。货物在运输途中，遇泥石流灾害全部灭失。借款合同到期后，甲公司没有偿还丙银行的借款本息。

问：(1) 乙公司暂停发货是否有法律依据？并说明理由。

(2) 在买卖合同履行地点约定不明确的情况下，应当如何交付标的物？

(3) 如果当事人对承担担保责任的顺序未进行约定，丙银行可否直接要求丁公司承担 200 万元的保证责任？并说明理由。

(4) 丁公司的保证期间为多长？并说明理由。

4. 甲公司与乙公司于 2004 年 5 月 20 日签订了设备买卖合同，甲公司为买方，乙公司为卖方。双方约定：(1) 由乙公司于 10 月 30 日前分两批向甲公司提供设备 10 套，价款总计为 150 万元；(2) 甲公司向乙公司给付定金 25 万元；(3) 如一方迟延履行，应向另一方支付违约金 20 万元；(4) 由丙公司作为乙公司的保证人，在乙公司不能履行债务时，丙公司承担一般保证责任。

合同依法生效后，甲公司因故未向乙公司给付定金。7 月 1 日，乙公司向甲公司交付了 3 套设备，甲公司交付了 45 万元货款。

9 月，该种设备价格大幅上涨，乙公司向甲公司提出变更合同，要求将剩余的 7 套设备价格提高到每套 20 万元，甲公司不同意，随后乙公司通知甲公司解除合同。

11 月 1 日，甲公司仍未收到剩余的 7 套设备，从而严重影响了其正常生产，并因此遭受了 50 万元的经济损失。

于是甲公司诉至法院，要求乙公司增加违约金数额并继续履行合同；同时要求丙公司履行一般保证责任。

根据上述事实及有关法律规定，回答下列问题：

(1) 合同约定甲公司向乙公司给付 25 万元定金是否合法？说明理由。

(2) 乙公司通知甲公司解除合同是否合法？说明理由。

(3) 甲公司要求增加违约金数额依法能否成立？说明理由。

(4) 甲公司要求乙公司继续履行合同依法能否成立？说明理由。

(5) 丙公司在什么条件下应当履行一般保证责任？

第二章
企业法

> 假如必须等待积累去使某些单个资本增长到能够修建铁路的程度，那末恐怕直到今天世界上还没有铁路。但是，集中通过股份公司转瞬之间就把这件事完成了。
>
> ［德］马克思：《资本论》
>
> 现代社会最伟大的发明就是有限责任公司。即使蒸汽机和电气的发明也略逊一筹。
>
> ［美］尼古拉斯·巴特勒（哥伦比亚大学校长）

我国企业类型的划分大致如下（仅供参考）。

- 企业类型
  - 按所有制划分
    - 国有企业
    - 集体企业
    - 私营企业
  - 按投资者国籍划分
    - 本国企业
    - 外国企业
    - 跨国企业
  - 按组织形式划分
    - 个人独资企业
    - 合伙企业
    - 公司
  - 按法律特征划分
    - 法人企业
    - 非法人企业

引　言

常见的企业形式主要有公司、合伙企业和个人独资企业三种。三种企业类型的根本区别在于是否具有法人资格。在三种企业形式中，只有公司是法人，这就意味着公司具有独立意志、独立财产和独立承担责任。就投资者与企业之间的关系而言，公司与股东之间完全独立、个人独资企业与个人投资者之间完全不独立、合伙企业与合伙人之间相对独立，因此产生了有限责任与无限责任的划分。

通常认为，股东以其对公司的出资额为限对公司债务承担责任，但是从严格的法理分析，这种说法并不成立。因为公司是法人，股东与公司是两个有关联但却相互独立的法律主体，股东在向公司缴纳出资后，出资的财产成为公司财产，股东不再享有财产权；公司以股东缴纳的出资形成的公司财产为基础进行经营活动并承担责任，公司成立后的债务是由公司来承担的，并不需要股东承担责任。所以，有限责任，准确地说，是股东对其向公司投资活动的责任限额，也就是股东投资最大的风险就是他的投资本金可能会全部亏损，但不会承担超过本金的损失。相应的，投资人，如普通合伙人通常要对其投资活动承担无限责任，原因在于合伙企业不具有法人地位，没有独立意志和独立财产，因此不能独立承担责任，合伙企业的债务最终由普通合伙人承担无限（连带）责任，也可以说，普通合伙人对其投资于合伙企业的风险是不以其出资额为限的。

从企业发展史来看，从古代社会一直到中世纪，独资企业与合伙企业是两种基本的形态，属于原始的企业形态；公司的出现使原始企业进入到了近代企业的发展形态，代表的形式为无限公司与两合公司；现代企业形态则以股份有限公司与有限责任公司为代表。[①]

企业的形态具有法定性特点，即任何当事人设立一家企业，都只能在企业的法律形态中择定与其适应的企业类型。[②] 简单地说，当事人只能在法律给定的范围内选择企业的形态。囿于篇幅的限制，本章主要集中于最基本的两种企业形态：公司与合伙企业，其余内容不再讲述。

第一节　公司法

公司法有广义与狭义之分，狭义的公司法是指《中华人民共和国公司法》规定的内容。公司法是我国市场经济条件下非常重要的法律制度。《公司法》共 13 章 218 个条文，涵盖公司法律基本制度、两种公司的设立和组织机构、公司高级管理人员的资格和义务、公司债券、公司财务会计、公司合并分立和增资减资、公司解散清算、外国公司的分支机构以及法律责任等。内容之多本书无法面面俱到，立足本课程特点，本章只涉及《公司法》基本常识的介绍。

我国社会主义市场经济要建立现代企业制度，公司制度又是现代企业制度的重要组成部分，因此公司法是发展现代企业制度的法律依据，其理论与实践地位不言而喻。我国现行《公司法》于 1993 年制定通过，1994 年实施，经历四次修订，第四次修订案于自 2018 年 10 月 26 日起施行。

一、公司与公司法概述

（一）几个概念与用语

1. 公司

公司是依法设立的、以营利为目的的企业组织形式。公司具有营利性、社团性、规范性、法人性等特征。

---

① 赵旭东．企业法律形态论．北京：中国方正出版社，1996：30－44.

② 同①52.

2. 法人与法人财产权

法人是具有民事权利能力和民事行为能力，依法独立享有民事权利和承担民事义务的组织。[①]

公司法规定，公司是企业法人，有独立的法人财产，享有法人财产权。公司以其全部财产对公司的债务承担责任。股东的原始出资和公司存续期间以公司的名义取得的收入都是公司的财产，即法人财产。公司对其财产享有占有、使用、收益和处分的权利，即公司的法人财产权。

3. 法定代表人

依照法律或者法人章程的规定，代表法人从事民事活动的负责人，为法人的法定代表人。法定代表人以法人名义从事的民事活动，其法律后果由法人承受。[②] 公司法定代表人依照公司章程的规定，由董事长、执行董事或者经理担任，并依法登记。公司法定代表人变更，应当办理变更登记。

4. 高级管理人员

高级管理人员是指公司的经理、副经理、财务负责人，上市公司还包括董事会秘书和公司章程规定的其他人员。

5. 控股股东

控股股东是指其出资额占有限责任公司资本总额 50%以上或者其持有的股份占股份有限公司股本总额 50%以上的股东；出资额或者持有股份的比例虽然不足 50%，但依其出资额或者持有的股份所享有的表决权已足以对股东会、股东大会的决议产生重大影响的股东。

6. 实际控制人

实际控制人是指虽不是公司的股东，但通过投资关系、协议或者其他安排，能够实际支配公司行为的人。

7. 关联关系

关联关系是指公司控股股东、实际控制人、董事、监事、高级管理人员与其直接或者间接控制的企业之间的关系，以及可能导致公司利益转移的其他关系。但是，国家控股的企业之间不因同受国家控股而具有关联关系。

(二) 公司的分类

1. 根据股东承担的责任形式划分

(1) 有限责任公司，是指依法设立的，股东以其认缴的出资额为限对公司承担责任，公司以其全部资产对公司的债务承担责任的企业法人。

(2) 股份有限公司，是指依法设立的，其全部资本分为等额股份，股东以其认购的股份为限对公司承担责任，公司以其全部资产对公司的债务承担责任的企业法人。

(3) 无限公司，是指两个以上股东所组成的、股东对公司的债务负无限连带责任的公司。

(4) 两合公司，是指由负无限责任的股东和负有限责任的股东组成的公司。

上述分类中的无限公司和两合公司逐渐淡出历史舞台，我国《公司法》第 2 条明确界定：

---

① 参见《民法典》第 57 条。

② 参见《民法典》第 61 条。

“本法所称公司是指依照本法在中国境内设立的有限责任公司和股份有限公司。”

2. 根据公司的信用标准划分

（1）人合公司，是指以股东的个人信用为基础而设立和运营的公司。无限公司是典型的人合公司。

（2）资合公司，是指以股东的资本信用为基础而设立和运营的公司。股份有限公司是典型的资合公司。

（3）人合兼资合公司，是指兼具股东个人信用和公司资本信用作为设立和运营基础的公司。两合公司是典型的人合兼资合公司。

思考 2-1

有限责任公司属于此种分类中哪种性质的公司？

3. 根据控制关系划分

（1）母公司，是指通过对它公司的投资或持有它公司的股份并能直接或间接支配该公司的公司，又称为控股公司。

（2）子公司，是指由它公司投资或参股并受它公司控制的公司。

换言之，母公司是子公司的控股股东或全资股东。我国《公司法》第 14 条第 2 款规定：“公司可以设立子公司，子公司具有法人资格，依法独立承担民事责任。”可见，母公司和子公司都具有法人的资格和地位。

思考 2-2

母公司投资成立子公司的意义何在？

示例 2-1

20 世纪 90 年代中期唐先生努力奋斗于 A 行业 N 年，将自己的公司经营得相当不错。后来唐先生以挂靠的方式涉足 B 行业，由于自己无经营资质，挂靠在有经营资质的另一家公司名下，协议表明双方是母子公司。所谓的相关事宜办妥后不久，母公司（被挂靠的公司）因债务纠纷被债权人申请人民法院强制执行。当时的法院把母子公司的银行账户均予以冻结并用于清偿母公司债务。

问题：又过了 N 年，唐先生咨询专业人士，问他应不应该替被挂靠的公司还债？他账户上的钱还能不能要回来？

4. 根据管辖关系划分

（1）总公司，是指具有法人资格，并对其组织系统内部各分支机构行使管辖权的公司。

（2）分公司，是指（总）公司在其住所以外的地方设立的从事经营活动并受总公司管辖的分支机构。我国《公司法》第 14 条第 1 款规定：“公司可以设立分公司。设立分公司，应当向公司登记机关申请登记，领取营业执照。分公司不具有法人资格，其民事责任由公司承担。”

（三）公司的独立性和股东的有限责任

1. 公司的独立性

公司是企业法人，有独立的法人财产，享有法人财产权。公司以其全部财产对公司的债务承担责任。

2. 股东的有限责任

有限责任公司的股东以其认缴的出资额为限对公司承担责任；股份有限公司的股东以其认购的股份为限对公司承担责任。

一方面，因为公司是法人，法人财产独立，责任独立，所以股东不替公司还债；另一方面，股东承担有限责任，使得股东对公司投资时风险可控，公司这种企业类型也因此受到投资者青睐。公司及公司制度的发展对于我国建立现代企业制度有着重要意义。简言之，公司的独立性和股东的有限责任如同公司理论的两只脚，共同形成对公司制度的支撑。

示例 2－2　关于公司的独立性和股东的有限责任

2007 年，某医药公司与甲等 5 个自然人共同出资设立某医疗器械有限责任公司，该医疗器械有限责任公司领取营业执照后即刻对外开展业务活动，主要从事医疗器械的生产、销售和进出口贸易活动。2007 年 3 月，该医疗器械有限责任公司与某医院签署了一份医疗器械买卖合同。其中合同约定，机器单价 2 万元/台，共 50 台，总价款共计 100 万元人民币。由医院先行支付总价款的 20%，剩余款项待医疗器械有限公司交付完毕机器后再行支付。合同签订后，该医院按期支付了首批价款 20 万元，该医疗器械有限责任公司也按合同约定如期交付了全部 50 台临床医疗器械。但是该医院在检验货物时发现该批临床医疗器械大部分不符合合同约定的规格，不能满足该医院的临床要求。由于时间紧迫，该医院只能临时从其他渠道采购了 50 台临床医疗器械。同时要求该医疗器械有限责任公司收回已交付的货物，返还该医院已经支付的 20 万元人民币，并按同期银行存款利率加算这期间的利息。但该医疗器械有限责任公司的实际情况是，自公司成立以来，由于经营管理不善等造成经营状况不佳，已经开始亏损。该医院支付的 20 万元货款也被某业务人员卷走，且该医疗器械有限责任公司还对银行负有大笔债务无力偿还。因此，该医疗器械有限责任公司对该医院表示无力偿还 20 万元合同款及其利息。

该医院考虑到该医疗器械有限责任公司的股东——某医药公司为本市最著名的医药企业，经营状况良好，信誉较高，自然人股东甲也是著名的私人投资者，拥有大笔个人资产，遂以该医药公司和甲等 5 个自然人为被告，向当地人民法院提起诉讼，要求该医药公司和甲等 5 个自然人替该医疗器械有限责任公司承担返还货款和同期银行存款利息的责任。

问题：原告的诉讼请求应不应该得到支持，为什么？

（四）股东的权利

1. 股东权利的内容

《公司法》第 4 条规定："公司股东依法享有资产收益、参与重大决策和选择管理者等权利。"理论上习惯把这三大项权利分为财产权和管理权，也可分为自益权和共益权。具体而言，股东权利包括：表决权、股利分配请求权、选举权和被选举权、股权股份转让权、建议和质询权、查阅权、优先购买权、申请法院解散公司权、剩余财产分配请求权以及异议股东股份回购请求权等。

思考 2－3

从字面理解什么是自益权，什么是共益权？哪些股东权利分别属于自益权和共益权？

2. 股东权利滥用的禁止

在公司制企业中，股东以其出资额或所持股份为限对公司承担责任，不对公司债权人负责。股东不替公司还债，此即股东的有限责任。股东的有限责任的理论和实践对公司的发展起到了很大的推动作用，但是也有缺陷，比如不利于对债权人的保护。由此，在美国出现了“揭开公司面纱制度”，这一制度在大陆法系叫作“公司法人人格否认制度”。

所谓“揭开公司面纱”是在英美国家的司法实践中发展起来的判例规则，法院为了实现公平正义的目的，在具体案例中漠视或忽视公司的法人人格，责令股东或公司的内部人员对公司债权人直接承担责任。

我国《公司法》第 20 条则对此予以规定：“公司股东应当遵守法律、行政法规和公司章程，依法行使股东权利，不得滥用股东权利损害公司或者其他股东的利益；不得滥用公司法人独立地位和股东有限责任损害公司债权人的利益。”“公司股东滥用股东权利给公司或者其他股东造成损失的，应当依法承担赔偿责任。”“公司股东滥用公司法人独立地位和股东有限责任，逃避债务，严重损害公司债权人利益的，应当对公司债务承担连带责任。”

示例 2-3　徐工集团工程机械股份有限公司诉成都川交工贸有限责任公司等买卖合同纠纷案①

基本案情介绍：原告徐工集团工程机械股份有限公司（以下简称徐工机械公司）诉称：成都川交工贸有限责任公司（以下简称川交工贸公司）拖欠其货款未付，而成都川交工程机械有限责任公司（以下简称川交机械公司）、四川瑞路建设工程有限公司（以下简称瑞路公司）与川交工贸公司人格混同。三个公司实际控制人王某以及川交工贸公司股东等人的个人资产与公司资产混用，均应承担连带清偿责任。请求法院判令：川交工贸公司支付所欠货款 191 605 051 元及利息；川交机械公司、瑞路公司及王某等人对上述债务承担连带清偿责任。

被告川交工贸公司、川交机械公司、瑞路公司辩称：三个公司虽有关联，但并不混同，川交机械公司、瑞路公司不应对川交工贸公司的债务承担清偿责任。

王某等人辩称：王某等人的个人财产与川交工贸公司的财产并不混同，不应为川交工贸公司的债务承担清偿责任。

徐州市中级人民法院一审裁判结果：（1）川交工贸公司于判决生效后 10 日内向徐工机械公司支付货款 10511710.71 元及逾期付款利息；（2）川交机械公司、瑞路公司对川交工贸公司的债务承担连带清偿责任；（3）驳回徐工机械公司对王某等人的诉讼请求。

宣判后，川交机械公司和瑞路公司提起上诉，认为一审判决认定三个公司人格混同，属认定事实不清；认定川交机械公司、瑞路公司对川交工贸公司的债务承担连带责任，缺乏法律依据。徐工机械公司答辩请求维持一审判决。江苏省高级人民法院终审判决：驳回上诉，维持原判。

终审裁判理由：针对上诉范围，二审争议焦点为川交机械公司、瑞路公司与川交工贸公司是否人格混同；应否对川交工贸公司的债务承担连带清偿责任。

1. 川交机械公司、瑞路公司与川交工贸公司人格混同

一是三个公司人员混同。三个公司的经理、财务负责人、出纳会计、工商手续经办人均相同，其他管理人员亦存在交叉任职的情形，川交工贸公司的人事任免存在由川交机械公司决定

① 葛伟军．中华人民共和国公司法规范总整理——公司法实用手册．北京：法律出版社，2016：91-94.

的情形。二是三个公司业务混同。三个公司在实际经营中均涉及工程机械相关业务，在经销过程中存在共用销售手册、经销协议的情形，在对外进行宣传时，信息混同。三是三个公司财务混同。三个公司使用共同账户，以王某的签字作为具体用款依据，对其中的资金及支配无法证明已作区分。三个公司与徐工机械公司之间的债权债务、业绩、账务及返利均计算在川交工贸公司名下。因此，三个公司之间表征人格的因素（人员、业务、财务）等高度混同，导致各自财产无法区分，已丧失独立人格，构成人格混同。

2. 川交机械公司、瑞路公司应当对川交工贸公司的债务承担连带清偿责任。

公司人格独立是其作为法人独立承担责任的前提。《公司法》第3条第1款规定："公司是企业法人，有独立的法人财产，享有法人财产权。公司以其全部财产对公司的债务承担责任。"公司的独立财产是公司独立承担责任的物质保障，公司的独立人格也突出地表现在财产的独立上。当关联公司的财产无法区分，丧失独立人格时，就丧失了独立承担责任的基础。《公司法》第20条第3款规定："公司股东滥用公司法人独立地位和股东有限责任，逃避债务，严重损害公司债权人利益的，应当对公司债务承担连带责任。"本案中，三个公司虽在工商登记部门登记为彼此独立的企业法人，但实际上相互之间界限模糊、人格混同。其中川交工贸公司承担所有关联公司的债务却无力清偿，方便了其他关联公司逃避巨额债务，严重损害了债权人的利益。上述行为违背了法人制度设立的宗旨，违背了诚实信用原则，其行为本质和危害结果与《公司法》第20条第3款规定的情形相当。故参照《公司法》第20条第3款的规定，川交机械公司、瑞路公司对川交工贸公司的债务应当承担连带清偿责任。

（五）股东诉讼

1. 股东直接诉讼

股东直接诉讼即股东权益受损的诉讼。

《公司法》第152条规定："董事、高级管理人员违反法律、行政法规或者公司章程的规定，损害股东利益的，股东可以向人民法院提起诉讼。"这是针对股东对董事、高级管理人员损害股东利益行为提起的诉讼。

2. 股东代表诉讼

股东代表诉讼即公司权益受损的股东救济。

股东代表诉讼，也称股东代位诉讼、股东间接诉讼，是指当董事、监事、高级管理人员或者他人违反法律、行政法规或者公司章程的行为给公司造成损失，公司拒绝或者怠于向该违法行为人请求损害赔偿时，具备法定资格的股东有权代表其他股东，代替公司提起诉讼，请求违法行为人赔偿公司损失的行为。①

（1）书面请求监事会提起诉讼。

董事、高级管理人员执行公司职务时违反法律、行政法规或者公司章程的规定，给公司造成损失的，有限责任公司的股东、股份有限公司连续180日以上单独或者合计持有公司1%以上股份的股东，可以书面请求监事会或者不设监事会的有限责任公司的监事向人民法院提起诉讼。

① 中国注册会计师协会．2018年注册会计师全国统一考试辅导教材——经济法．北京：中国财政经济出版社，2018：173.

（2）书面请求董事会提起诉讼。

监事执行公司职务时违反法律、行政法规或者公司章程的规定，给公司造成损失的，前述股东可以书面请求董事会或者不设董事会的有限责任公司的执行董事向人民法院提起诉讼。

（3）股东直接提起诉讼。

监事会、不设监事会的有限责任公司的监事，或者董事会、不设董事会的有限责任公司的执行董事收到前述股东的书面请求后拒绝提起诉讼，或者自收到请求之日起 30 日内未提起诉讼，或者情况紧急、不立即提起诉讼将会使公司利益受到难以弥补的损害的，前述股东有权为了公司的利益以自己的名义直接向人民法院提起诉讼。

（4）他人侵犯公司权益时的诉讼。

根据《公司法》第 151 条规定，他人侵犯公司合法权益，给公司造成损失的，有限责任公司的股东、股份有限公司连续 180 日以上单独或者合计持有公司 1%以上股份的股东，可以书面请求监事会或者不设监事会的有限责任公司的监事向人民法院提起诉讼；监事执行公司职务时违反法律、行政法规或者公司章程的规定，给公司造成损失的，前述股东可以书面请求董事会或者不设董事会的有限责任公司的执行董事向人民法院提起诉讼；符合直接提起诉讼条件的，前述股东也可以以自己的名义直接向人民法院提起诉讼。

（六）股东的出资

1. 股东的出资方式

《公司法》第 27 条第 1 款中规定，“股东可以用货币出资，也可以用实物、知识产权、土地使用权等可以用货币估价并可以依法转让的非货币财产作价出资”。但是股东不得以劳务、信用、自然人姓名、商誉、特许经营权或者设定担保的财产等作价出资。[①]

对于股东出资方式采取列举加概括的立法模式，丰富和灵活了出资方式。这样，股权、债权、探矿权、采矿权等都可以用于出资，也可以直接债转股。

思考 2-4

同一个股东可否以多种出资方式出资？

示例 2-4　以债权出资

2000 年，A 公司与 B 公司发生买卖关系。到 2004 年，B 公司总共拖欠 A 公司 450 万元的货款。于是双方在进行了可行性研究的基础上，商定共同出资 1 000 万元，组建成立一新的 C 公司。在新成立的公司中，A 公司的 450 万元的债权转化为股权，再加 100 万元的散件组成占企业 55%的股份，其余 45%的股份由 B 公司投资。

此外，有限责任公司成立后，应当向股东签发出资证明书。出资证明书应当载明下列事项：公司名称；公司成立日期；公司注册资本；股东的姓名或者名称、缴纳的出资额和出资日期；出资证明书的编号和核发日期。出资证明书由公司盖章。有限责任公司应当置备股东名册，记载下列事项：股东的姓名或者名称及住所；股东的出资额；出资证明书编号。记载于股东名册的股东，可以依股东名册主张行使股东权利。公司应当将股东的姓名或者名称向公司登记机关登记；登记事项发生变更的，应当办理变更登记。未经登记或者变更登记的，不得对抗第三人。

① 参见《公司登记管理条例》第 14 条。

2. 股东的出资义务

股东应当按期足额缴纳公司章程中规定的各自所认缴的出资额。股东以货币出资的，应当将货币出资足额存入有限责任公司在银行开设的账户；以非货币财产出资的，应当依法办理其财产权的转移手续。

公司成立后，股东不得抽逃出资。

3. 股东违反出资义务的责任

股东不按照规定缴纳出资的，除应当向公司足额缴纳外，还应当向已按期足额缴纳出资的股东承担违约责任。

有限责任公司成立后，发现作为设立公司出资的非货币财产的实际价额显著低于公司章程所定价额的，应当由交付该出资的股东补足其差额；公司设立时的其他股东承担连带责任。

公司的发起人、股东虚假出资，未交付或者未按期交付作为出资的货币或者非货币财产的，由公司登记机关责令改正，处以虚假出资金额5%以上15%以下的罚款。

延伸阅读一　关于股东违反出资义务的责任承担

最高人民法院《关于适用〈中华人民共和国公司法〉若干问题的规定（三）》（根据2020年12月23日最高人民法院审判委员会第1823次会议通过的《最高人民法院关于修改〈最高人民法院关于破产企业国有划拨土地使用权应否列入破产财产等问题的批复〉等二十九件商事类司法解释的决定》修正，以下简称《公司法解释（三）》）中“关于股东违反出资义务的责任承担”有如下规定。

第13条　股东未履行或者未全面履行出资义务，公司或者其他股东请求其向公司依法全面履行出资义务的，人民法院应予支持。

公司债权人请求未履行或者未全面履行出资义务的股东在未出资本息范围内对公司债务不能清偿的部分承担补充赔偿责任的，人民法院应予支持；未履行或者未全面履行出资义务的股东已经承担上述责任，其他债权人提出相同请求的，人民法院不予支持。

股东在公司设立时未履行或者未全面履行出资义务，依照本条第一款或者第二款提起诉讼的原告，请求公司的发起人与被告股东承担连带责任的，人民法院应予支持；公司的发起人承担责任后，可以向被告股东追偿。

股东在公司增资时未履行或者未全面履行出资义务，依照本条第一款或者第二款提起诉讼的原告，请求未尽公司法第一百四十七条第一款规定的义务而使出资未缴足的董事、高级管理人员承担相应责任的，人民法院应予支持；董事、高级管理人员承担责任后，可以向被告股东追偿。

第14条　股东抽逃出资，公司或者其他股东请求其向公司返还出资本息、协助抽逃出资的其他股东、董事、高级管理人员或者实际控制人对此承担连带责任的，人民法院应予支持。

公司债权人请求抽逃出资的股东在抽逃出资本息范围内对公司债务不能清偿的部分承担补充赔偿责任、协助抽逃出资的其他股东、董事、高级管理人员或者实际控制人对此承担连带责任的，人民法院应予支持；抽逃出资的股东已经承担上述责任，其他债权人提出相同请求的，人民法院不予支持。

第15条　出资人以符合法定条件的非货币财产出资后，因市场变化或者其他客观因素导致出资财产贬值，公司、其他股东或者公司债权人请求该出资人承担补足出资责任的，人民法院不予支持。但是，当事人另有约定的除外。

第 16 条　股东未履行或者未全面履行出资义务或者抽逃出资，公司根据公司章程或者股东会决议对其利润分配请求权、新股优先认购权、剩余财产分配请求权等股东权利作出相应的合理限制，该股东请求认定该限制无效的，人民法院不予支持。

第 17 条　有限责任公司的股东未履行出资义务或者抽逃全部出资，经公司催告缴纳或者返还，其在合理期间内仍未缴纳或者返还出资，公司以股东会决议解除该股东的股东资格，该股东请求确认该解除行为无效的，人民法院不予支持。

在前款规定的情形下，人民法院在判决时应当释明，公司应当及时办理法定减资程序或者由其他股东或者第三人缴纳相应的出资。在办理法定减资程序或者其他股东或者第三人缴纳相应的出资之前，公司债权人依照本规定第十三条或者第十四条请求相关当事人承担相应责任的，人民法院应予支持。

第 18 条　有限责任公司的股东未履行或者未全面履行出资义务即转让股权，受让人对此知道或者应当知道，公司请求该股东履行出资义务、受让人对此承担连带责任的，人民法院应予支持；公司债权人依照本规定第十三条第二款向该股东提起诉讼，同时请求前述受让人对此承担连带责任的，人民法院应予支持。

受让人根据前款规定承担责任后，向该未履行或者未全面履行出资义务的股东追偿的，人民法院应予支持。但是，当事人另有约定的除外。

（七）公司董事、监事、高级管理人员的资格和义务

1. 董事、监事、高管人员的资格禁止

有下列情形之一的，不得担任公司的董事、监事、高级管理人员：（1）无民事行为能力或者限制民事行为能力；（2）因贪污、贿赂、侵占财产、挪用财产或者破坏社会主义市场经济秩序，被判处刑罚，执行期满未逾 5 年，或者因犯罪被剥夺政治权利，执行期满未逾 5 年；（3）担任破产清算的公司、企业的董事或者厂长、经理，对该公司、企业的破产负有个人责任的，自该公司、企业破产清算完结之日起未逾 3 年；（4）担任因违法被吊销营业执照、责令关闭的公司、企业的法定代表人，并负有个人责任的，自该公司、企业被吊销营业执照之日起未逾 3 年；（5）个人所负数额较大的债务到期未清偿。

公司选举、委派或者聘任违反上述所列情形的董事、监事、高级管理人员的，该选举、委派或者聘任无效。董事、监事、高级管理人员在任职期间出现上述所列情形的，公司应当解除其职务。

2. 董事、监事、高管人员的义务

（1）忠实、勤勉义务。

公司董事、监事、高级管理人员应当遵守法律、行政法规和公司章程，对公司负有忠实义务和勤勉义务。

（2）对股东会监事会的义务。

股东会或者股东大会要求董事、监事、高级管理人员列席会议的，董事、监事、高级管理人员应当列席并接受股东的质询。

董事、高级管理人员应当如实向监事会或者不设监事会的有限责任公司的监事提供有关情

况和资料，不得妨碍监事会或者监事行使职权。

3. 董事、监事、高管人员的禁止行为

董事、监事、高级管理人员不得有下列行为：(1) 挪用公司资金；(2) 将公司资金以其个人名义或者以其他个人名义开立账户存储；(3) 违反公司章程的规定，未经股东会、股东大会或者董事会同意，将公司资金借贷给他人或者以公司财产为他人提供担保；(4) 违反公司章程的规定或者未经股东会、股东大会同意，与本公司订立合同或者进行交易；(5) 未经股东会或者股东大会同意，利用职务便利为自己或者他人谋取属于公司的商业机会，自营或者为他人经营与所任职公司同类的业务；(6) 将他人与公司交易的佣金归为己有；(7) 擅自披露公司秘密；(8) 违反对公司忠实义务的其他行为。

董事、监事、高级管理人员不得利用职权收受贿赂或者其他非法收入，不得侵占公司的财产。

董事、监事、高级管理人员与本公司交易是典型的关联交易。关联交易也并非一无是处，因此法律只是要求依照公司章程的规定进行或者经过股东会、股东大会的同意。比如，对于上市公司《公司法》第 124 条有这样的要求："上市公司董事与董事会会议决议事项所涉及的企业有关联关系的，不得对该项决议行使表决权，也不得代理其他董事行使表决权。"

4. 董事、监事、高管人员的损害赔偿责任

董事、监事、高级管理人员因上述禁止行为所得的收入应当归公司所有。

董事、监事、高级管理人员执行公司职务时违反法律、行政法规或者公司章程的规定，给公司造成损失的，应当承担赔偿责任。

思考 2－5

甲是某有限责任公司董事，什么情况下可以将其拥有的一套商住房卖给公司作为公司办公用？

二、有限责任公司

(一) 设立条件

1. 股东符合法定人数

有限责任公司由 50 个以下股东出资设立。

2. 有符合公司章程规定的全体股东认缴的出资额

有限责任公司的注册资本为在公司登记机关登记的全体股东认缴的出资额。

法律、行政法规以及国务院决定对有限责任公司注册资本实缴、注册资本最低限额另有规定的，从其规定。

3. 股东共同制定公司章程

有限责任公司的公司章程由全体股东共同制定，是设立公司必须具备的书面文件。公司章程对公司、股东、董事、监事、高级管理人员具有约束力。公司章程对内有效对外无效。

依据《公司法》第 25 条规定，有限责任公司章程应当载明下列事项：(1) 公司名称和住所；(2) 公司经营范围；(3) 公司注册资本；(4) 股东的姓名或者名称；(5) 股东的出资方式、出资额和出资时间；(6) 公司的机构及其产生办法、职权、议事规则；(7) 公司法定代表

人；(8) 股东会会议认为需要规定的其他事项。股东应当在公司章程上签名、盖章。

示例 2-5 公司章程对内有效对外无效

A公司的章程规定，董事会决定其下属分公司经理的任免。2017年6月，该公司的总经理甲未经董事会决定，擅自以A公司的名义任命乙为分公司的经理。乙持有该分公司的营业执照、空白合同书等有效凭证与B公司签订了一份购买玩具的合同。此后由于玩具价格下行，乙不愿继续以合同约定的价格买入，遂拒绝付款。B公司要求A公司继续履行合同，A公司则以乙的任命违反公司章程为由拒绝。双方遂发生争议。

问题：A公司应不应该继续履行合同？为什么？

提示：(1) 从公司法角度用到的知识点有公司章程对内有效对外无效和总公司是法人而分公司不是法人；(2) 从合同法的角度，涉及的是表见代理。分别从公司法、合同法分析得出的结论是一样的。

4. 有公司名称，建立符合有限责任公司要求的组织机构

有限责任公司，必须在公司名称中标明有限责任公司或者有限公司字样。

有限责任公司的组织机构有股东会、董事会、经理和监事会。但是股东人数较少、规模较小的有限责任公司可能就只有经理。

5. 有公司住所

公司以其主要办事机构所在地为住所。

(二) 组织机构

公司是企业的高级组织形式，公司要建立符合公司法要求的组织机构。有限责任公司按照要求设股东会、董事会、监事会，各组织机构各有分工、各司其职。其中股东会是公司的权力机构，董事会是公司的执行兼决策机构，监事会是监督机构。公司董事会还可自己决定是否设立经理。

注意，并不是有限责任公司都必须设立股东会、董事会、监事会。如：一人有限责任公司和国有独资公司不设股东会。股东人数较少或者规模较小的有限责任公司，可以设1名执行董事，不设董事会。执行董事可以兼任公司经理。执行董事的职权由公司章程规定。股东人数较少或者规模较小的有限责任公司，可以设1—2名监事，不设监事会。

小提示

关于两种公司组织机构的规定，有相同有不同还有近似，内容周全且细致，适合通过对比理解、记忆和掌握。

1. 股东会

(1) 机构性质和地位。

股东会是有限责任公司的权力机构。

(2) 人员组成。

有限责任公司股东会由全体股东组成。

(3) 职权。

股东会行使下列职权：1) 决定公司的经营方针和投资计划；2) 选举和更换非由职工代表

担任的董事、监事，决定有关董事、监事的报酬事项；3）审议批准董事会的报告；4）审议批准监事会或者监事的报告；5）审议批准公司的年度财务预算方案、决算方案；6）审议批准公司的利润分配方案和弥补亏损方案；7）对公司增加或者减少注册资本作出决议；8）对发行公司债券作出决议；9）对公司合并、分立、解散、清算或者变更公司形式作出决议；10）修改公司章程；11）公司章程规定的其他职权。

（4）会议规则。

1）会议形式。股东会会议分为定期会议和临时会议。定期会议应当依照公司章程的规定按时召开。代表 1/10 以上表决权的股东，1/3 以上表决权的董事、监事会或者不设监事会的有限责任公司的监事提议召开临时会议的，应当召开临时会议。

2）会议的召集和主持。首次股东会会议由出资最多的股东召集和主持，依照法律规定行使职权。有限责任公司设立董事会的，股东会会议由董事会召集，董事长主持；董事长不能履行职务或者不履行职务的，由副董事长主持；副董事长不能履行职务或者不履行职务的，由半数以上董事共同推举 1 名董事主持。有限责任公司不设董事会的，股东会会议由执行董事召集和主持。董事会或者执行董事不能履行或者不履行召集股东会会议职责的，由监事会或者不设监事会的有限责任公司的监事召集和主持。监事会或者监事不召集和主持的，代表 1/10 以上表决权的股东可以自行召集和主持。

3）议事方式和表决。召开股东会会议，应当于会议召开 15 日前通知全体股东；但是，公司章程另有规定或者全体股东另有约定的除外。股东会应当对所议事项的决定作成会议记录，出席会议的股东应当在会议记录上签名。股东会会议由股东按照出资比例行使表决权；但是，公司章程另有规定的除外。股东会的议事方式和表决程序，除法律另有规定外，由公司章程规定。股东会会议作出修改公司章程、增加或者减少注册资本的决议，以及公司合并、分立、解散或者变更公司形式的决议，必须经代表 2/3 以上表决权的股东通过。

2. 董事会

（1）人员组成和任期。

有限责任公司设董事会，其成员为 3 人至 13 人；法律另有规定的除外。

两个以上的国有企业或者两个以上的其他国有投资主体投资设立的有限责任公司，其董事会成员中应当有公司职工代表；董事会中的职工代表由公司职工通过职工代表大会、职工大会或者其他形式民主选举产生。

董事会设董事长 1 人，可以设副董事长。董事长、副董事长的产生办法由公司章程规定。

董事任期由公司章程规定，但每届任期不得超过 3 年。董事任期届满，可以连选连任。

（2）职权。

董事会对股东会负责，行使下列职权：1）召集股东会会议，并向股东会报告工作；2）执行股东会的决议；3）决定公司的经营计划和投资方案；4）制订公司的年度财务预算方案、决算方案；5）制订公司的利润分配方案和弥补亏损方案；6）制订公司增加或者减少注册资本以及发行公司债券的方案；7）制订公司合并、分立、解散或者变更公司形式的方案；8）决定公司内部管理机构的设置；9）决定聘任或者解聘公司经理及其报酬事项，并根据经理的提名决定聘任或者解聘公司副经理、财务负责人及其报酬事项；10）制定公司的基本管理制度；11）公司章程规定的其他职权。

（3）会议规则。

1）召集和主持。董事会会议由董事长召集和主持；董事长不能履行职务或者不履行职务的，由副董事长召集和主持；副董事长不能履行职务或者不履行职务的，由半数以上董事共同推举1名董事召集和主持。

2）议事方式和表决。董事会的议事方式和表决程序，除法律另有规定外，由公司章程规定。董事会决议的表决，实行一人一票。董事会应当对所议事项的决定作成会议记录，出席会议的董事应当在会议记录上签名。

3. 经理

有限责任公司可以设经理，由董事会决定聘任或者解聘。经理对董事会负责，行使下列职权：

（1）主持公司的生产经营管理工作，组织实施董事会决议；（2）组织实施公司年度经营计划和投资方案；（3）拟订公司内部管理机构设置方案；（4）拟订公司的基本管理制度；（5）制定公司的具体规章；（6）提请聘任或者解聘公司副经理、财务负责人；（7）决定聘任或者解聘除应由董事会决定聘任或者解聘以外的负责管理人员；（8）董事会授予的其他职权。

公司章程对经理职权另有规定的，从其规定。经理列席董事会会议。

可见，经理不是有限责任公司的必设机构，由公司董事会根据自身情况决定聘任或者解聘并且决定其薪资报酬。因此，经理是附属于公司董事会的组织机构，根据法律和董事会的授权负责公司的日常经营管理工作。职业经理人的专业性可以增强公司的综合竞争实力。

4. 监事会

（1）人员组成和任期。

有限责任公司设监事会，其成员不得少于3人。股东人数较少或者规模较小的有限责任公司，可以设1至2名监事，不设监事会。

监事会应当包括股东代表和适当比例的公司职工代表，其中职工代表的比例不得低于1/3，具体比例由公司章程规定。监事会中的职工代表由公司职工通过职工代表大会、职工大会或者其他形式民主选举产生。

监事会设主席1人，由全体监事过半数选举产生。监事会主席召集和主持监事会会议；监事会主席不能履行职务或者不履行职务的，由半数以上监事共同推举1名监事召集和主持监事会会议。

董事、高级管理人员不得兼任监事。

监事的任期每届为3年。监事任期届满，可以连选连任。

（2）职权。

公司法规定，监事会、不设监事会的有限责任公司的监事行使下列职权：1）检查公司财务；2）对董事、高级管理人员执行公司职务的行为进行监督，对违反法律、行政法规、公司章程或者股东会决议的董事、高级管理人员提出罢免的建议；3）当董事、高级管理人员的行为损害公司的利益时，要求董事、高级管理人员予以纠正；4）提议召开临时股东会会议，在董事会不履行法律规定的召集和主持股东会会议职责时召集和主持股东会会议；5）向股东会会议提出提案；6）对董事、高级管理人员提起诉讼；7）公司章程规定的其他职权。

此外，《公司法》还规定了监事的质询权、建议权①和监事会的调查权②，并且明确规定监

① 《公司法》第54条第1款规定："监事可以列席董事会会议，并对董事会决议事项提出质询或者建议。"

② 《公司法》第54条第2款规定："监事会、不设监事会的公司的监事发现公司经营情况异常，可以进行调查；必要时，可以聘请会计师事务所等协助其工作，费用由公司承担。"

事会行使监督职能发生的费用由公司承担。

（3）会议规则。

监事会每年度至少召开 1 次会议，监事可以提议召开临时监事会会议。

监事会的议事方式和表决程序，除法律另有规定外，由公司章程规定。监事会决议应当经半数以上监事通过。监事会应当将所议事项的决定作成会议记录，出席会议的监事应当在会议记录上签名。

（三）一人有限责任公司的特别规定

1. 一人公司的概念

我国《公司法》所称一人有限责任公司，是指只有一个自然人股东或者一个法人股东的有限责任公司。

思考 2-6

大多数国家和地区对一人公司都经历了由不认可到不得不认可的过程，同学们想一想这是为什么？你认为一人公司可能有什么风险？

2. 一人公司的特别规定

（1）限制数量。

一个自然人只能投资设立一个一人有限责任公司。该一人有限责任公司不能投资设立新的一人有限责任公司。

（2）名称披露要求。

一人有限责任公司应当在公司登记中注明自然人独资或者法人独资，并在公司营业执照中载明。

（3）股东的决策要求。

一人有限责任公司章程由股东制定。一人有限责任公司不设股东会。股东作出决定时，应当采用书面形式，并由股东签名后置备于公司。

（4）法定强制审计。

一人有限责任公司应当在每一会计年度终了时编制财务会计报告，并经会计师事务所审计。

（5）法人格滥用推定制度。

一人有限责任公司的股东不能证明公司财产独立于股东自己的财产的，应当对公司债务承担连带责任

示例 2-6　公司法人人格否认制度在一人有限责任公司中的适用

自然人甲设立了一家一人有限责任公司从事广告业务，该广告公司一直以来业务量很大，收入很丰厚，但是该公司一直拖欠某写字楼的房租累计 20 万元，拖欠某摄影公司摄影费 15 万元，而且还拖欠一家酒店的场地费 20 万元，这三家单位在多次追讨无果的情况下，向人民法院提起诉讼。

在诉讼中发现该一人有限责任公司账面只有 5 000 元资产，远远无法还清债务。如果按照《公司法》的一般规定，只能对该公司提起破产请求。但在诉讼活动中，三家原告公司的代理律师们都对这个收入可观的广告公司出现账面亏损产生了怀疑。在对该一人有限责任公司的财务账目进行了认真调查和分析后，律师们发现公司的大量支出是用于自然人甲及其家人的生活

费用。最后，律师们向法院提出该一人公司财产和自然人甲个人财产混同，甲应对公司债务承担连带责任。

在审理中，甲无法证明公司财产同自己的财产独立，于是法院判决甲对公司债务承担连带责任。

延伸阅读二　民法上的责任归责原则

归责原则是确定行为人民事责任的理由、标准或根据。归责原则是以社会经济生活条件为基础的法律上用以确定行为人责任的指导思想的具体体现。①

过错责任原则是指当事人有过错才承担侵权责任的归责原则。在过错责任下，对一般侵权责任实行“谁主张谁举证”的原则。如我国《民法典》第1165条第1款规定：“行为人因过错侵害他人民事权益造成损害的，应当承担侵权责任。”

过错推定责任原则是过错责任的特殊情况，是通过举证责任倒置，衡平当事人利益。一旦行为人的行为致人损害就推定其主观上有过错，除非行为人能证明自己没有过错，否则应承担民事责任。如我国《民法典》第1253条规定：“建筑物、构筑物或者其他设施及其搁置物、悬挂物发生脱落、坠落造成他人损害，所有人、管理人或者使用人不能证明自己没有过错的，应当承担侵权责任。所有人、管理人或者使用人赔偿后，有其他责任人的，有权向其他责任人追偿。”

无过错责任原则也叫严格责任，是指当事人实施了加害行为，尽管其主观上没有过错，亦应承担责任的归责原则。如我国《民法典》第1245条规定：“饲养的动物造成他人损害的，动物饲养人或者管理人应当承担侵权责任；但是，能够证明损害是因被侵权人故意或者重大过失造成的，可以不承担或者减轻责任。”

公平责任原则是指当事人无过错，也不能推定过错，法院可根据具体情况（包括损害结果与当事人的经济状况等）和公平观念，要求当事人分担损害后果，力求公平。如我国《民法典》第182条规定：“因紧急避险造成损害的，由引起险情发生的人承担民事责任。危险是由自然原因引起的，紧急避险人不承担民事责任，可以给予适当补偿。紧急避险采取措施不当或者超过必要的限度，造成不应有的损害的，紧急避险人应当承担适当的民事责任。”

3. 一人公司与个人独资企业的区别

（1）法律地位不同。一人公司是法人，个人独资企业不是法人。一人公司的股东承担有限责任；而个人独资企业由一个自然人投资，财产为投资人个人所有，投资人以其个人财产对企业债务承担无限责任。

（2）税收义务不同。一人公司及其股东要分别缴纳企业所得税和个人所得税；而个人独资企业不缴纳企业所得税，只需投资者缴纳个人所得税。

（3）适用法律不同。一人公司适用《公司法》，而个人独资企业适用《个人独资企业法》。

延伸阅读三　了解个人独资企业

个人独资企业，是指依照法律在中国境内设立，由一个自然人投资，财产为投资人个人所

① https：//baike.so.com/doc/6299762－6513285.html.

有，投资人以其个人财产对企业债务承担无限责任的经营实体。

设立个人独资企业应当具备下列条件：(1) 投资人为一个自然人；(2) 有合法的企业名称；(3) 有投资人申报的出资；(4) 有固定的生产经营场所和必要的生产经营条件；(5) 有必要的从业人员。

个人独资企业的营业执照的签发日期，为个人独资企业成立日期。在领取个人独资企业营业执照前，投资人不得以个人独资企业名义从事经营活动。

个人独资企业投资人对本企业的财产依法享有所有权，其有关权利可以依法进行转让或继承。个人独资企业投资人在申请企业设立登记时明确以其家庭共有财产作为个人出资的，应当依法以家庭共有财产对企业债务承担无限责任。

外商独资企业不适用《个人独资企业法》。

(四) 国有独资公司的特别规定

1. 国有独资公司的概念

我国《公司法》所称国有独资公司，是指国家单独出资、由国务院或者地方人民政府授权本级人民政府国有资产监督管理机构履行出资人职责[1]的有限责任公司。

思考 2－7

哪些行业适合设立国有独资公司？

2. 特别规定

(1) 公司章程。

国有独资公司章程由国有资产监督管理机构制定，或者由董事会制订报国有资产监督管理机构批准。

(2) 组织机构。

1) 股东会。国有独资公司不设股东会，由国有资产监督管理机构行使股东会职权。国有资产监督管理机构可以授权公司董事会行使股东会的部分职权，决定公司的重大事项，但公司的合并、分立、解散、增加或者减少注册资本和发行公司债券，必须由国有资产监督管理机构决定；其中，重要的国有独资公司合并、分立、解散、申请破产的，应当由国有资产监督管理机构审核后，报本级人民政府批准。

2) 董事会。国有独资公司设董事会，依法行使职权。董事每届任期不得超过 3 年。董事会成员中应当有公司职工代表。董事会成员由国有资产监督管理机构委派；但是，董事会成员中的职工代表由公司职工代表大会选举产生。董事会设董事长 1 人，可以设副董事长。董事长、副董事长由国有资产监督管理机构从董事会成员中指定。

3) 经理。国有独资公司设经理，由董事会聘任或者解聘。经理依法行使职权。经国有资产监督管理机构同意，董事会成员可以兼任经理。

4) 监事会。国有独资公司监事会成员不得少于 5 人，其中职工代表的比例不得低于 1/3，

---

① 《企业国有资产法》第 11 条规定："国务院国有资产监督管理机构和地方人民政府按照国务院的规定设立的国有资产监督管理机构，根据本级人民政府的授权，代表本级人民政府对国家出资企业履行出资人职责。""国务院和地方人民政府根据需要，可以授权其他部门、机构代表本级人民政府对国家出资企业履行出资人职责。"

具体比例由公司章程规定。监事会成员由国有资产监督管理机构委派；但是，监事会成员中的职工代表由公司职工代表大会选举产生。监事会主席由国有资产监督管理机构从监事会成员中指定。监事会依法行使职权和国务院规定的其他职权。

5）兼职禁止规定。国有独资公司的董事长、副董事长、董事、高级管理人员，未经国有资产监督管理机构同意，不得在其他有限责任公司、股份有限公司或者其他经济组织兼职。

（五）股权转让

1. 对外转让的限制

有限责任公司的股东之间可以相互转让其全部或者部分股权。

股东向股东以外的人转让股权，应当经其他股东过半数同意。股东应就其股权转让事项以书面或者其他能够确认收悉的合理方式[①]通知其他股东并征求其同意，其他股东自接到书面通知之日起满 30 日未答复的，视为同意转让。其他股东半数以上不同意转让，不同意的股东不购买的，人民法院应当认定“视为同意转让”。

经股东同意转让的股权，在同等条件下，其他股东有优先购买权。两个以上股东主张行使优先购买权的，协商确定各自的购买比例；协商不成的，按照转让时各自的出资比例行使优先购买权。

公司章程对股权转让另有规定的，从其规定。

示例 2－7　关于有限责任公司的股权转让[②]

2016 年 7 月，张三想要与朋友乙、丙、丁共同出资设立 A 有限责任公司。但碍于多方面原因，张三与甲约定：张三作为实际出资人，而甲作为名义股东。7 月 10 日，A 公司成立，甲、乙、丙、丁为登记的股东。公司未设董事会，仅设丙为执行董事。

2016 年 10 月 1 日，丁与戊订立合同，约定：丁将其所持有的全部股权以 100 万元的价格转让给戊。丁于同日分别向甲、乙、丙发出拟转让股权给戊的通知书。甲、乙分别于同年 10 月 15 日和 20 日回复，均要求在同等条件下优先购买丁所持公司全部股权。丙收到丁的通知后，不同意其将股权转让给戊，但丙无意购买丁的股权。

2016 年 12 月，A 公司债权人王某的 500 万元债权到期，请求 A 公司偿还，但 A 公司由于资金周转困难，无法偿还该款项。后王某在对公司进行调查的过程中，发现乙在公司设立时以机器设备折合 200 万元用于出资，而该机器设备当时的实际价值仅为 100 万元。

2017 年 1 月，张三改变主意，在征得丙的同意后，请求公司变更股东、签发出资证明书、将自己名字记载于股东名册和公司章程并办理登记。

问题：（1）丙并不同意丁的股权转让，丁还能否转让其股权？说明理由。

（2）甲、乙均要求在同等条件下，优先受让丁所持公司全部股权，应当如何处理？说明理由。

（3）如果乙出资不实的行为属实，王某可否请求乙承担赔偿责任？理由是什么？

（4）张三请求变更公司股东能否成功？

---

① 参见最高人民法院《关于适用〈中华人民共和国公司法〉若干问题的规定（四）》第 17 条第 1 款。

② 财政部中财传媒，注册会计师考试研究组．2018 年注册会计师全国统一考试辅导系列丛书：经济法应试指导．北京：中国财政经济出版社，2018：173.

2. 强制执行的股权转让

人民法院依照法律规定的强制执行程序转让股东的股权时，应当通知公司及全体股东，其他股东在同等条件下有优先购买权。其他股东自人民法院通知之日起满 20 日不行使优先购买权的，视为放弃优先购买权。

3. 股权转让后事宜

转让股权后，公司应当注销原股东的出资证明书，向新股东签发出资证明书，并相应修改公司章程和股东名册中有关股东及其出资额的记载。对公司章程的该项修改不需再由股东会表决。

4. 异议股东股权收购请求权

有下列情形之一的，对股东会该项决议投反对票的股东可以请求公司按照合理的价格收购其股权：(1) 公司连续 5 年不向股东分配利润，而公司该 5 年连续盈利，并且符合法律规定的分配利润条件的；(2) 公司合并、分立、转让主要财产的；(3) 公司章程规定的营业期限届满或者章程规定的其他解散事由出现，股东会会议通过决议修改章程使公司存续的。自股东会会议决议通过之日起 60 日内，股东与公司不能达成股权收购协议的，股东可以自股东会会议决议通过之日起 90 日内向人民法院提起诉讼。

这样的规定其实是为股东在特定情形下退出公司提供便利。可以防止大股东借助对公司的控制权长期不向股东分配利润，或者用其他方式损害中小股东权益。

5. 股东资格的继承

自然人股东死亡后，其合法继承人可以继承股东资格；但是，公司章程另有规定的除外。

三、股份有限公司

(一) 设立条件

1. 发起人符合法定人数

设立股份有限公司，应当有 2 人以上 200 人以下为发起人，其中须有半数以上的发起人在中国境内有住所。

2. 有符合公司章程规定的全体发起人认购的股本总额或者募集的实收股本总额

股份有限公司采取发起设立方式设立的，注册资本为在公司登记机关登记的全体发起人认购的股本总额。在发起人认购的股份缴足前，不得向他人募集股份。

股份有限公司采取募集方式设立的，注册资本为在公司登记机关登记的实收股本总额。

3. 股份发行、筹办事项符合法律规定

股份有限公司发起人承担公司筹办事务。发起人应当签订发起人协议，明确各自在公司设立过程中的权利和义务。

4. 发起人制订公司章程，采用募集方式设立的须经创立大会通过

股份有限公司章程应当载明以下事项：(1) 公司名称和住所；(2) 公司经营范围；(3) 公司设立方式；(4) 公司股份总数、每股金额和注册资本；(5) 发起人的姓名或者名称、认购的股份数、出资方式和出资时间；(6) 董事会的组成、职权和议事规则；(7) 公司法定代表人；(8) 监事会的组成、职权和议事规则；(9) 公司利润分配办法；(10) 公司的解散事由与清算办法；(11) 公司的通知和公告办法；(12) 股东大会会议认为需要规定的其他事项。

股份有限公司创立大会的相关规定如下。

（1）发行股份的股款缴足后，必须经依法设立的验资机构验资并出具证明。发起人应当自股款缴足之日起30日内主持召开公司创立大会。创立大会由发起人、认股人组成。发行的股份超过招股说明书规定的截止期限尚未募足的，或者发行股份的股款缴足后，发起人在30日内未召开创立大会的，认股人可以按照所缴股款并加算银行同期存款利息，要求发起人返还。

（2）发起人应当在创立大会召开15日前将会议日期通知各认股人或者予以公告。创立大会应有代表股份总数过半数的发起人、认股人出席，方可举行。

（3）创立大会行使下列职权：审议发起人关于公司筹办情况的报告；通过公司章程；选举董事会成员；选举监事会成员；对公司的设立费用进行审核；对发起人用于抵作股款的财产的作价进行审核；发生不可抗力或者经营条件发生重大变化直接影响公司设立的，可以作出不设立公司的决议。

（4）创立大会对前述所列事项作出决议，必须经出席会议的认股人所持表决权过半数通过。

5. 有公司名称，建立符合股份有限公司要求的组织机构

股份有限公司，必须在公司名称中标明股份有限公司或者股份公司字样。

公司法规定股份有限公司应设股东会、董事会、经理、监事会，上市公司设独立董事和董事会秘书。

6. 有公司住所

（二）设立方式

股份有限公司的设立，可以采取发起设立或者募集设立的方式。

发起设立，是指由发起人认购公司应发行的全部股份而设立公司。

募集设立，是指由发起人认购公司应发行股份的一部分，其余股份向社会公开募集或者向特定对象募集而设立公司。以募集设立方式设立股份有限公司的，发起人认购的股份不得少于公司股份总数的35%；但是，法律、行政法规另有规定的，从其规定。

思考2-8

你更愿意做股份有限公司的发起人还是认股人？

延伸阅读四　发起人的责任

《公司法》第93条规定："股份有限公司成立后，发起人未按照公司章程的规定缴足出资的，应当补缴；其他发起人承担连带责任。""股份有限公司成立后，发现作为设立公司出资的非货币财产的实际价额显著低于公司章程所定价额的，应当由交付该出资的发起人补足其差额；其他发起人承担连带责任。"

《公司法》第94条规定："股份有限公司的发起人应当承担下列责任：（一）公司不能成立时，对设立行为所产生的债务和费用负连带责任；（二）公司不能成立时，对认股人已缴纳的股款，负返还股款并加算银行同期存款利息的连带责任；（三）在公司设立过程中，由于发起人的过失致使公司利益受到损害的，应当对公司承担赔偿责任。"

示例 2-8　如果你是案例中二十几家民营企业之一，你主张采取哪种方式设立股份有限公司？

某地有二十几家民营企业分别生产各种汽车零部件，在市场中不断发展壮大，这些企业也有着非常密切的业务往来。在业务往来中他们发现如果能够成立一家股份有限公司将这些企业的业务整合起来，会产生非常好的规模经济效益，于是老板们开始商量共同出资成立一家汽车零部件生产的股份有限公司。通过精心准备，老板们邀请了意大利著名的工业设计事务所对这个股份有限公司的生产规模进行了科学计算，设计这个股份公司分三期建成，总投资需要 1 亿元人民币：一期投资 3 500 万元人民币，二期 3 000 万元人民币，三期 3 500 万元人民币。

小提示

这样的讨论无所谓对错，目的是搞清楚股份有限公司两种设立方式的规定。

（三）组织机构

1. 股东大会

股份有限公司股东大会由全体股东组成。股东大会是公司的权力机构。股份有限公司股东大会的职权同有限责任公司股东会的职权。

（1）临时股东大会。

股东大会应当每年召开一次年会。有下列情形之一的，应当在两个月内召开临时股东大会：董事人数不足法律规定人数或者公司章程所定人数的 2/3 时；公司未弥补的亏损达实收股本总额 1/3 时；单独或者合计持有公司 10%以上股份的股东请求时；董事会认为必要时；监事会提议召开时；公司章程规定的其他情形。

（2）股东大会的召集和主持。

股东大会会议由董事会召集，董事长主持；董事长不能履行职务或者不履行职务的，由副董事长主持；副董事长不能履行职务或者不履行职务的，由半数以上董事共同推举一名董事主持。

董事会不能履行或者不履行召集股东大会会议职责的，监事会应当及时召集和主持；监事会不召集和主持的，连续 90 日以上单独或者合计持有公司 10%以上股份的股东可以自行召集和主持。

（3）股东大会的召开。

召开股东大会会议，应当将会议召开的时间、地点和审议的事项于会议召开 20 日前通知各股东；临时股东大会应当于会议召开 15 日前通知各股东；发行无记名股票的，应当于会议召开 30 日前公告会议召开的时间、地点和审议事项。

单独或者合计持有公司 3%以上股份的股东，可以在股东大会召开 10 日前提出临时提案并书面提交董事会；董事会应当在收到提案后 2 日内通知其他股东，并将该临时提案提交股东大会审议。临时提案的内容应当属于股东大会职权范围，并有明确议题和具体决议事项。股东大会不得对前述通知中未列明的事项作出决议。

（4）股东大会的议事和表决。

股东出席股东大会会议，所持每一股份有一表决权。但是，公司持有的本公司股份没有表决权。

股东大会作出决议，必须经出席会议的股东所持表决权过半数通过。但是，股东大会作出修改公司章程、增加或者减少注册资本的决议，以及公司合并、分立、解散或者变更公司形式的决议，必须经出席会议的股东所持表决权的 2/3 以上通过。

股东大会应当将所议事项的决定作成会议记录，主持人、出席会议的董事应当在会议记录上签名。会议记录应当与出席股东的签名册及代理出席的委托书一并保存。

（5）累积投票制

《公司法》规定，股东大会选举董事、监事，可以依照公司章程的规定或者股东大会的决议，实行累积投票制。《公司法》所称累积投票制，是指股东大会选举董事或者监事时，每一股份拥有与应选董事或者监事人数相同的表决权，股东拥有的表决权可以集中使用。

《上市公司治理准则》第 17 条规定："董事、监事的选举，应当充分反映中小股东意见。股东大会在董事、监事选举中应当积极推行累积投票制。单一股东及其一致行动人拥有权益的股份比例在 30%及以上的上市公司，应当采用累积投票制。采用累积投票制度的上市公司应当在公司章程中规定实施细则。"

思考 2-9

累积投票制适用的条件有哪些？使用累积投票制能加强对谁的保护？累积投票制（对中小股东）的保护力度如何？

2. 董事会

（1）人员组成。

股份有限公司设董事会，其成员为 5 人至 19 人。董事会成员中可以有公司职工代表。董事会中的职工代表由公司职工通过职工代表大会、职工大会或者其他形式民主选举产生。董事会设董事长 1 人，可以设副董事长。董事长和副董事长由董事会以全体董事的过半数选举产生。

股份有限公司的董事会董事的任期和董事会的职权的规定与有限责任公司的相同。

（2）会议规则。

1）召集和主持。董事长召集和主持董事会会议，检查董事会决议的实施情况。副董事长协助董事长工作，董事长不能履行职务或者不履行职务的，由副董事长履行职务；副董事长不能履行职务或者不履行职务的，由半数以上董事共同推举一名董事履行职务。代表 1/10 以上表决权的股东、1/3 以上董事或者监事会，可以提议召开董事会临时会议。董事长应当自接到提议后 10 日内，召集和主持董事会会议。

2）议事方式和表决。董事会每年度至少召开 2 次会议，每次会议应当于会议召开 10 日前通知全体董事和监事。董事会会议应有过半数的董事出席方可举行。董事会作出决议，必须经全体董事的过半数通过。董事会决议的表决，实行一人一票。董事会会议，应由董事本人出席；董事因故不能出席，可以书面委托其他董事代为出席，委托书中应载明授权范围。董事会应当将会议所议事项的决定作成会议记录，出席会议的董事应当在会议记录上签名。

3）董事的责任及责任的免除。董事应当对董事会的决议承担责任。董事会的决议违反法律、行政法规或者公司章程、股东大会决议，致使公司遭受严重损失的，参与决议的董事对公司负赔偿责任。但经证明在表决时曾表明异议并记载于会议记录的，该董事可以免除责任。

3. 经理

股份有限公司设经理，由董事会决定聘任或者解聘。公司董事会可以决定由董事会成员兼任经理。

关于有限责任公司经理职权的规定，适用于股份有限公司经理。

4. 监事会

（1）人员组成和任期。

除了股东人数较少或者规模较小的股份有限公司，可以设 1 至 2 名监事，不设监事会，其他相关规定与有限责任公司的相同。

（2）职权。

关于有限责任公司监事会职权的规定，适用于股份有限公司监事会。监事会行使职权所必需的费用，由公司承担。

（3）会议规则。

监事会每 6 个月至少召开 1 次会议。监事可以提议召开临时监事会会议。

监事会的议事方式和表决程序，除法律另有规定外，由公司章程规定。监事会决议应当经半数以上监事通过。监事会应当将所议事项的决定作成会议记录，出席会议的监事应当在会议记录上签名。

（四）上市公司的组织机构

上市公司，是指其股票在证券交易所上市交易的股份有限公司。

1. 独立董事

上市公司设独立董事，具体办法由国务院规定。

我国证监会 2001 年《关于在上市公司建立独立董事制度的指导意见》中对于独立董事应当具备的任职条件、独立董事的独立性、独立董事的提名选举和更换、独立董事的特别职权以及独立董事应当对上市公司重大事项发表独立意见等做了规定。

2. 董事会秘书

上市公司设董事会秘书，负责公司股东大会和董事会会议的筹备、文件保管以及公司股东资料的管理，办理信息披露事务等事宜。

3. 其他规定

上市公司在 1 年内购买、出售重大资产或者担保金额超过公司资产总额 30%的，应当由股东大会作出决议，并经出席会议的股东所持表决权的 2/3 以上通过。

上市公司董事与董事会会议决议事项所涉及的企业有关联关系的，不得对该项决议行使表决权，也不得代理其他董事行使表决权。该董事会会议由过半数的无关联关系董事出席即可举行，董事会会议所作决议须经无关联关系董事过半数通过。出席董事会的无关联关系董事人数不足 3 人的，应将该事项提交上市公司股东大会审议。

延伸阅读五　关于独立董事

中国证监会在《关于在上市公司建立独立董事制度的指导意见》中指出："上市公司独立董事是指不在公司担任除董事外的其他职务，并与其所受聘的上市公司及其主要股东不存在可能妨碍其进行独立客观判断的关系的董事。"

独立董事制度最早起源于 20 世纪 30 年代，1940 年美国颁布的《投资公司法》是其产生的标志。该法规定，投资公司的董事会成员中应该有不少于 40%的独立人士。其制度设计目的在于防止控制股东及管理层的内部控制，损害公司整体利益。

20 世纪六七十年代以后，西方国家尤其是美国各大公众公司的股权越来越分散，董事会逐渐被以 CEO 为首的经理人员控制，以致对以 CEO 为首的经理人员的监督已严重缺乏效率，内部人控制问题日益严重，人们开始从理论上普遍怀疑现有制度安排下的董事会运作的独立性、公正性、透明性和客观性。继而引发了对董事会职能、结构和效率的深入研究。在理论研究成果与现实需求的双重推动下，美国立法机构及中介组织自 20 世纪 70 年代以来加速推进独立董事制度的进程。

1976 年美国证监会批准了一条新的法例，要求国内每家上市公司在不迟于 1978 年 6 月 30 日以前设立并维持一个由专门的独立董事组成的审计委员会。由此独立董事制度逐步发展成为英美公司治理结构的重要组成部分。据科恩—费瑞国际公司 2000 年 5 月份发布的研究报告显示，美国公司 1 000 强中，董事会的年均规模为 11 人，其中内部董事 2 人，占 18.2%，独立董事 9 人，占 81.1%。另外，据经济合作与发展组织（OECD）1999 年世界主要企业统计指标的国际比较报告显示，各国独立董事占董事会成员的比例为：英国 34%，法国 29%，美国 62%。独立董事制度的迅速发展，被誉为独立董事制度革命。①

（五）股份转让的限制

1. 发起人持有的本公司股份，自公司成立之日起 1 年内不得转让。公司公开发行股份前已发行的股份，自公司股票在证券交易所上市交易之日起 1 年内不得转让。

2. 公司董事、监事、高级管理人员应当向公司申报所持有的本公司的股份及其变动情况，在任职期间每年转让的股份不得超过其所持有本公司股份总数的 25%；所持本公司股份自公司股票上市交易之日起 1 年内不得转让。上述人员离职后半年内，不得转让其所持有的本公司股份。公司章程可以对公司董事、监事、高级管理人员转让其所持有的本公司股份作出其他限制性规定。

3. 公司不得收购本公司股份。但是，有下列情形之一的除外：（1）减少公司注册资本；（2）与持有本公司股份的其他公司合并；（3）将股份奖励给本公司职工；（4）股东因对股东大会作出的公司合并、分立决议持异议，要求公司收购其股份的。

4. 公司不得接受本公司的股票作为质押权的标的。

四、公司利润的分配顺序

根据《公司法》等有关规定，公司利润一般按照如下顺序分配：（1）弥补以前年度亏损，但不得超过税法规定的弥补期限；（2）缴纳所得税；（3）弥补在税前利润弥补亏损之后仍存在的亏损；（4）提取法定公积金；（5）提取任意公积金；（6）向股东分配利润。

另外，公司持有的本公司股份不得分配利润。

延伸阅读六　关于法定公积金和任意公积金

《公司法》第 166 条规定："公司分配当年税后利润时，应当提取利润的百分之十列入公司法定公积金。公司法定公积金累计额为公司注册资本的百分之五十以上的，可以不再提取。"

① https://baike.so.com/doc/4985757-5209184.html.

“公司的法定公积金不足以弥补以前年度亏损的，在依照前款规定提取法定公积金之前，应当先用当年利润弥补亏损。”“公司从税后利润中提取法定公积金后，经股东会或者股东大会决议，还可以从税后利润中提取任意公积金。”“公司弥补亏损和提取公积金后所余税后利润，有限责任公司依照本法第三十四条的规定分配；股份有限公司按照股东持有的股份比例分配，但股份有限公司章程规定不按持股比例分配的除外。”“股东会、股东大会或者董事会违反前款规定，在公司弥补亏损和提取法定公积金之前向股东分配利润的，股东必须将违反规定分配的利润退还公司。”“公司持有的本公司股份不得分配利润。”

《公司法》第 167 条规定：“股份有限公司以超过股票票面金额的发行价格发行股份所得的溢价款以及国务院财政部门规定列入资本公积金的其他收入，应当列为公司资本公积金。”

五、公司的合并分立

(一) 公司的合并

1. 公司合并的类型

公司合并可以采取吸收合并或者新设合并。一个公司吸收其他公司为吸收合并，被吸收的公司解散。两个以上公司合并设立一个新的公司为新设合并，合并各方解散。

2. 公司合并的程序

公司合并，应当由合并各方签订合并协议，并编制资产负债表及财产清单。公司应当自作出合并决议之日起 10 日内通知债权人，并于 30 日内在报纸上公告。债权人自接到通知书之日起 30 日内，未接到通知书的自公告之日起 45 日内，可以要求公司清偿债务或者提供相应的担保。

3. 公司合并时债权债务的享有和承担

公司合并时，合并各方的债权、债务，应当由合并后存续的公司或者新设的公司承继。

(二) 公司的分立

公司分立，其财产作相应的分割。

公司分立，应当编制资产负债表及财产清单。公司应当自作出分立决议之日起 10 日内通知债权人，并于 30 日内在报纸上公告。

公司分立前的债务由分立后的公司承担连带责任。但是，公司在分立前与债权人就债务清偿达成的书面协议另有约定的除外。

示例 2－9

2009 年，甲公司决定分立出乙公司单独经营。甲公司原有 5 000 万元债务，债权人主要包括丙银行、供货商丁公司和其他一些小债权人。在分立协议中，甲乙公司约定：原甲公司债务中，对丁公司的债务由分立出的乙公司承担，其余债务由甲公司承担，该债务分担安排经过了丁公司的认可，但未通知丙银行和其他小债权人。下列选项正确的有（　　）？

A. 丁公司有权要求甲乙连带清偿其债务

B. 丙银行有权要求甲乙连带清偿其债务

C. 小债权人有权要求甲乙连带清偿其债务

D. 甲乙公司不得对债务分担作出约定

延伸阅读七　公司的增资与减资

《公司法》第 177 条规定："公司需要减少注册资本时，必须编制资产负债表及财产清单。""公司应当自作出减少注册资本决议之日起十日内通知债权人，并于三十日内在报纸上公告。债权人自接到通知书之日起三十日内，未接到通知书的自公告之日起四十五日内，有权要求公司清偿债务或者提供相应的担保。"

《公司法》第 178 条规定："有限责任公司增加注册资本时，股东认缴新增资本的出资，依照本法设立有限责任公司缴纳出资的有关规定执行。""股份有限公司为增加注册资本发行新股时，股东认购新股，依照本法设立股份有限公司缴纳股款的有关规定执行。"

《公司法》第 179 条第 2 款规定："公司增加或者减少注册资本，应当依法向公司登记机关办理变更登记。"

六、公司的解散清算

（一）解散

公司因下列原因解散：（1）公司章程规定的营业期限届满或者公司章程规定的其他解散事由出现；（2）股东会或者股东大会决议解散；（3）因公司合并或者分立需要解散；（4）依法被吊销营业执照、责令关闭或者被撤销；（5）人民法院依照《公司法》第 182 条的规定予以解散。

《公司法》第 182 条规定："公司经营管理发生严重困难，继续存续会使股东利益受到重大损失，通过其他途径不能解决的，持有公司全部股东表决权百分之十以上的股东，可以请求人民法院解散公司。"

（二）清算

公司财产在分别支付清算费用、职工的工资、社会保险费用和法定补偿金，缴纳所欠税款，清偿公司债务后的剩余财产，有限责任公司按照股东的出资比例分配，股份有限公司按照股东持有的股份比例分配。

清算期间，公司存续，但不得开展与清算无关的经营活动。公司财产在未依照法律规定清偿前，不得分配给股东。

公司清算结束后，清算组应当制作清算报告，报股东会、股东大会或者人民法院确认，并报送公司登记机关，申请注销公司登记，公告公司终止。

公司被依法宣告破产的，依照有关企业破产的法律实施破产清算。

示例 2－10[①]

【案情介绍】

美森公司成立于 2009 年，主要经营煤炭。股东是大雅公司以及庄某、石某。公司章程规定公司的注册资本是 1 000 万元，三个股东的持股比例是 5∶3∶2；各股东应当在公司成立时一次性缴清全部出资。大雅公司将之前归其所有的某公司的净资产经会计师事务所评估后作价

---

① 案例及分析来源：http：//www. chinalawedu. com/sifakaoshi/zhenti/wa1701198349. shtml.

500 万元用于出资，这部分资产实际交付给美森公司使用；庄某和石某以货币出资，公司成立时庄某实际支付了 100 万元，石某实际支付了 50 万元。

大雅公司委派白某担任美森公司的董事长兼法定代表人。2010 年，赵某欲入股美森公司，白某、庄某和石某一致表示同意，于是赵某以现金出资 50 万元，公司出具了收款收据，但未办理股东变更登记。赵某还领取了 2010 年和 2011 年的红利共 10 万元，也参加了公司的股东会。

2012 年开始，公司经营逐渐陷入困境。庄某将其在美森公司中的股权转让给了其妻弟杜某。此时，赵某提出美森公司未将其登记为股东，所以自己的 50 万元当时是借款给美森公司的。白某称美森公司无钱可还，还告诉赵某，为维持公司的经营，公司已经向甲、乙公司分别借款 60 万元和 40 万元，向大雅公司借款 500 万元。

2013 年 11 月，大雅公司指示白某将原出资的资产中价值较大的部分逐渐转入另一子公司美阳公司。对此，杜某、石某和赵某均不知情。

此时，甲公司和乙公司起诉了美森公司，要求其返还借款及相应利息。大雅公司也主张自己曾借款 500 万元给美森公司，要求其偿还。赵某、杜某及石某闻讯后也认为利益受损，要求美森公司返还出资或借款。

问题：

1. 应如何评价美森公司成立时三个股东的出资行为及其法律效果？

2. 赵某与美森公司是什么法律关系？为什么？

3. 庄某是否可将其在美森公司中的股权进行转让？为什么？这种转让的法律后果是什么？

4. 大雅公司让白某将原来用作出资的资产转移给美阳公司的行为是否合法？为什么？

5. 赵某、杜某和石某的请求及理由是否成立？他们应当如何主张自己的权利？

【答案】

1. 大雅公司以先前归其所有的某公司的净资产出资，净资产尽管没有在我国公司法中规定为出资形式，但在公司实践中运用较多，并且案情中显示：一方面这些净资产本来归大雅公司，且经过了会计师事务所的评估作价，在出资程序方面与实物等非货币形式的出资相似；另一方面这些净资产已经由美森公司实际占有和使用，即完成了交付。《公司法解释（三）》第 9 条也有“非货币财产出资，未依法评估作价”的规定。所以，应当认为大雅公司履行了自己的出资义务。庄某按章程应当以现金 300 万元出资，仅出资 100 万元；石某按章程应当出资 200 万，仅出资 50 万元，所以两位自然人股东没有完全履行自己的出资义务，应当继续履行出资义务及承担违约责任。

2. 投资与借贷是不同的法律关系。赵某自己主张是借贷关系中的债权人，但依据《公司法解释（三）》第 23 条的规定，赵某虽然没有被登记为股东，但是他在 2010 年时出于自己的真实意思表示，愿意出资成为股东，其他股东及股东代表均同意，并且赵某实际交付了 50 万元出资，参与了分红及公司的经营，这些行为均非债权人可为，所以赵某具备实际出资人的地位，在公司内部也享有实际出资人的权利。此外从民商法的诚信原则考虑也应认可赵某作为实际出资人或实际股东而非债权人。

3. 尽管庄某没有全面履行自己的出资义务，但其股权也是可以转让的。受让人是其妻弟，按生活经验应当推定杜某是知情的。我国《公司法解释（三）》第 18 条已经认可了瑕疵出资股权的可转让性；这种转让的法律后果就是如果受让人知道，转让人和受让人对公司以及债权人要承担连带责任，受让人再向转让人进行追偿。

4. 公司具有独立人格，公司财产是其人格的基础。出资后的资产属于公司而非股东所有，故大雅公司无权将公司资产转移，该行为损害了公司的责任财产，侵害了美森公司、美森公司股东（杜某、赵某和石某）的利益，也侵害了甲、乙公司这些债权人的利益。

5. 赵某和杜某、石某的请求不成立。赵某是实际出资人或实际股东，杜某和石某是股东。基于公司资本维持原则，股东不得要求退股，故其不得要求返还出资。

但是大雅公司作为大股东转移资产的行为损害了公司的利益，也就损害了股东的利益，因此他们可以向大雅公司提出赔偿请求。同时，白某作为公司的高级管理人员其行为也损害了股东利益，他们也可以起诉白某请求其承担赔偿责任。

【解析】

1. 本小题考核的是股东的出资行为及其法律效果。《公司法》第 27 条规定："股东可以用货币出资，也可以用实物、知识产权、土地使用权等可以用货币估价并可以依法转让的非货币财产作价出资；但是，法律、行政法规规定不得作为出资的财产除外。""对作为出资的非货币财产应当评估作价，核实财产，不得高估或者低估作价。法律、行政法规对评估作价有规定的，从其规定。"据此可知，只要是依法转让、依法评估、不违法的非货币财产都可以出资，而且该净资产出资经过依法评估，已经依法转让给美森公司，该出资合法。因此，大雅公司以其所有的公司的净资产出资合法。

《公司法》第 28 条规定："股东应当按期足额缴纳公司章程中规定的各自所认缴的出资额。股东以货币出资的，应当将货币出资足额存入有限责任公司在银行开设的账户；以非货币财产出资的，应当依法办理其财产权的转移手续。""股东不按照前款规定缴纳出资的，除应当向公司足额缴纳外，还应当向已按期足额缴纳出资的股东承担违约责任。"《公司法解释（三）》第 13 条第 1、2 款规定："股东未履行或者未全面履行出资义务，公司或者其他股东请求其向公司依法全面履行出资义务的，人民法院应予支持。""公司债权人请求未履行或者未全面履行出资义务的股东在未出资本息范围内对公司债务不能清偿的部分承担补充赔偿责任的，人民法院应予支持；未履行或者未全面履行出资义务的股东已经承担上述责任，其他债权人提出相同请求的，人民法院不予支持。"本案中，庄某和石某以货币出资，但他们的货币出资不实，应当承担出资不实的法律责任。在内部，对公司承担继续履行的补缴责任，并对其他已经足额出资的股东承担违约责任；在外部，在未出资的本息范围内对公司不能偿债的部分对债权人承担补充责任。

2. 本小题考核的是实际出资人的问题。《公司法解释（三）》第 23 条规定："当事人依法履行出资义务或者依法继受取得股权后，公司未根据公司法第三十一条、第三十二条的规定签发出资证明书、记载于股东名册并办理公司登记机关登记，当事人请求公司履行上述义务的，人民法院应予支持。"本案中，赵某已经履行了对公司的出资义务，公司内部已经依法完成了增资手续，而且赵某实际享有了股东的财产权和管理权，已经成为公司的实际股东。《公司法》第 32 条第 3 款规定："公司应当将股东的姓名或者名称向公司登记机关登记；登记事项发生变更的，应当办理变更登记。未经登记或者变更登记的，不得对抗第三人。"据此可知，赵某的股权，未向公司登记机关登记，不能对抗第三人。

3. 本小题考核的是股权转让、恶意受让股东对出资瑕疵的连带责任。《公司法解释（三）》

第 18 条规定："有限责任公司的股东未履行或者未全面履行出资义务即转让股权，受让人对此知道或者应当知道，公司请求该股东履行出资义务、受让人对此承担连带责任的，人民法院应予支持；公司债权人依照本规定第十三条第二款向该股东提起诉讼，同时请求前述受让人对此承担连带责任的，人民法院应予支持。""受让人根据前款规定承担责任后，向该未履行或者未全面履行出资义务的股东追偿的，人民法院应予支持。但是，当事人另有约定的除外。"据此可知，虽然庄某未全面履行自己的出资义务，但其仍有权对外转让自己在美森公司中的股权。因受让人是其妻弟，按生活经验应当推定杜某对庄某未全面履行出资义务的事实知情。针对庄某将其瑕疵出资股权转让的法律后果，因杜某是知情人，故庄某与杜某应对公司以及债权人承担连带责任，杜某承担责任后，可向庄某进行追偿。

4. 本小题考核的是抽逃出资。《公司法》第 216 条第 2 项规定："控股股东，是指其出资额占有限责任公司资本总额百分之五十以上或者其持有的股份占股份有限公司股本总额百分之五十以上的股东；出资额或者持有股份的比例虽然不足百分之五十，但依其出资额或者持有的股份所享有的表决权已足以对股东会、股东大会的决议产生重大影响的股东。"本案中，大雅公司持有美森公司 50%的股权，为美森公司的控股股东。该条第 4 项规定："关联关系，是指公司控股股东、实际控制人、董事、监事、高级管理人员与其直接或者间接控制的企业之间的关系，以及可能导致公司利益转移的其他关系。但是，国家控股的企业之间不仅因为同受国家控股而具有关联关系。"据此可知，大雅公司指示白某将原出资的资产中价值较大的部分逐渐转入另一子公司美阳公司的行为，属于关联交易。《公司法》第 35 条规定："公司成立后，股东不得抽逃出资。"《公司法解释（三）》第 12 条规定："公司成立后，公司、股东或者公司债权人以相关股东的行为符合下列情形之一且损害公司权益为由，请求认定该股东抽逃出资的，人民法院应予支持：（一）制作虚假财务会计报表虚增利润进行分配；（二）通过虚构债权债务关系将其出资转出；（三）利用关联交易将出资转出；（四）其他未经法定程序将出资抽回的行为。"本案中，大雅公司利用关联交易将出资转出的行为构成抽逃出资，大雅公司抽逃出资的行为损害了公司的责任财产，侵害了美森公司、美森公司股东（杜某、赵某和石某）的利益，也侵害了甲、乙这些债权人的利益。

5.《公司法》第 3 条第 2 款规定："有限责任公司的股东以其认缴的出资额为限对公司承担责任；股份有限公司的股东以其认购的股份为限对公司承担责任。"该法第 35 条规定："公司成立后，股东不得抽逃出资。"本案中，赵某是实际股东，杜某和石某是美森公司的名义兼实际股东，基于公司资本维持原则，股东赵某、杜某和石某不得要求退股，故他们不得要求返还出资。

《公司法》第 152 条规定："董事、高级管理人员违反法律、行政法规或者公司章程的规定，损害股东利益的，股东可以向人民法院提起诉讼。"本案中，美森公司高管白某转移公司财产的行为，既损害了公司利益，也损害了股东利益，公司股东赵某、杜某和石某可依法直接向白某起诉请求损害赔偿。

《公司法解释（三）》第 14 条第 2 款规定："公司债权人请求抽逃出资的股东在抽逃出资本息范围内对公司债务不能清偿的部分承担补充赔偿责任、协助抽逃出资的其他股东、董事、高级管理人员或者实际控制人对此承担连带责任的，人民法院应予支持；抽逃出资的股东已经承担上述责任，其他债权人提出相同请求的，人民法院不予支持。"本案中，大雅公司转移资产的行为构成抽逃出资，公司的债权人甲公司和乙公司有权请求大雅公司在抽逃出资本息范围内对公司债务不能清偿部分承担补充赔偿责任，并请求协助大雅公司抽逃出资的董事长白某对此承担连带责任。

第二节　合伙企业法

我国现行《合伙企业法》于1997年颁布实施，2006年修订，修订案于2007年6月1日起施行。广义的合伙企业法，是指由国家相关立法机关制定的、包括《中华人民共和国合伙企业法》在内的、调整合伙企业合伙关系的各种法律规范的总称。

所谓合伙企业，是指依合伙企业法的规定设立，两个以上的合伙人订立合伙协议并按照合伙协议的约定共同出资、共同经营、共享收益、共担风险的非法人组织。根据我国合伙企业法规定，合伙企业有如下类型：普通合伙企业（包括特殊的普通合伙企业）和有限合伙企业。

公司与合伙企业的根本区别在于：是否具有法人的资格和地位。

思考 2-10

合伙企业与公司各自的优势？

一、普通合伙企业

（一）普通合伙企业的概念与设立

1. 概念

普通合伙企业，是由普通合伙人组成，合伙人对合伙企业债务承担无限连带责任的合伙企业形式。

2. 设立条件

（1）有2个以上的合伙人。

合伙人可以是自然人、法人和其他组织；国有独资公司、国有企业、上市公司以及公益性的事业单位、社会团体不得成为普通合伙人。合伙人为自然人的，应当具有完全民事行为能力。

（2）有书面合伙协议。

合伙协议①依法由全体合伙人协商一致、以书面形式订立；订立合伙协议、设立合伙企业，应当遵循自愿、平等、公平、诚实信用的原则。

合伙协议经全体合伙人签名、盖章后生效。合伙人按照合伙协议享有权利、履行义务；修改或者补充合伙协议，应当经全体合伙人一致同意，但是合伙协议另有约定的除外；合伙协议未约定或者约定不明确的事项，由合伙人协商决定，协商不成的，依照合伙企业法和其他相关规定处理。

---

① 《合伙企业法》第18条规定："合伙协议应当载明下列事项：（一）合伙企业的名称和主要经营场所的地点；（二）合伙目的和合伙经营范围；（三）合伙人的姓名或者名称、住所；（四）合伙人的出资方式、数额和缴付期限；（五）利润分配、亏损分担方式；（六）合伙事务的执行；（七）入伙与退伙；（八）争议解决办法；（九）合伙企业的解散与清算；（十）违约责任。"

(3) 有合伙人认缴或者实际缴付的出资。

合伙人可以用货币、实物、知识产权、土地使用权或者其他财产权利出资，也可以用劳务出资。合伙人以实物、知识产权、土地使用权或者其他财产权利出资，需要评估作价的，可以由全体合伙人协商确定，也可以由其他合伙人委托法定评估机构评估。合伙人以劳务出资的，其评估办法由全体合伙人协商确定，并在合伙协议中载明。

合伙人应当按照合伙协议约定的出资方式、数额和缴付期限，履行出资义务。以非货币财产出资的，依照法律、行政法规的规定，需要办理财产权转移手续的，应当依法办理。

(4) 合伙企业的名称和生产经营场所。

(5) 法律、行政法规规定的其他条件。

3. 设立登记

申请设立合伙企业，应当向企业登记机关提交登记申请书、合伙协议书、合伙人身份证明等文件。申请人提交的登记申请材料齐全、符合法定形式，企业登记机关能够当场登记的，应予当场登记，发放营业执照。合伙企业的营业执照签发日期，为合伙企业成立日期。

(二) 普通合伙企业的财产

1. 合伙企业的财产构成

合伙人的出资、以合伙企业名义取得的收益和依法取得的其他财产，均为合伙企业的财产。其中，合伙人认缴的出资形成合伙企业的原始财产；在合伙企业存续期间以合伙企业名义取得的收益，如合伙企业各项债权、知识产权等财产权利以及未分配盈余等；依法取得的其他财产，如接受的赠与等。

思考 2-11

合伙企业财产的性质。

2. 合伙人的财产份额转让

合伙人对其在合伙企业中的财产份额可以内部转让也可以外部转让，可以转让全部亦可以转让部分。

(1) 内部转让。

合伙人之间转让在合伙企业中的全部或者部分财产份额时，应当通知其他合伙人。

(2) 外部转让。

除合伙协议另有约定外，合伙人向合伙人以外的人转让其在合伙企业中的全部或者部分财产份额时，须经其他合伙人一致同意。

外部转让时，在同等条件下，其他合伙人有优先购买权，合伙协议另有约定的除外。

合伙人以外的人依法受让财产份额的，经修改合伙协议即成为合伙企业的合伙人。

3. 合伙人的财产份额出质

合伙人以其在合伙企业中的财产份额出质的，须经其他合伙人一致同意；未经其他合伙人一致同意，其行为无效，由此给善意第三人造成损失的，由行为人依法承担赔偿责任。

(三) 普通合伙企业事务的执行

1. 执行方式

《合伙企业法》规定，合伙企业事务可以由全体合伙人共同管理，或者委托一个或数个合伙人管理。委托一个或者数个合伙人执行合伙事务的，其他合伙人不再执行合伙事务。

另外，除合伙协议另有约定外，合伙企业的下列事项应当经全体合伙人一致同意：（1）改变合伙企业的名称；（2）改变合伙企业的经营范围、主要经营场所的地点；（3）处分合伙企业的不动产；（4）转让或者处分合伙企业的知识产权和其他财产权利；（5）以合伙企业名义为他人提供担保；（6）聘任合伙人以外的人担任合伙企业的经营管理人员。

合伙企业对合伙人执行合伙事务以及对外代表合伙企业权利的限制，不得对抗善意第三人。

2. 合伙人以外的人参与经营管理

除合伙协议另有约定外，经全体合伙人一致同意，可以聘任合伙人以外的人担任合伙企业的经营管理人员。

被聘任的合伙企业的经营管理人员应当在合伙企业授权范围内履行职务。

被聘任的合伙企业的经营管理人员，超越合伙企业授权范围履行职务，或者在履行职务过程中因故意或者重大过失给合伙企业造成损失的，依法承担赔偿责任。

3. 利润分配和亏损分担

合伙企业的利润分配、亏损分担，按照合伙协议的约定办理；合伙协议未约定或者约定不明确的，由合伙人协商决定；协商不成的，由合伙人按照实缴出资比例分配、分担；无法确定出资比例的，由合伙人平均分配、分担。

合伙协议不得约定将全部利润分配给部分合伙人或者由部分合伙人承担全部亏损。

（四）普通合伙人的限制

1. 竞业禁止

合伙人不得自营或者同他人合作经营与本合伙企业相竞争的业务。

2. 交易限制

除合伙协议另有约定或者经全体合伙人一致同意外，合伙人不得同本合伙企业进行交易。

另外，合伙人不得从事损害本合伙企业利益的活动。

（五）普通合伙企业与第三人的关系

合伙企业与第三人的关系，属于合伙企业的外部关系。

合伙企业对合伙人执行合伙事务以及对外代表合伙企业权利的限制，不得对抗善意第三人。

1. 合伙企业债务的清偿

合伙企业对其债务，应先以其全部财产进行清偿。合伙企业不能清偿到期债务的，合伙人承担无限连带责任。

债权人可以根据自己的清偿利益，请求全体合伙人中的一人或数人承担全部清偿责任，也可以按照自己确定的清偿比例向合伙人分别追索。合伙人由于承担无限连带责任，清偿数额超过规定的其亏损分担比例的，有权向其他合伙人追偿。

2. 合伙人债务的清偿

对于合伙人发生的与合伙企业无关的债务：

（1）相关债权人不得以其债权抵消其对合伙企业的债务，也不得代位行使合伙人在合伙企业中的权利。

（2）合伙人的自有财产不足以清偿其与合伙企业无关的债务的，该合伙人可以以其从合伙企业中分取的收益用于清偿。债权人也可以依法请求人民法院强制执行该合伙人在合伙企业中的财产份额用于清偿。

（3）人民法院强制执行合伙人的财产份额时，应当通知全体合伙人，其他合伙人有优先购买权。其他合伙人未购买，又不同意将该财产份额转让给他人的，为该合伙人办理退伙结算，或者办理削减该合伙人相应财产份额的结算。

（六）普通合伙企业的入伙与退伙

1. 入伙

（1）入伙的条件。

《合伙企业法》第 43 条规定，新合伙人入伙，除合伙协议另有约定外，应当经全体合伙人一致同意，并依法订立书面入伙协议。订立入伙协议时，原合伙人应当向新合伙人如实告知原合伙企业的经营状况和财务状况。

（2）入伙的法律效力。

新合伙人对入伙前合伙企业的债务承担无限连带责任。

2. 退伙

（1）退伙的类型。

根据《合伙企业法》上规定的退伙的原因，可将退伙做如下分类。

- 退伙
  - 自愿退伙
    - 协议退伙
    - 通知退伙
  - 法定退伙
    - 当然退伙
    - 除名退伙

1）协议退伙。《合伙企业法》第 45 条规定，合伙协议约定合伙期限的，在合伙企业存续期间，有下列情形之一的，合伙人可以退伙：A. 合伙协议约定的退伙事由出现；B. 经全体合伙人一致同意；C. 发生合伙人难以继续参加合伙的事由；D. 其他合伙人严重违反合伙协议约定的义务。合伙人违反上述规定退伙的，应当赔偿由此给合伙企业造成的损失。

2）通知退伙。《合伙企业法》第 46 条规定，合伙协议未约定合伙期限的，合伙人在不给合伙企业事务执行造成不利影响的情况下，可以退伙，但应当提前 30 日通知其他合伙人。合伙人违反上述规定退伙的，应当赔偿由此给合伙企业造成的损失。

3）当然退伙。《合伙企业法》第 48 条规定，合伙人有下列情形之一的，当然退伙：A. 作为合伙人的自然人死亡或者被依法宣告死亡；B. 个人丧失偿债能力；C. 作为合伙人的法人或者其他组织依法被吊销营业执照、责令关闭、撤销或者被宣告破产；D. 法律规定或者合伙协议约定合伙人必须具有相关资格而丧失该资格；E. 合伙人在合伙企业中的全部财产份额被人民法院强制执行。当然退伙以退伙事由实际发生之日为退伙生效日。

4）除名退伙。《合伙企业法》第 49 条规定，合伙人有下列情形之一的，经其他合伙人一致同意，可以决议将其除名：A. 未履行出资义务；B. 因故意或者重大过失给合伙企业造成损失；C. 执行合伙事务时有不正当行为；D. 发生合伙协议约定的事由。对合伙人的除名决议应当书面通知被除名人。被除名人接到除名通知之日，除名生效，被除名人退伙。被除名人对除名决议有异议的，可以自接到除名通知之日起 30 日内，向人民法院起诉。

（2）退伙的法律效果。

1）法律效力。退伙人对基于其退伙前的原因发生的合伙企业债务，承担无限连带责任。

2）退伙结算。合伙人退伙，其他合伙人应当与该退伙人按照退伙时的合伙企业财产状况进行结算，退还该退伙人的财产份额。退伙人在合伙企业中财产份额的退还办法，由合伙协议约定或者由全体合伙人决定，可以退还货币，也可以退还实物。合伙人退伙时，合伙企业财产少于合伙企业债务的，退伙人应当依照法律规定分担亏损。

3）合伙人资格的继承。合伙人死亡或者被依法宣告死亡的，对该合伙人在合伙企业中的财产份额享有合法继承权的继承人，按照合伙协议的约定或者经全体合伙人一致同意，从继承开始之日起，取得该合伙企业的合伙人资格。合伙人的继承人不愿成为合伙人和因合伙协议的约定不能成为合伙人的，合伙企业应当向合伙人的继承人退还被继承合伙人的财产份额；合伙人的继承人为无民事行为能力人或者限制民事行为能力人的，经全体合伙人一致同意，可以依法成为有限合伙人，普通合伙企业依法转为有限合伙企业。全体合伙人未能一致同意的，合伙企业应当将被继承合伙人的财产份额退还该继承人。

示例 2-11　入伙与退伙时责任的承担

甲新加入某普通合伙企业成为其合伙人。甲入伙前合伙企业已负债 10 万元。甲入伙 1 年后退伙，在此期间合伙企业新增负债 20 万元。甲退伙后半年，合伙企业解散，以其全部财产清偿债务后，尚有 60 万元债务不能清偿。请问根据《合伙企业法》相关规定，甲应该对合伙企业的哪些债务承担无限连带责任？

（七）特殊的普通合伙企业

1. 概念

特殊的普通合伙企业，是以专业知识和专门技能为客户提供有偿服务的专业服务机构，如律师事务所、会计师事务所、医生诊所等。其名称当中应当标明“特殊普通合伙”字样。

2. 特殊的责任形式

《合伙企业法》第 57 条规定：“一个合伙人或者数个合伙人在执业活动中因故意或者重大过失造成合伙企业债务的，应当承担无限责任或者无限连带责任，其他合伙人以其在合伙企业中的财产份额为限承担责任。”“合伙人在执业活动中非因故意或者重大过失造成的合伙企业债务以及合伙企业的其他债务，由全体合伙人承担无限连带责任。”

3. 合伙人过错的赔偿责任

合伙人在执业活动中因故意或者重大过失造成的合伙企业债务，以合伙企业财产对外承担责任后，该合伙人应当按照合伙协议的约定对给合伙企业造成的损失承担赔偿责任。

4. 执业风险防范

《合伙企业法》第 59 条第 1 款规定：“特殊的普通合伙企业应当建立执业风险基金、办理职业保险。”企业应当从其经营收益中提取相应比例资金作为执业风险基金。执业风险基金用于偿付合伙人执业活动造成的债务。执业风险基金应当单独立户管理。

示例 2-12[1]

2010 年 1 月，注册会计师甲乙丙三人在北京成立了一家会计师事务所。甲乙丙在合伙协

① 案例来源于注会考试 2011 年综合题。

议中约定：(1) 甲丙分别以现金 300 万元和 50 万元出资，乙以一套房屋作价 200 万元出资，作为会计师事务所的办公场所；(2) 会计师事务所的盈亏按照各自的出资比例享有和承担；(3) 甲负责执行合伙事务。

2011 年 2 月，乙拟将其在会计师事务所的财产份额转让给 A。丙表示同意，甲则对乙拟转让的财产份额主张优先购买权，乙以合伙协议中未约定优先购买权为由予以拒绝。

2011 年 3 月，丙在为 B 公司提供审计服务时，因重大过失给 B 公司造成 300 万元损失。该会计师事务所现有全部财产价值 250 万元，其中，乙用于出资的房屋变现价值为 230 万元。该会计师事务所在将全部财产用于赔偿 B 公司后，要求丙向 B 公司支付剩余的 50 万元赔偿金。丙认为，合伙协议约定合伙人对于事务所的亏损按照各自出资比例承担，自己不应对合伙企业财产不足清偿的债务承担全部责任。乙认为其对此债务只应以出资额为限承担责任，而其出资的房屋已经升值，目前变现价值为 230 万元，故丙应退还其 30 万元。

2011 年 5 月，因会计师事务所在北京的业务量下降，甲提出将事务所的主要经营地点迁至上海。在合伙人会议上，乙对此表示赞同而丙反对。甲乙认为其二人人数及所持出资额均超过半数，且合伙协议对此无特别约定，于是作出迁址决议。

根据上述内容，请分别回答下列问题①：

(1) 甲对乙拟转让给 A 的合伙企业财产份额是否享有优先购买权？说明理由。

(2) 乙是否有权要求丙退还 30 万元？说明理由。

(3) 丙是否应当单独承担对 B 公司剩余 50 万元的赔偿责任？说明理由。

(4) 将会计师事务所迁至上海的决议是否有效？说明理由。

二、有限合伙企业

延伸阅读八 康孟达组织

康孟达 (Commeda)，劳资合伙经营的一种商事契约。它是最早的一种商业合伙形式，与家族共同经营不同。依照这种契约，一方出资而不参加营业活动，另一方则运用自己的设备条件等从事营业活动。双方按出资数额对盈利进行分配。出资者依出资数额对经营亏损负有限责任，营业者则负无限责任。这种共同经营形式，产生于欧洲中世纪的地中海沿岸诸城市。最初盛行于海上贸易，由既想获得利益而又不愿亲身冒险的资本家出资，由航海者向海外运销货物，盈利按出资额分配。亏损时，航海者承担无限责任，资本家只在出资范围内承担有限责任。② 据说，这是公司与有限合伙的前身。

---

① 参考答案：(1) 甲有优先权。理由：合伙人外部转让时，在同等条件下，其他合伙人有优先购买权（合伙协议另有约定的除外）。(2) 乙无权要求退还。理由：合伙人出资后，一般来说合伙人的出资便成了合伙企业的财产，而非属于单独的哪一个合伙人。(3) 丙应当承担。理由：在特殊普通合伙企业中，一个合伙人或者数个合伙人在执业活动中因故意或者重大过失造成合伙企业损失的，应当承担无限责任或者无限连带责任。(4) 决议无效。理由：改变合伙企业主要经营场所的地点，除合伙协议另有约定外，应当经全体合伙人一致同意。

② https://baike.so.com/doc/3715731-3904491.html.

（一）有限合伙企业的概念与设立

1. 有限合伙企业的概念

有限合伙企业，是由普通合伙人和有限合伙人组成，普通合伙人对合伙企业债务承担无限连带责任，有限合伙人以其认缴的出资额为限对合伙企业债务承担责任的合伙企业形式。

有限合伙企业仅剩有限合伙人的，应当解散；有限合伙企业仅剩普通合伙人的，转为普通合伙企业。

有限合伙企业的普通合伙人和有限合伙人的合作相当于有力的出力、有钱的出钱，因此有人称有限合伙企业是投知者与投资者的最佳结合。

2. 有限合伙企业的设立

《合伙企业法》对有限合伙企业的设立，有如下特殊规定。

（1）人数。

有限合伙企业由 2 个以上 50 个以下合伙人设立，但是法律另有规定的除外。

（2）名称。

有限合伙企业名称中应当标明“有限合伙”字样。

（3）出资。

有限合伙人可以用货币、实物、知识产权、土地使用权或者其他财产权利作价出资。有限合伙人不得以劳务出资。

有限合伙人应当按照合伙协议的约定按期足额缴纳出资；未按期足额缴纳的，应当承担补缴义务，并对其他合伙人承担违约责任。

（4）合伙协议。

有限合伙企业的合伙协议除符合《合伙企业法》第 18 条的规定外，还应当载明下列事项：普通合伙人和有限合伙人的姓名或者名称、住所；执行事务合伙人应具备的条件和选择程序；执行事务合伙人权限与违约处理办法；执行事务合伙人的除名条件和更换程序；有限合伙人入伙、退伙的条件、程序以及相关责任；有限合伙人和普通合伙人相互转变的程序。

（5）登记。

有限合伙企业登记事项中应当载明有限合伙人的姓名或者名称及认缴的出资数额。

（二）有限合伙企业财产的特殊规定

1. 有限合伙人财产份额的出质

有限合伙人可以将其在有限合伙企业中的财产份额出质，但合伙协议另有约定的除外。

2. 有限合伙人财产份额的转让

有限合伙人可以按照合伙协议的约定向合伙人以外的人转让其在有限合伙企业中的财产份额，但应当提前 30 日通知其他合伙人。有限合伙人对外转让其在有限合伙企业的财产份额时，其他合伙人有优先购买权。

（三）有限合伙企业事务执行的特殊规定

有限合伙企业由普通合伙人执行合伙事务。有限合伙人不执行合伙事务，不得对外代表有限合伙企业。

有限合伙人的下列行为，不视为执行合伙事务：（1）参与决定普通合伙人入伙、退伙；（2）对企业的经营管理提出建议；（3）参与选择承办有限合伙企业审计业务的会计师事务所；

(4) 获取经审计的有限合伙企业财务会计报告；(5) 对涉及自身利益的情况，查阅有限合伙企业财务会计账簿等财务资料；(6) 在有限合伙企业中的利益受到侵害时，向有责任的合伙人主张权利或者提起诉讼；(7) 执行事务合伙人怠于行使权利时，督促其行使权利或者为了本企业的利益以自己的名义提起诉讼；(8) 依法为本企业提供担保。

第三人有理由相信有限合伙人为普通合伙人并与其交易的，该有限合伙人对该笔交易承担与普通合伙人同样的责任。有限合伙人未经授权以有限合伙企业名义与他人进行交易，给有限合伙企业或者其他合伙人造成损失的，该有限合伙人应当承担赔偿责任。

有限合伙企业不得将全部利润分配给部分合伙人，但是合伙协议另有约定的除外。

(四) 有限合伙人的权利

有限合伙人可以同本有限合伙企业进行交易，但合伙协议另有约定的除外。

有限合伙人可以自营或者同他人合作经营与本有限合伙企业相竞争的业务，但合伙协议另有约定的除外。

(五) 有限合伙人清偿债务的特殊规定

有限合伙人的自有财产不足清偿其与合伙企业无关的债务的，该合伙人可以以其从有限合伙企业中分取的收益用于清偿；债权人也可以依法请求人民法院强制执行该合伙人在有限合伙企业中的财产份额用于清偿。人民法院强制执行有限合伙人的财产份额时，应当通知全体合伙人。在同等条件下，其他合伙人有优先购买权。

(六) 有限合伙企业入伙与退伙的特殊规定

1. 入伙

新入伙的有限合伙人对入伙前有限合伙企业的债务，以其认缴的出资额为限承担责任。

2. 退伙

(1) 有限合伙人的当然退伙。

有限合伙人当然退伙的情形同普通合伙人。

(2) 有限合伙人的资格及资格继承。

作为有限合伙人的自然人在有限合伙企业存续期间丧失民事行为能力的，其他合伙人不得因此要求其退伙。

作为有限合伙人的自然人死亡、被依法宣告死亡或者作为有限合伙人的法人及其他组织终止时，其继承人或者权利承受人可以依法取得该有限合伙人在有限合伙企业中的资格。

(3) 法律效力。

有限合伙人退伙后，对基于其退伙前的原因发生的有限合伙企业债务，以其退伙时从有限合伙企业中取回的财产承担责任。

(七) 合伙人身份转变的特殊规定

除合伙协议另有约定外，普通合伙人转变为有限合伙人，或者有限合伙人转变为普通合伙人，应当经全体合伙人一致同意。有限合伙人转变为普通合伙人的，对其作为有限合伙人期间有限合伙企业发生的债务承担无限连带责任。普通合伙人转变为有限合伙人的，对其作为普通合伙人期间合伙企业发生的债务承担无限连带责任。

此外，合伙企业法上对有限合伙企业无特殊规定的，适用有关普通合伙企业及其合伙人的规定。

思考 2－12

有限合伙企业与普通合伙企业有哪些不同？

小提示

思考的角度可以包括合伙人的人数、合伙人责任的承担、交易限制与竞业禁止的规定、财产份额的出质与转让和出资方式等。

示例 2－13

张三、李四、周五三人商量设立一家有限合伙企业，其中张三为普通合伙人，李四、周五为有限合伙人。三人的合伙协议的部分约定如下：（1）李四以劳务作价 20 万元出资；（2）张三以其出资金额的两倍为限对合伙债务承担责任；（3）周五是合伙事务执行人，且周五不得将其在合伙企业中的财产份额出质。

试分析：该合伙协议此三项内容哪些不符合法律规定？

三、合伙企业的解散与清算

（一）解散

合伙企业有下列情形之一的，应当解散：（1）合伙期限届满，合伙人决定不再经营；（2）合伙协议约定的解散事由出现；（3）全体合伙人决定解散；（4）合伙人已不具备法定人数满 30 天；（5）合伙协议约定的合伙目的已经实现或者无法实现；（6）依法被吊销营业执照、责令关闭或者被撤销；（7）法律、行政法规规定的其他原因。

（二）清算

1. 清算人的确定

合伙企业解散，应当由清算人进行清算。清算人由全体合伙人担任；经全体合伙人过半数同意，可以自合伙企业解散事由出现后 15 日内指定一个或者数个合伙人，或者委托第三人担任清算人。自合伙企业解散事由出现之日起 15 日内未确定清算人的，合伙人或者其他利害关系人可以申请人民法院指定清算人。

2. 清算财产的清偿

合伙企业财产在支付清算费用和职工工资、社会保险费用、法定补偿金以及缴纳所欠税款、清偿债务后的剩余财产，依照《合伙企业法》关于利润分配和亏损分担的规定进行分配。

合伙企业不能清偿到期债务的，债权人可以依法向人民法院提出破产清算申请，也可以要求普通合伙人清偿。合伙企业被依法宣告破产的，普通合伙人对合伙企业的债务仍应承担无限连带责任。

（三）注销

清算结束，经申请并办理注销登记后，合伙企业终止。合伙企业注销后，原普通合伙人对合伙企业存续期间的债务仍应承担无限连带责任。

课后练习

一、不定项选择题

1. 根据公司法律制度的规定，下列关于一人公司的表述中，正确的是（　　）。

A. 一个自然人只能投资设立一个一人公司，但该一人公司可以再投资设立新的一人公司

B. 一人公司的股东应当对公司债务承担连带清偿责任

C. 一人公司设立时，股东应当一次缴足公司章程规定的出资额

D. 一人公司应当在公司登记中注明自然人独资或者法人独资

2. 下列关于国有独资公司的表述正确的是（　　）。

A. 国有独资公司董事长由董事会选举产生

B. 国有独资公司董事会中应当有职工代表

C. 国有独资公司监事由监事会选举产生

D. 国有独资公司设董事长 1 名、副董事长 1 名

3. 甲与乙为一有限责任公司股东，甲为董事长。2014 年 4 月，一次出差途中遭遇车祸，甲与乙同时遇难。关于甲、乙股东资格的继承，下列哪一表述是错误的？（　　）

A. 在公司章程未特别规定时，甲、乙的继承人均可主张股东资格继承

B. 在公司章程未特别规定时，甲的继承人可以主张继承股东资格与董事长职位

C. 公司章程可以规定甲、乙的继承人继承股东资格的条件

D. 公司章程可以规定甲、乙的继承人不得继承股东资格

4. 张某、李某为甲公司股东，分别持股 65%与 35%，张某为公司董事长。为谋求更大的市场空间，张某提出吸收合并乙公司的发展战略。关于甲公司的合并行为，下列哪些表述是正确的？（　　）

A. 只有取得李某同意，甲公司内部的合并决议才能有效

B. 合并决议作出之日起 15 日内，甲公司须通知其债权人

C. 债权人自接到通知之日起 30 日内，有权对甲公司的合并行为提出异议

D. 合并乙公司后，甲公司须对原乙公司的债权人负责

5. 下列关于股份有限公司董事会会议的事项正确的有（　　）。

A. 董事长因故不能出席会议，董事长指定一位副董事长主持该次会议

B. 通过了减少公司注册资本的决议

C. 会议所议事项载入会议记录，由主持会议的副董事长和记录员签名存档

D. 通过了聘任王某为公司经理的决议

6. 甲、乙、丙、丁以普通合伙企业形式开了一家餐馆。就该合伙企业事务的执行，下列哪些表述是正确的？（　　）

A. 如合伙协议未约定，则甲等四人均享有对外签约权

B. 甲等四人可决定任命丙为该企业的对外签约人

C. 不享有合伙事务执行权的合伙人，以企业名义对外签订的合同一律无效

D. 甲等四人在合伙协议中约定由乙、丙两人承担全部亏损

7. 某有限合伙企业合伙协议的下列约定中，符合合伙企业法律制度规定的是（　　）。

A. 普通合伙人以现金出资，有限合伙人以劳务出资

B. 合伙企业成立后前三年的利润全部分配给普通合伙人

C. 有限合伙人甲对外代表本合伙企业，执行合伙事务

D. 合伙企业由普通合伙人1人、有限合伙人99人组成

二、案例分析

1. 2011年1月，甲、乙、丙、丁、戊共同出资设立A有限合伙企业（以下简称A企业），从事产业投资活动。其中，甲、乙、丙为普通合伙人，丁、戊为有限合伙人。丙负责执行合伙事务。

2011年2月，丙请丁物色一家会计师事务所，以承办本企业的审计业务。丁在合伙人会议上提议聘请自己曾任合伙人的B会计师事务所。对此，丙、戊表示同意，甲、乙则以丁是有限合伙人、不应参与执行合伙事务为由表示反对。A企业的合伙协议未对聘请会计师事务所的表决办法作出约定。

2011年4月，戊又与他人共同设立从事产业投资的C有限合伙企业（以下简称C企业），并任执行合伙人。后因C企业开始涉足A企业的主要投资领域，甲、乙、丙认为戊违反竞业禁止义务，要求戊从A企业退出。戊以合伙协议并未对此作出约定为由予以拒绝。

2011年5月，戊以其在A企业中的财产份额出质向庚借款200万元，但未告知A企业的其他合伙人。2011年12月，因戊投资连续失败，其个人财产损失殆尽，无力偿还所欠庚的到期借款。经评估，戊在A企业中的财产份额价值150万元。庚因欠A企业50万元到期债务，遂自行以该笔债务抵销戊所欠其借款50万元，并同时向A企业提出就戊在A企业中的财产份额行使质权。对于庚的抵销行为与行使质权之主张，A企业合伙人均表示反对。

要求：

（1）甲、乙反对丁提议B会计师事务所承办A企业审计业务的理由是否成立？并说明理由。

（2）在甲、乙反对，其他合伙人同意的情况下，丁关于聘请B会计师事务所承办A企业审计业务的提议能否通过？并说明理由。

（3）甲、乙、丙关于戊违反竞业禁止义务的主张是否成立？并说明理由。

（4）庚能否以其对戊的债权抵销所欠A企业的债务？并说明理由。

（5）戊以其在A企业中的财产份额向庚出质的行为是否有效？并说明理由。

（6）庚是否有权请求人民法院强制执行戊在A企业中的财产份额？并说明理由。

2. 甲、乙共同成立A有限责任公司（以下简称A公司），注册资本200万元，其中，甲持有60%股权，乙持有40%股权。2008年8月25日，A公司聘请李某担任公司总经理，负责公司日常经营管理。双方约定，除基本工资外，李某可从公司每年税后利润中提取1%作为奖金。同时，A公司股东会决议：同意李某向A公司增资20万元，其中，李某以其姓名作价10万元出资，其余10万元出资以李某未来从A公司应分配的奖金中分期缴纳。

2009年1月初，乙要求退资。经股东会同意，1月20日A公司与乙签订退资协议，约定A公司向乙返还80万元出资款。1月28日，A公司向乙支付80万元后，在股东名册上将乙除名，同时，A公司宣布减资80万元，并向债权人发出了通知和公告。债权人丙接到通知后，当即提出异议，认为股东出资后不得撤回，并要求A公司立即清偿债务。A公司则以丙的债

权尚未到期为由拒绝清偿。

根据上述内容，分别回答下列问题。

(1) 李某可否以姓名出资？并说明理由。

(2) 李某以未来从A公司可分得的奖金分期缴纳出资款是否符合法律规定？并说明理由。

(3) 丙以股东出资后不得撤回为由反对乙退资的主张是否成立？并说明理由。

(4) 丙是否有权要求A公司清偿未到期债务？并说明理由。

3. 甲股份有限公司（以下简称甲公司）董事会由7名董事组成。某日，公司董事长张某召集并主持召开董事会会议，出席会议的共6名董事，董事会会议作出如下决议。

(1) 增选职工代表李某为监事。

(2) 决定在公司章程规定的限额内向乙公司进行投资，并制定了相应的投资方案。

(3) 决定为其子公司丙与A企业签订的买卖合同提供连带责任保证，该保证的数额超过了公司章程规定的限额。在讨论该保证事项时，只有董事赵某投了反对票，其意见已被记载于会议记录。其他董事均认为丙公司经营状况良好，信用风险不大，对该保证事项投了赞成票。出席会议的全体董事均在会议记录上签了名。

丙公司在其与A企业签订的买卖合同债务履行期届满后未履行债务，A企业要求甲公司承担保证责任。甲公司因承担保证责任而遭受严重损失。公司股东大会在参考了乙公司上一期期末经审计的财务会计报告后认为，乙公司经营业绩优秀，公司潜力非常大，因此一致通过了董事会制定的投资方案，决定向乙公司进行投资。但甲公司依法对乙公司进行出资后，乙公司因为财务造假问题被公之于众，经查，乙公司经营亏损严重，而为其提供审计的B会计师事务所出具了不实审计报告，甲公司投资损失惨重，遂依法对B会计师事务所提起侵权赔偿诉讼，要求B会计师事务所承担赔偿责任。B会计师事务所认为，虽然乙公司对重要事项的财务会计处理明显与会计准则相抵触，但当初进驻乙公司从事该审计项目的审计人员为本事务所招聘的临时工，业务水平较低，其编制的相关工作底稿质量较差，项目负责人也未认真审核便通过，因此本所并非故意出具不实报告，但终归造成了甲公司损失，本所愿意就被审计单位乙公司不足承担的部分承担补充赔偿责任。

问题：

(1) 董事会会议决议增选职工代表李某为监事是否符合法律规定？并说明理由。

(2) 对于甲公司因承担保证责任而遭受的损失，与会董事应如何承担法律责任？

第三章 竞争法

竞争是获致繁荣和保证繁荣最有效的手段。只有竞争才能使作为消费者的人们从经济发展中受到实惠。它保证随着生产力的提高而俱来的种种利益最终归人们享受。

［德］路德维希·艾哈德：《大众福利》，商务印书馆2017年版。

引　言

自2010年以来，广州王老吉大健康产业有限公司、广州医药集团有限公司与广东加多宝饮料食品有限公司之间的纠纷愈演愈烈，加多宝与王老吉作为两家知名凉茶企业开启官司大战。在双方的众多诉讼中，大多关乎不正当竞争行为的认定与处理。例如，有关红罐包装装潢所涉及的市场混淆行为；有关“怕上火喝王老吉”“加多宝凉茶连续7年荣获‘中国饮料第一罐’”“中国每卖10罐凉茶7罐加多宝”等广告语所涉及的虚假宣传行为等。竞争法正是通过对不正当竞争行为和排除、限制竞争行为的规制，保护和促进市场的自由公平竞争，最终维护消费者利益和社会整体利益。

第一节　竞争法的一般理论

一、竞争的含义

竞争是市场经济不可缺少的机制，通常表现为两个以上的经营者为获取交易机会或竞争优势而进行的争斗。自由竞争与公平竞争是竞争法永恒的保护对象，也是竞争法所追求的基本价值的集中体现。

在市场经济体制下，只有竞争才能实现社会资源的优化配置、经济技术的发展以及消费者的社会福利。然而，市场经济本身却缺乏维护公平和自由竞争的机制。恰恰相反，经营者为了减少竞争压力和逃避竞争风险，总是想方设法地谋求垄断地位，限制竞争；或者采取法律和商业道德所不允许的不正当竞争手段，损害消费者的利益和其他竞争者的公平竞争权，导致竞争机制失效。因此，国家需要“改革市场监管体系，实行统一的市场监管，清理和废除妨碍全国统一市场和公平竞争的各种规定和做法，严禁和惩处各类违法实行优惠政策行为，反对地方保护，反对垄断和不正当竞争。”① 而保护和规范竞争秩序，主要依赖于竞争法。

二、竞争法的含义

竞争法是调整竞争关系和竞争监管关系的法律规范的总称。其调整对象包括两部分。

1. 竞争关系

竞争关系是经营者之间在市场竞争过程中形成的社会关系，在市场关系中占有重要地位，不仅涉及生产、销售、消费等各个市场环节，还涉及市场的各个领域，在产品、劳务、资金、技术等方面，无所不在。

2. 竞争监管关系

竞争监管关系是竞争监管机关与经营者之间、竞争监管机关相互之间因监督、管理市场竞争而形成的社会关系。竞争监管是国家干预市场经济的体现，有助于确立市场竞争的监督管理体制，明确市场竞争监管的方式和程序。

三、反不正当竞争法与反垄断法的关系

反不正当竞争法与反垄断法同属竞争法的范畴，二者相互配合、相互补充，共同规范经营者的竞争行为，维护市场秩序。从立法实践来看，两法之间经常相互交织，执法机构相似。但是，反不正当竞争法与反垄断法之间也存在明显差异，二者分别从不同角度来保障和促进公平自由竞争。反不正当竞争法主要通过制止不正当竞争行为，避免有失诚信、有损公序良俗的竞争行为对经营者和消费者的危害；而反垄断法主要通过遏制具有强大市场地位的经营者限制竞争的行为，保障市场上的自由竞争。换言之，反不正当竞争法注重将过度竞争状态恢复到公平竞争状态，而反垄断法重在为竞争不足注入竞争活力，实现自由竞争。

第二节 反不正当竞争法律制度

一、反不正当竞争法基本理论

（一）反不正当竞争法的概念与立法宗旨

反不正当竞争法有狭义和广义之分。狭义的反不正当竞争法，亦即形式意义上的反不正当竞争法，专指1993年9月2日第八届全国人民代表大会常务委员会第三次会议通过，2017年11月4日第十二届全国人民代表大会常务委员会第三十次会议修订，2019年4月23日第十三届全国人民代表大会常务委员会第十次会议修正的《中华人民共和国反不正当竞争法》（以下简称《反不正当竞争法》）。广义的反不正当竞争法，亦即实质意义上的反不正当竞争法，是指调整在维护公平竞争、制止不正当竞争过程中的社会关系的法律规范的总称，除了上述狭义的反不正当竞争法之外，还包括《商标法》《广告法》《价格法》等单行法，以及涉及反不正当竞争内容的行政法规和部门规章等。

根据《反不正当竞争法》第1条的规定，该法的立法宗旨是，促进社会主义市场经济健康

---

① 《中共中央关于全面深化改革若干重大问题的决定》（2013年11月12日中国共产党第十八届中央委员会第三次全体会议通过）。

发展，鼓励和保护公平竞争，制止不正当竞争行为，保护经营者和消费者的合法权益。

（二）不正当竞争行为的概念和特征

1. 不正当竞争行为的概念

“不正当竞争”一词，一般认为出自 1883 年的《保护工业产权巴黎公约》。该公约规定，凡在工商业事务中违反诚实的习惯做法的竞争行为构成不正当竞争的行为。根据我国《反不正当竞争法》第 2 条第 2 款的规定，不正当竞争行为是指经营者在生产经营活动中，违反《反不正当竞争法》的规定，扰乱市场竞争秩序，损害其他经营者或者消费者的合法权益的行为。

2. 不正当竞争行为的特征

（1）主体的特定性。竞争是经营者之间在市场上通过价格、品质或服务等手段，为获取交易机会或竞争优势而展开的争斗，因此，一般认为，不正当竞争行为的主体是在市场活动中采用不正当手段开展竞争的经营者。我国《反不正当竞争法》明确规定该法规制的主体为“经营者”，即从事商品生产、经营或者提供服务的自然人、法人和非法人组织。①

（2）行为的违法性。对这里的“违法性”应作广义的理解，既包括经营者违反《反不正当竞争法》第二章所明确列举的七种禁止性规范，也包括经营者违背自愿、平等、公平、诚信的市场交易原则，以及违反公认的商业道德的情形。不正当竞争行为的违法性，使其与正当竞争行为区别开来。

（3）行为的社会危害性。现代市场经济中的竞争程度日益加剧，对社会的影响也不断增强。不正当竞争行为的危害性已经从经营者的私权和私益领域，扩大到对消费者利益的损害和对社会经济运行秩序的破坏，因此，对竞争行为的规制也已远远超出了传统法律对个体经济行为规制的范畴。而之所以把竞争行为从私法规制转而纳入具有公法性质的竞争法规制，一方面是因其体现出的社会危害性，另一方面也是不正当竞争行为与一般的民事侵权行为的区别所导致。

二、不正当竞争行为的表现形式

（一）市场混淆行为

1. 市场混淆行为的概念

市场混淆行为，是指经营者擅自使用他人有一定影响的标识，引人误认为是他人商品或者与他人存在特定联系的行为。

市场混淆行为不仅以欺骗手段获取交易机会、减损其他经营者标识的价值、损害其他经营者的合法权益，而且往往导致消费者误认和误购，损害消费者的合法权益。因此，各国反不正当竞争法均将其作为重点规制的对象。

2. 市场混淆行为的认定

（1）被混淆对象必须是有一定影响的标识。

根据《反不正当竞争法》第 6 条的规定，被混淆的对象主要包括三类标识：一是商品标

---

① 需要注意的是，随着市场经济的不断发展，市场主体的组织形态日益多样化和复杂化，经营者的范围也在逐步扩大。在《反不正当竞争法》的执法和司法实践中，从事经营活动的事业单位、文化市场中的作者等主体往往也被认定为反不正当竞争法意义上的经营者。我国《反不正当竞争法》减少经营者的限定性条件，实质上体现了扩大经营者范围的趋势。

识，包括他人有一定影响的商品名称、包装、装潢等；二是主体标识，包括他人有一定影响的企业名称（包括简称、字号等）、社会组织名称（包括简称等）、姓名（包括笔名、艺名、译名等）；三是互联网领域的特殊标识，包括他人有一定影响的域名主体部分、网站名称、网页等。除此之外，为规范今后可能出现的新型市场混淆行为，该条以兜底条款的形式，将“其他足以引人误认为是他人商品或者与他人存在特定联系的混淆行为”也纳入进来。

对于被混淆标识“有一定影响”的判断，应当综合考虑其使用时间、地域范围、获奖情况、社会认知度等因素。示例 3－1 均为典型的市场混淆行为。

示例 3－1

（2）行为方式必须是擅自使用。

首先，擅自使用是指未经权利人许可的使用。如果经营者经权利人许可后使用，并依法律规定的方式表明其相互之间存在许可使用关系，则不构成市场混淆行为。其次，擅自使用的表现形式呈现多样化。例如，经营者将他人有一定影响的商品名称，无论是用作自己的商品名称，还是用作自己的字号，均有可能构成市场混淆行为。

（3）行为后果是引人误认为是他人商品或者与他人存在特定联系。

具体而言，实施市场混淆行为的后果包括两种：一种是对商品来源的混淆，另一种则是对特定联系的混淆，包括许可使用、关联企业等。为了更加有效地规制市场混淆行为，对于混淆后果，可以是已经实际发生的，也可以仅仅是存在发生混淆的可能性的。

在“引人误认”的判断上，一般以相关公众即相关领域的普通消费者，而非专业人员或无关人员，施以与商品价值相适应的一般注意力，对商品所形成的整体印象为标准。

示例 3－2

在“红盾春雷行动 2018”专项行动中，南充市嘉陵区工商局和质监局曾查处一起利用二维码使用他人有影响力的企业字号名称实施混淆行为的违法案件。当事人销售假冒标称深圳市新黑豹建材有限公司生产的“黑豹HB”牌防水涂料，同时张贴了二维码防伪标签，扫描二维码会出现“深圳市黑豹建材有限公司”公众号链接（“深圳市黑豹建材有限公司”和“深圳市新黑豹建材有限公司”是两家不同企业，“深圳市黑豹建材有限公司”是业内知名企业，而“黑豹HB”商标是“深圳市新黑豹建材有限公司”的注册商标）。当事人涉嫌利用二维码使用他人有影响力的企业字号名称实施混淆行为，是一种比较新颖的混淆手段，同时还存在侵犯商标专用权和伪造厂名、厂址等多种违法行为，已分别受到相应行政处罚。[①]

问题：该案件中违法行为人的混淆行为擅自使用了其他主体的哪种标识？这种混淆行为与传统混淆行为有什么区别？

3. 市场混淆行为的法律责任

在民事责任方面，经营者实施市场混淆行为，给他人造成损害的，应当依法承担民事责任。因市场混淆行为受到损害的经营者的赔偿数额，按照其因被侵权所受到的实际损失确定；实际损失难以计算的，按照侵权人因侵权所获得的利益确定。赔偿数额还应当包括经营者为制止侵权行为所支付的合理开支。[②]

经营者实施市场混淆行为，权利人因被侵权所受到的实际损失、侵权人因侵权所获得的利益难以确定的，由人民法院根据侵权行为的情节判决给予权利人300万元以下的赔偿。[③]

在行政责任方面，经营者实施混淆行为的，由监督检查部门责令停止违法行为，没收违法商品。违法经营额5万元以上的，可以并处违法经营额5倍以下的罚款；没有违法经营额或者违法经营额不足5万元的，可以并处25万元以下的罚款。情节严重的，吊销营业执照。经营者登记的企业名称违反相关规定的，应当及时办理名称变更登记；名称变更前，由原企业登记机关以统一社会信用代码代替其名称。

（二）商业贿赂行为

1. 商业贿赂行为的概念

商业贿赂行为，是指经营者为谋取交易机会或者竞争优势，采用财物或者其他手段贿赂交易相对方或者其他影响交易的单位或个人的行为。

商业贿赂行为实质上是通过不正当手段谋取交易机会或者竞争优势，排挤其他经营者，扭曲公平竞争的市场机制，扰乱市场竞争秩序的典型的不正当竞争行为。

2. 商业贿赂行为的认定

（1）实施商业贿赂的主体是经营者或者经营者的工作人员。

依据不正当竞争行为的一般构成要件，将经营者认定为实施商业贿赂的主体，当无疑义。考虑到实践中经营者往往放任其工作人员实施商业贿赂行为，事后又以属于工作人员个人行为为由逃避责任，《反不正当竞争法》第7条第3款明确规定，经营者的工作人员进行贿赂的，应当认定为经营者的行为。该款同时为经营者提供了反证机会，即经营者有证据证明其工作人员的行为与为经营者谋取交易机会或者竞争优势无关的，不应当认定为经营者的行为。

---

① http：//baijiahao.baidu.com/s？id=1599501467433317647&wfr=spider&for=pc.

② 上述民事责任，对《反不正当竞争法》所明确列举的七种不正当竞争行为均适用，故下文有关法律责任的介绍，主要涉及各类不正当竞争行为的行政责任。

③ 该民事责任的相关规定，仅适用于市场混淆行为和侵犯商业秘密行为，对其他不正当竞争行为则不适用。

(2) 实施商业贿赂的目的是谋取交易机会或者竞争优势。

《反不正当竞争法》所调整的商业贿赂行为，必须以谋取交易机会或者竞争优势为目的，这也是商业贿赂区别于一般贿赂的本质特征。所谓谋取“交易机会”，是指经营者通过商业贿赂，取得或者增加与交易相对方达成交易的可能性。所谓谋取“竞争优势”，则是指经营者通过商业贿赂，取得相对于其竞争者的优先权、排他权等优势地位。

(3) 商业贿赂的手段包括财物及其他手段。

用于商业贿赂的财物，一般理解为现金和实物。其他手段的表现形式则多种多样，且更具有隐蔽性，例如，提供免费度假、旅游、考察；提供免费的房屋装修、高档汽车使用权；解决子女、亲属入学、就业等。

(4) 商业贿赂对象的多元化。

依据《反不正当竞争法》第 7 条第 1 款的规定，商业贿赂的对象包括三类主体。一是交易相对方的工作人员，如公司高级管理人员、经办具体事务的公司采购人员等。二是受交易相对方委托办理相关事务的单位或者个人，如交易相对方的代理人、受托人等。三是利用职权或者影响力影响交易的单位或者个人。该类主体往往独立于交易双方，但可以其职权或影响力影响交易相对方的经营决策等，如国家机关及其工作人员等。

(5) 商业贿赂与合法的折扣、佣金的区别。

所谓“折扣”，即商品销售中的让利行为，一般是指经营者给予交易相对方的价格优惠。所谓“佣金”，是指具有独立地位的中间人在市场交易活动中，因向他人提供服务、介绍、撮合交易或代买、代卖商品而收取的报酬。①

区别于商业贿赂的合法的折扣、佣金，应当满足两个条件：第一，要以明示方式进行；第二，要如实入账。不但经营者向交易相对方支付折扣、向中间人支付佣金应当如实入账，而且接受折扣、佣金的经营者也应当如实入账。

3. 商业贿赂行为的法律责任

经营者实施商业贿赂行为贿赂他人的，由监督检查部门没收违法所得，处 10 万元以上 300 万元以下的罚款。情节严重的，吊销营业执照。

(三) 虚假宣传行为

1. 虚假宣传行为的概念

虚假宣传行为，是指经营者对商品自身信息或者交易信息等做虚假或者引人误解的商业宣传，欺骗、误导消费者的行为。

经营者实施虚假宣传行为，不仅违反诚实信用原则，欺骗、误导了消费者，而且不当抢夺了其他经营者的交易机会，扰乱了市场竞争秩序，构成不正当竞争行为。

2. 虚假宣传行为的认定

(1) 虚假宣传的内容包括商品自身信息和交易信息。

经营者对其提供商品所进行的商业宣传，是消费者作出消费选择的重要依据。因此，影响消费者消费选择的信息，包括商品的性能、功能、质量、曾获荣誉等自身信息，以及商品的销售状况、用户评价等交易信息，这些信息均有可能成为虚假宣传的内容所指。

---

① 我国《民法典》有关中介合同的规定，即明确了中间人的法律地位及其报酬。

（2）虚假宣传具体表现为“欺骗型”、“误导型”和“帮助型”三种。

“欺骗型”虚假宣传，即虚假的商业宣传，是指商业宣传的内容不真实，与实际情况不符。如将国产商品宣传为进口商品，将人工合成材料宣传为天然材料等。

“误导型”虚假宣传，即引人误解的商业宣传，一般是指使用含糊不清、易产生歧义的表述，或者表述虽然真实，但是仅陈述了部分事实，易使人产生错误联想。如经营者销售皮鞋时宣传“买一赠一”，实际情况却是买一双皮鞋，赠一双鞋垫。

“帮助型”虚假宣传，即针对电子商务领域虚构成交量、交易额、用户好评等交易信息进行虚假宣传的新情况，特别是部分经营者专门组织人员为其他经营者提供刷单炒信服务，以牟取不正当利益，甚至形成黑色产业链。有鉴于此，《反不正当竞争法》第 8 条第 2 款规定了“帮助型”的虚假宣传，即经营者不得通过组织虚假交易等方式，帮助其他经营者进行虚假或者引人误解的商业宣传。

（3）虚假宣传造成了欺骗、误导消费者的后果。

虚假宣传所造成的欺骗、误导消费者的后果，可以是实际发生的，也可以仅仅是存在欺骗、误导消费者的可能性。在认定虚假宣传的后果时，一是要考虑该虚假宣传是否对消费者的购买行为产生实质性影响，二是要将虚假宣传与明显夸张的艺术表达相区分。①

（4）对虚假广告的处罚并不适用《反不正当竞争法》。

商业广告虽然是商业宣传的重要形式之一，但是，由于商业广告另有专门的《广告法》来规范，因此，《反不正当竞争法》第 20 条第 2 款规定：“经营者违反本法第八条规定，属于发布虚假广告的，依照《中华人民共和国广告法》的规定处罚。”② 也就是说，依据《反不正当竞争法》予以处罚的虚假宣传应当是虚假广告之外的其他虚假商业宣传，如对商品的现场演示和说明、产品说明书、商品信息发布会、商品展销会等。

3. 虚假宣传行为的法律责任

经营者对其商品做虚假或者引人误解的商业宣传，或者通过组织虚假交易等方式帮助其他经营者进行虚假或者引人误解的商业宣传的，由监督检查部门责令停止违法行为，处 20 万元以上 100 万元以下的罚款；情节严重的，处 100 万元以上 200 万元以下的罚款，可以吊销营业执照。

（四）侵犯商业秘密行为

1. 商业秘密的概念及特征

所谓商业秘密，是指不为公众所知悉、具有商业价值并经权利人采取相应保密措施的技术信息和经营信息。商业秘密具有以下法律特征。

（1）秘密性，即构成商业秘密的信息不为公众所普遍知悉和容易获得。法律保护商业秘密的一个基本考虑，即对处于秘密状态的有价值信息提供保护，以维护其权利人的合法权益。从这个意义上说，秘密性是商业秘密获得法律保护的前提。

（2）价值性，即商业秘密具有现实的或者潜在的商业价值，通过当前或者将来的使用，客观上能够给权利人带来经济利益或竞争优势。

---

① 最高人民法院《关于审理不正当竞争民事案件应用法律若干问题的解释》（法释［2020］19 号）第 8 条第 2 款规定：“以明显的夸张方式宣传商品，不足以造成相关公众误解的，不属于引人误解的虚假宣传行为。”

② 需要注意的是，虚假广告仅仅是在处罚上适用《广告法》而非《反不正当竞争法》，但是依然可以依据《反不正当竞争法》将虚假广告认定为虚假宣传行为。

（3）保密性，即商业秘密的权利人为防止信息泄露，采取了与其商业价值等具体情况相适应的合理保护措施。

2. 侵犯商业秘密行为的种类

《反不正当竞争法》第 9 条第 1 款和第 2 款力图通过对侵犯商业秘密行为的类型化列举，实现对现实生活中侵犯商业秘密行为的全面覆盖。具体而言，侵犯商业秘密的行为主要表现为以下几种。

（1）以不正当手段非法获取商业秘密。

《反不正当竞争法》第 9 条第 1 款第 1 项禁止经营者以盗窃、贿赂、欺诈、胁迫或者其他不正当手段获取权利人的商业秘密。该项规定禁止经营者对商业秘密的不正当获取，即获取本身就是违法的，是否披露、使用等均不影响违法性的认定。

（2）违法处分不当获取的商业秘密。

《反不正当竞争法》第 9 条第 1 款第 2 项禁止经营者披露、使用或者允许他人使用以不正当手段获取的权利人的商业秘密。该类行为往往降低甚至消除商业秘密权利人的竞争优势，构成对其合法权益的侵害。

（3）违法处分通过正当渠道知悉的商业秘密。

《反不正当竞争法》第 9 条第 1 款第 3 项禁止经营者违反约定或者违反权利人有关保守商业秘密的要求，披露、使用或者允许他人使用其所掌握的商业秘密。经营者的该类行为违反了保密义务，构成对商业秘密的侵犯。

（4）第三人侵犯商业秘密。

《反不正当竞争法》第 9 条第 2 款规定，第三人明知或者应知商业秘密权利人的员工、前员工或者其他单位、个人实施上述三种违法行为，仍获取、披露、使用或者允许他人使用该商业秘密的，视为侵犯商业秘密。显然，该条所规定的侵犯商业秘密行为的表现形式，与上述《反不正当竞争法》第 9 条第 1 款所规定的行为形式并无本质区别，只是将侵犯商业秘密行为的主体扩展至第三人。

3. 侵犯商业秘密行为的法律责任

经营者实施侵犯商业秘密行为的，由监督检查部门责令停止违法行为，处 10 万元以上 50 万元以下的罚款；情节严重的，处 50 万元以上 300 万元以下的罚款。

示例 3-3

国际矿业巨头力拓集团是中国钢铁企业进口铁矿石的主要商业伙伴之一。2008 年 12 月至 2009 年 6 月，力拓公司上海首席代表、中国铁矿石业务总经理胡某以及王某、葛某、刘某四人为掌握中国钢铁企业对 2009 年度国际铁矿石价格谈判的策略，以便其所属的力拓公司制定相应对策，利用该公司在铁矿石贸易中的优势地位，采取利诱及其他不正当手段，获取了中国钢铁企业 2009 年进口铁矿石价格谈判的多项商业秘密。

力拓公司的窃密手段包括：一是遍布耳目，窃听信息。通过收买中国钢铁生产单位内部人员和公司派遣内部人员前往全国各地钢厂调研，了解钢厂的生产需求情况。二是高薪挖角，搞公关。力拓还从全国各大钢厂和政府部门高薪“挖”来政府公关人员、中国钢铁专家、中国矿业专家等“人才”。三是利用著名女歌手沟通感情。不惜采取各种手段进行商业贿赂，甚至组织“观光团”包下著名女歌手献唱。四是打点具体业务人员。除正常的“业务提成”外，逢年过节都会对相关人员进行必要的打点。

被告人胡某、王某、葛某、刘某的上述行为，严重影响和损害了中国有关钢铁企业的竞争利益，使其在铁矿石进口谈判中处于不利地位，并致 2009 年中国钢铁企业与力拓公司铁矿石价格谈判突然中止，给中国有关钢铁企业造成了巨大经济损失。其中，首钢国贸公司、莱钢国贸公司等 20 余家单位多支出预付款人民币 10.18 亿元，仅 2009 年下半年的利息损失即达人民币 1 170.30 万余元。

2010 年 3 月 29 日下午，上海市第一中级人民法院对力拓案作出一审判决，认定胡某、王某、葛某、刘某四人犯非国家工作人员受贿罪、侵犯商业秘密罪，分别判处其有期徒刑 14 年到 7 年不等。

（五）不正当有奖销售行为

1. 不正当有奖销售行为的概念

不正当有奖销售行为，是指经营者违反诚实信用原则，以物质、金钱或其他经济利益作为奖励手段，诱导消费者与之交易，排挤竞争对手的行为。

有奖销售是一种较为常见的商业促销行为，也是经营者参与市场竞争的一种常用手段。但是，以不正当手段开展有奖销售，不仅误导消费者、诱发消费者投机心理、损害消费者合法权益，而且损害同业竞争者的利益，破坏公平的竞争秩序。

2. 不正当有奖销售行为的认定

根据《反不正当竞争法》第 10 条的规定，不正当有奖销售行为包括以下几种情形。

（1）误导性有奖销售。经营者对所设奖的种类、兑奖条件、奖金金额或者奖品等有奖销售信息表述不明确，影响兑奖。

（2）欺骗性有奖销售。经营者采用谎称有奖或者故意让内定人员中奖的欺骗方式进行有奖销售。

（3）抽奖式的有奖销售。有奖销售一般分为抽奖式有奖销售和附赠式有奖销售。对于抽奖式有奖销售，最高奖的金额如果超过 5 万元，即构成不正当竞争行为。

示例 3－4

2018 年 4 月 17 日，某区市场监管局执法人员对某百货股份有限公司进行检查时，发现济南某有限公司在该百货公司设立经营专柜，在微信平台和商场出入口发布海报，宣传“万元钻戒 1 元抢”有奖活动，活动内容为：每天抽出一名幸运顾客，用 1 元购买价值 5 万元的钻戒一枚。执法人员立即责令当事人暂停该活动，依法进行整改。[1]

问题：经营者的有奖销售存在什么问题？

3. 不正当有奖销售行为的法律责任

经营者实施不正当有奖销售行为的，由监督检查部门责令停止违法行为，处 5 万元以上 50 万元以下的罚款。

（六）商业诋毁行为

1. 商业诋毁行为的概念

商业诋毁行为，也称商业诽谤行为、诋毁商誉行为，是指经营者通过编造、传播虚假信息

---

① http：//news. iqilu. com/shandong/yuanchuang/2016/0107/2657346. shtml.

或者误导性信息，损害竞争对手的商业信誉、商品声誉的行为。

商业诋毁不仅向消费者提供了错误信息，干扰了消费者的正常交易选择，而且损害了其他经营者的合法权益，扰乱了市场竞争秩序，是一种典型的不正当竞争行为，应当予以严格禁止。

2. 商业诋毁行为的认定

（1）商业诋毁行为的主体是经营者。

首先，商业诋毁行为的主体以经营者为限。消费者等其他主体所实施的诋毁商誉行为属于侵犯名誉权的民事侵权行为，而非商业诋毁行为。其次，经营者可能利用他人实施商业诋毁行为。如经营者唆使或者收买某些人，以客户或者消费者的名义进行投诉，败坏竞争对手的商誉。

（2）商业诋毁行为表现为编造、传播虚假信息或者误导性信息。

所谓“虚假信息”，是指内容不真实，与实际情况不符的信息。所谓“误导性信息”，是指信息虽然真实，但是仅陈述部分事实，容易引发错误联想的信息。在行为方式上，经营者既编造又传播上述信息的，可能构成商业诋毁；经营者仅传播由他人编造的上述信息的，也可能构成商业诋毁；但经营者仅编造上述信息而未传播的，一般不会对竞争对手的商誉造成影响，不构成商业诋毁。

（3）商业诋毁行为的后果是损害竞争对手的商业信誉、商品声誉。

商业诋毁行为的目的在于通过损害竞争对手的商业信誉和商品声誉，削弱其市场竞争能力。商业信誉和商品声誉集中反映了人们对经营者本身及其所提供的商品的社会评价。其中，商品声誉主要是建立在特定商品之上的信誉。商业信誉的内涵则更为广泛，往往包含与商业活动有关的其他因素，包括经营者的信用、资产、经营能力等。

3. 商业诋毁行为的法律责任

经营者实施商业诋毁行为的，由监督检查部门责令停止违法行为、消除影响，处10万元以上50万元以下的罚款；情节严重的，处50万元以上300万元以下的罚款。

示例 3－5

小王在网店购买到变质商品，于是给出商家差评，商家指责小王的差评是商业诋毁，要求小王承担侵权责任。

问题：小王网购时给商家的差评是否构成商业诋毁？

（七）网络领域不正当竞争行为

1. 网络领域不正当竞争行为的概念

随着网络技术和商业模式的快速发展，网络领域的不正当竞争行为不断出现。具体而言，网络领域的不正当竞争行为大体可分为两类：一是传统不正当竞争行为在网络领域的延伸，即利用网络实施的市场混淆、虚假宣传等不正当竞争行为，其与传统不正当竞争行为并无本质区别。二是网络领域特有的、利用网络技术手段实施的不正当竞争行为。[①]

所谓网络领域不正当竞争行为，一般是指经营者利用技术手段，通过影响用户选择或者其

① 本书所称网络领域不正当竞争行为，专指后者。

他方式，实施的妨碍、破坏其他经营者合法提供的网络产品或者服务正常运行的行为。

2. 网络领域不正当竞争行为的认定

《反不正当竞争法》在总结实践经验的基础上，以列举的方式明确了经营者实施妨碍、破坏其他经营者合法提供的网络产品或者服务正常运行的行为类型。

（1）未经其他经营者同意，在其合法提供的网络产品或者服务中，插入链接，强制进行目标跳转。

（2）误导、欺骗、强迫用户修改、关闭、卸载其他经营者合法提供的网络产品或者服务。

（3）恶意对其他经营者合法提供的网络产品或者服务实施不兼容。

同时，为应对将来可能出现的新型网络领域不正当竞争行为，《反不正当竞争法》第 12 条第 2 款第 4 项以兜底条款的形式，为该法在网络领域的适用预留了空间。

3. 网络领域不正当竞争行为的法律责任

经营者实施网络不正当竞争行为，妨碍、破坏其他经营者合法提供的网络产品或者服务正常运行的，由监督检查部门责令停止违法行为，处 10 万元以上 50 万元以下的罚款；情节严重的，处 50 万元以上 300 万元以下的罚款。

三、对不正当竞争行为的监督检查

（一）监督检查部门

根据《反不正当竞争法》的规定，各级人民政府应当采取措施，制止不正当竞争行为，为公平竞争创造良好的环境和条件。国务院建立反不正当竞争工作协调机制，研究决定反不正当竞争重大政策，协调处理维护市场竞争秩序的重大问题。具体到实际执法部门上，由县级以上人民政府履行市场监督管理职责的部门对不正当竞争行为进行查处；法律、行政法规规定由其他部门查处的，依照其规定。

（二）监督检查部门的职权

监督检查部门调查涉嫌不正当竞争行为，可以采取下列措施。

1. 进入涉嫌不正当竞争行为的经营场所进行检查。

2. 询问被调查的经营者、利害关系人及其他有关单位、个人，要求其说明有关情况或者提供与被调查行为有关的其他资料。

3. 查询、复制与涉嫌不正当竞争行为有关的协议、账簿、单据、文件、记录、业务函电和其他资料。

4. 查封、扣押与涉嫌不正当竞争行为有关的财物。

5. 查询涉嫌不正当竞争行为的经营者的银行账户。

第三节　反垄断法律制度

一、反垄断法基本理论

（一）反垄断法的概念和立法宗旨

反垄断法有狭义和广义之分。狭义的反垄断法，亦即形式意义上的反垄断法，专指 2007 年 8 月 30 日第十届全国人民代表大会常务委员会第二十九次会议通过的《中华人民共和国反垄断法》(以下简称《反垄断法》)。广义的反垄断法，亦即实质意义上的反垄断法，是指调整在预防和制止垄断行为、保护市场公平竞争过程中发生的社会关系的法律规范的总称。除了上述狭义的《反垄断法》之外，还包括《招标投标法》《价格法》等单行法，以及涉及反垄断内容的行政法规和部门规章等。

根据《反垄断法》第 1 条的规定，该法的立法宗旨是，预防和制止垄断行为，保护市场公平竞争，提高经济运行效率，维护消费者利益和社会公共利益，促进社会主义市场经济健康发展。

(二) 反垄断法的特征

1. 政策性

反垄断法具有鲜明的政策性，并集中反映在各国反垄断立法的指导思想中。我国《反垄断法》第 4 条规定："国家制定和实施与社会主义市场经济相适应的竞争规则，完善宏观调控，健全统一、开放、竞争、有序的市场体系。"不难看出，我国反垄断法的重要任务之一，就是健全统一、开放、竞争、有序的市场体系，恰当地处理好竞争政策与产业政策等宏观调控政策的关系。

2. 程序依赖性

反垄断法发展到现代的重要特征之一，就是在实体规则之外另立详尽的行政执法和司法程序，反垄断法的实施活动对规则的依赖性逐渐由实体转向程序。这主要体现在实体规则的简化与程序规则的完善，执法程序日益具体细化并具有了相对的独立性，以及对执法者的程序性约束成为现代反垄断法的重要内容。[①]

3. 国际趋同性

反垄断法首先是在美国、西欧等市场经济比较发达的国家和地区确立和发展起来的。经过 100 多年的发展，反垄断法已从个别国家走向了世界，目前全世界已有 100 多个国家和地区制定了反垄断法。作为市场经济的基本法，反垄断法直接反映、体现了市场竞争的客观规律，各国反垄断法在立法理念、总体框架、主要规范等方面大体上是一致的，表现出较强的国际趋同性。与此同时，反垄断法的国际协调与合作也在不断加强。

4. 理论性、专业性和技术性

反垄断法与经济学联系密切。经济学理论，尤其是产业组织理论，是反垄断法的重要理论支撑和反垄断法实施的重要分析工具。经济学在反垄断法中的应用不是一种时尚，它是区分市场中正常的竞争行为和反竞争行为的必不可少的鉴别工具。[②] 与此同时，不同产业领域的产品结构、市场结构和发展模式等均存在诸多差异，因此，对不同产业领域竞争状况的评估和垄断价值的判断，必须紧密依托各自产业的专业知识和技术工具。

(三)《反垄断法》中的两个重要概念

为了实现理解上的一致和执法上的统一，《反垄断法》对于贯穿反垄断法全过程的"经营者"和"相关市场"两个概念作了特别界定。

---

① 焦海涛 . 论现代反垄断法的程序依赖性 . 现代法学，2008 (1) .

② J. E. 克伍卡，L. J. 怀特 . 反托拉斯革命——经济学、竞争与政策 . 林平，臧旭恒，等译 . 北京：经济科学出版社，2007.

1. 经营者

《反垄断法》所称经营者，是指从事商品生产、经营或者提供服务的自然人、法人和其他组织。

从主体性质上看，《反垄断法》并不要求经营者必须以营利为目的。事实上，依据《反垄断法》的相关规定，行业协会有可能成为实施垄断协议的主体；而行政机关和法律、法规授权的具有管理公共事务职能的组织，则有可能成为实施行政性垄断的主体。

2. 相关市场及其界定

任何竞争行为均发生在一定的市场范围内。科学合理地界定相关市场，对于识别竞争者和潜在竞争者、判定经营者市场份额和市场集中度、认定经营者的市场地位、分析经营者的行为对市场竞争的影响、判断经营者行为是否违法以及在违法情况下需承担的法律责任等关键问题，具有重要的作用。相关市场的界定通常是对竞争行为进行分析的起点，是反垄断执法工作的重要步骤。

相关市场是指经营者在一定时期内就特定商品或者服务进行竞争的商品范围和地域范围。在反垄断执法实践中，通常需要界定商品市场和地域市场。

商品市场，是指能够与某种商品发生竞争关系的同类商品或者替代商品所组成的市场。商品市场的确定，主要依据商品之间在性能、用途及价格等方面是否具有可替代性。一般从消费需求替代和供给替代两个层面界定相关商品市场。

地域市场，是指同类商品或具有替代关系的商品进行竞争的地域范围。界定相关地域市场时，往往需要考虑由于政治、经济、文化等原因造成的地区之间的差异、商品的价格差异、消费者的特殊偏好、商品的运输费用等因素。

此外，当生产周期、使用期限、季节性、流行时尚性或知识产权保护期限等已构成商品不可忽视的特征时，界定相关市场还应考虑时间性。而在技术贸易、许可协议等涉及知识产权的反垄断执法工作中，可能还需要界定相关技术市场，考虑知识产权、创新等因素的影响。

（四）反垄断法的域外适用与适用除外

1. 反垄断法的域外适用

反垄断法的域外适用，是指在本国领域外发生的垄断行为，如果直接或间接地影响了国内相关市场的竞争，本国反垄断法亦可适用的制度。反垄断法的域外适用是对属地管辖原则的突破，反映了经济全球化和世界经济一体化的客观要求。根据我国《反垄断法》第 2 条的规定，对于中华人民共和国境内经济活动中的垄断行为，适用我国《反垄断法》；对于中华人民共和国境外的垄断行为，如果对境内市场竞争产生排除、限制影响的，也适用我国《反垄断法》。

2. 反垄断法的适用除外

反垄断法的适用除外，是指将符合特定条件的领域、事项或行为等作为例外而不适用反垄断法的制度。适用除外是对反垄断法基本原则和基本制度的修正，无论何种形式的适用除外，其核心内容都是基于对特殊利益或整体利益的关注，而对原本属于违反反垄断法的行为予以宽容。

我国《反垄断法》也确立了适用除外制度。该法第 55 条规定，经营者依照有关知识产权的法律、行政法规规定行使知识产权的行为，不适用反垄断法；但是，经营者滥用知识产权，排除、限制竞争的行为，则适用反垄断法。该法第 56 条规定，农业生产者及农村经济组织在农产品生产、加工、销售、运输、储存等经营活动中实施的联合或者协同行为，不适用反垄断法。

二、禁止垄断协议制度

(一) 垄断协议的概念和特征

垄断协议，也称卡特尔协议，是指经营者之间达成或实施的以排除、限制竞争为目的的协议、决定或者其他协同行为。垄断协议的核心是经营者之间的共谋，其削弱了经营者之间的竞争和市场经济的活力，危害性极大，是各国反垄断法重点规制的垄断行为之一。

与一般的协议相比，垄断协议具有下列特征。

1. 垄断协议的主体是两个以上的经营者。单个的经营者无法实施该垄断行为。同时，考虑到行业协会的实际地位和作用，我国《反垄断法》明确将其纳入规制范围。

2. 垄断协议的主观方面是故意，目的是排除、限制竞争，而且经营者之间往往具有共同的故意。

3. 垄断协议的表现形式有协议、决定或者其他协同行为。

(二) 垄断协议的表现形式

1. 横向垄断协议

所谓横向垄断协议，是指具有竞争关系的处于同一行业同一环节的经营者之间达成的排除、限制竞争的垄断协议。横向垄断协议通常包括以下形式。

(1) 固定价格协议。固定价格协议，也称横向价格协议，是指两个以上经营者以协议、决定或者其他协同行为确定、维持或改变商品或服务价格的行为。固定价格协议可以表现为多种形式，既可以是共同涨价、共同降价，也可以是共同维持价格不变。

(2) 限制数量协议。限制数量协议是指两个以上经营者以协议、决定或者其他协同行为限制商品的生产数量或者销售数量，以控制价格的行为。商品的价格与商品的供需之间关系十分密切，经营者之间达成限制生产或者销售商品的数量的协议，往往意图通过限制产量或者供应量，最终达到操纵商品价格的目的。

(3) 分割市场协议。分割市场协议，是指两个以上经营者通过协议划分市场，限制彼此之间竞争的行为。具体而言，分割市场可分为划分地理市场、划分用户市场和划分产品市场。地理市场的划分，是指经营者通过协议获得各自经营的地域范围，并在其中享有独占的生产权或者销售权，参加协议的其他企业则不能在该地域范围内生产或者销售特定商品。用户市场的划分，是指经营者通过协议将特定的用户分配给参加协议的某一个或某几个经营者。产品市场的划分，是指通过协议划分销售市场或者原材料采购市场等。

示例 3-6

经查，泰和县华维液化石油气储配站独家经营泰和县城散装液化石油气业务，与该县江西省赣中南石油有限责任公司、江西省新深港液化气销售配送有限公司泰和分公司、泰和县马市普工液化石油气有限公司、泰和县辉煌液化气站、夏某（系万合液化气站个体经营者）、郭某（系继龙液化气站个体经营者）达成协议：由华维气站一家经营泰和县城的散装液化石油气充装、销售业务，马市普工液化石油气有限公司负责液化气批发业务（不再从事散装零售），万合液化气站负责万合附近乡下散装零售业务，赣中南公司、辉煌气站、新深港公司、继龙气站均停止县城液化气零售业务。华维气站按月支付赣中南等 6 个经营者现金 9.4 万元至 10.4 万元。根据查明的事实，原江西省工商局认定泰和县华维液化石油气储配站违反《反垄断法》第 13 条禁止经营者“分割销售市场或者原材料采购市场”的规定，责令泰和县华维液化石油气储配站停止违法行为，没收违法所得 205 537 元，并处罚款 13.023 万元。①

（4）限制购买或者开发新技术、新设备协议。限制购买或者开发新技术、新设备协议，是指两个以上经营者在技术转让和设备买卖过程中，转让方通过协议条款，限制交易相对方在协议标的技术的基础上进行新的研究开发或者购买新设备的行为。

（5）联合抵制交易协议。联合抵制交易协议，是指两个以上经营者通过协议、决定或者其他协同行为，共同拒绝购买或者销售特定交易相对人的商品的行为。

（6）其他排除、限制竞争的协议。其他排除、限制竞争的协议，是指除了上述列举的协议形式以外的其他垄断协议。由于现实生活的纷繁复杂，列举自然不可能穷尽，因此，我国《反垄断法》在对横向垄断协议作出列举式规定的同时，又以兜底条款的形式，授权国务院反垄断执法机构在列举的横向垄断协议之外作出认定。

2. 纵向垄断协议

所谓纵向垄断协议，是指经营者与交易相对人之间达成的排除、限制竞争的垄断协议。纵向，是指经营者与交易相对人处于产业链的不同环节。如某种产品的制造商与批发商、批发商与零售商、零售商与购买者之间就是一种纵向的关系。一般而言，纵向的经营者之间不存在竞争关系，但其也可能为了排除或者限制竞争而达成相关协议，特别是涉及价格内容的纵向垄断协议，客观上产生限制竞争的后果，因此，各国反垄断法对于纵向垄断协议行为均予以规制。

我国《反垄断法》规定的纵向垄断协议包括：固定向第三人转售商品的价格、限定向第三人转售商品的最低价格等。同时，授权国务院反垄断执法机构在上述规定的纵向垄断协议之外作出认定。

示例 3－7

2016 年 12 月，国家发改委查办了第一起医疗器械价格垄断案件。美敦力（上海）管理有限公司在心脏血管、恢复性疗法和糖尿病相关医疗器械领域处于行业领先位置，在中国境内市场通过分销协议、经销协议、邮件通知、口头协商等方式，与交易相对人达成固定向第三人转售涉案医疗器械产品价格、限定向第三人转售涉案医疗器械产品最低价格的垄断协议。经查，协议内容包括：直接固定转售价格，固定平台商毛利率，限定经销商最低投标价，限定到医院的最低售价。在具体实施中，当事人通过内部考核、撤销经销商低价中标产品、查处低价串货等措施，进一步促进垄断协议的实施。此外，当事人采取了限制经销商转售商品的销售对象和销售区域、禁止经销商销售具有竞争关系的其他品牌产品等措施，进一步强化了固定转售价格和限定最低转售价格的实施效果。当事人实施的垄断行为，排除、限制了经销商之间的竞争，维持了相关医疗器械产品高价，阻碍了市场价格机制正常发挥作用，增加了患者负担，损害了消费者利益。②

①② http：//www.cicn.com.cn/zggsb/2017－05/11/cms97146article.shtml.

3. 行业协会垄断协议

行业协会是由同一行业的经营者组成，以保护和增进全体成员的共同利益为目的的一种社会组织。行业协会具有自治性、非营利性等特征。实践中，行业协会在促进市场竞争的同时，也可能成为限制或者排除竞争的实施者。

行业协会垄断，一般是指行业协会以协会决定、章程、共同行为等为手段，实施旨在排除和限制会员之间、会员与交易相对人之间、会员与同行非会员之间的竞争，或者实际达到了排除、限制竞争后果的行为。从实际情况来看，行业协会实施的排除、限制竞争行为，主要是组织本行业的经营者达成垄断协议，特别是固定或者变更价格、划分市场等横向垄断协议，这是由行业协会的特点和功能决定的。因此，世界各国反垄断立法一般都将规制行业协会垄断行为的重点集中在垄断协议上。我国《反垄断法》第 16 条规定，行业协会不得组织本行业的经营者从事垄断协议行为，违者要承担相应的法律责任。

（三）垄断协议的适用除外

垄断协议的适用除外，是指经营者之间的协议、决议或者其他协同行为在某些方面的有益作用大于其所造成的限制竞争的后果，允许以特定程序使其免受反垄断法规制的法律制度。垄断协议的适用除外制度为多数国家的反垄断法所认可，通常包括：合理化卡特尔、标准化卡特尔、专业化卡特尔、中小企业卡特尔、公共利益卡特尔、结构危机卡特尔、进出口卡特尔等。

我国《反垄断法》第 15 条规定下列垄断协议可以适用除外：（1）为改进技术、研究开发新产品的；（2）为提高产品质量、降低成本、增进效率，统一产品规格、标准或者实行专业化分工的；（3）为提高中小经营者经营效率，增强中小经营者竞争力的；（4）为实现节约能源、保护环境、救灾救助等社会公共利益的；（5）因经济不景气，为缓解销售量严重下降或者生产明显过剩的；（6）为保障对外贸易和对外经济合作中的正当利益的；（7）法律和国务院规定的其他情形。需要注意的是，对于属于（1）—（5）项情形，予以适用除外的，经营者要承担相应的举证责任，证明所达成的协议不会严重限制相关市场的竞争，并且能够使消费者分享由此产生的利益。

（四）垄断协议的法律责任

经营者实施垄断协议行为，给他人造成损失的，依法承担民事责任。

经营者违反《反垄断法》规定，达成并实施垄断协议的，由反垄断执法机构责令停止违法行为，没收违法所得，并处上一年度销售额 1%以上 10%以下的罚款；尚未实施所达成的垄断协议的，可以处 50 万元以下的罚款。经营者主动向反垄断执法机构报告达成垄断协议的有关情况并提供重要证据的，反垄断执法机构可以酌情减轻或者免除对该经营者的处罚。行业协会违反法律规定，组织本行业的经营者达成垄断协议的，反垄断执法机构可以处 50 万元以下的罚款；情节严重的，社会团体登记管理机关可以依法撤销登记。

三、禁止滥用市场支配地位制度

（一）滥用市场支配地位的概念和特征

滥用市场支配地位，是指拥有市场支配地位的经营者滥用其市场支配地位，操纵市场，扰乱自由的市场竞争秩序，损害其他经营者或消费者的合法权益，危害社会公共利益的行为。

滥用市场支配地位具有以下特征。

1. 行为主体是具有市场支配地位的经营者。一般主体不能成为该类垄断行为的主体。各国法律一般都对支配地位的认定有明确的规定。

2. 经营者滥用自己的市场支配地位。各国法律一般都不否认经营者取得市场支配地位的合法性，即不禁止经营者取得市场支配地位，但是禁止经营者滥用市场支配地位、损害市场竞争秩序的行为。

3. 滥用市场支配地位，或者是为了维持和加强自己的支配地位、排除竞争，或者是为了榨取高额垄断利润。

（二）市场支配地位的认定

1. 市场支配地位的概念

所谓市场支配地位，是指经营者在相关市场内具有能够控制商品价格、数量或者其他交易条件，或者能够阻碍、影响其他经营者进入相关市场能力的市场地位。依据《禁止滥用市场支配地位行为暂行规定》，“其他交易条件”是指除商品价格、数量之外能够对市场交易产生实质影响的其他因素，包括商品品种、商品品质、付款条件、交付方式、售后服务、交易选择、技术约束等。“能够阻碍、影响其他经营者进入相关市场”，则是指排除其他经营者进入相关市场，或者延缓其他经营者在合理时间内进入相关市场，或者其他经营者虽能够进入该相关市场但进入成本大幅提高，无法与现有经营者开展有效竞争等情形。

2. 市场支配地位认定的考虑因素

认定经营者具有市场支配地位，应当综合考虑下列因素：（1）该经营者在相关市场的市场份额，以及相关市场的竞争状况；（2）该经营者控制销售市场或者原材料采购市场的能力；（3）该经营者的财力和技术条件；（4）其他经营者对该经营者在交易上的依赖程度；（5）其他经营者进入相关市场的难易程度；（6）与认定该经营者市场支配地位有关的其他因素。

3. 市场支配地位的推定

为了强化对经营者的有效监管、节约执法成本，各国反垄断法大多规定了市场支配地位的推定制度，即经营者只要达到了一定的市场份额，就可以推定该经营者具有市场支配地位。

根据我国《反垄断法》第 19 条的规定，有下列情形之一的，可以推定经营者具有市场支配地位：（1）一个经营者在相关市场的市场份额达到 1/2 的；（2）两个经营者在相关市场的市场份额合计达到 2/3 的；（3）三个经营者在相关市场的市场份额合计达到 3/4 的。但需要注意的是，对于上述第（2）、（3）项规定的情形，如果其中有的经营者市场份额不足 1/10 的，就不应当推定该经营者具有市场支配地位。

我国《反垄断法》规定，被推定具有市场支配地位的经营者，有证据证明不具有市场支配地位的，不应当认定其具有市场支配地位。也就是说，推定制度的举证责任在被推定的经营者一方，如果被推定的经营者不提出反证或者反证不为推定方认可，则推定成立。

（三）滥用市场支配地位的表现形式

我国《反垄断法》第 17 条第 1 款采用列举方式，禁止具有市场支配地位的经营者从事下列滥用市场支配地位的行为：（1）以不公平的高价销售商品或者以不公平的低价购买商品；（2）没有正当理由，以低于成本的价格销售商品；（3）没有正当理由，拒绝与交易相对人进行交易；（4）没有正当理由，限定交易相对人只能与其进行交易或者只能与其指定的经营者进行交易；（5）没有正当理由搭售商品，或者在交易时附加其他不合理的交易条件；（6）没有正当理由，对条件相同的交易相对人在交易价格等交易条件上实行差别待遇；（7）国务院反垄断执法机构认定的其他滥用市场支配地位的行为。

《禁止滥用市场支配地位行为暂行规定》对《反垄断法》所列举的滥用市场支配地位行为作了进一步的细化。

1. 禁止具有市场支配地位的经营者没有正当理由，通过下列方式拒绝与交易相对人进行交易：（1）实质性削减与交易相对人的现有交易数量；（2）拖延、中断与交易相对人的现有交易；（3）拒绝与交易相对人进行新的交易；（4）设置限制性条件，使交易相对人难以继续与其进行交易；（5）拒绝交易相对人在生产经营活动中以合理条件使用其必需设施。此外，在认定上述第5项时，应当综合考虑另行投资建设和另行开发建造该设施的可行性、交易相对人有效开展生产经营活动对该设施的依赖程度、该经营者提供该设施的可能性以及对自身生产经营活动造成的影响等因素。

2. 禁止具有市场支配地位的经营者没有正当理由，实施下列限定交易行为：（1）限定交易相对人只能与其进行交易；（2）限定交易相对人只能与其指定的经营者进行交易；（3）限定交易相对人不得与其竞争对手进行交易。

3. 禁止具有市场支配地位的经营者没有正当理由搭售商品，或者在交易时附加其他不合理的交易条件：（1）违背交易惯例、消费习惯等或者无视商品的功能，将不同商品强制捆绑销售或者组合销售；（2）对合同期限、支付方式、商品的运输及交付方式或者服务的提供方式等附加不合理的限制；（3）对商品的销售地域、销售对象、售后服务等附加不合理的限制；（4）交易时在价格之外附加不合理费用；（5）附加与交易标的无关的交易条件。

4. 禁止具有市场支配地位的经营者没有正当理由，对条件相同的交易相对人在交易条件上实行下列差别待遇：（1）实行不同的交易价格、数量、品种、品质等级；（2）实行不同的数量折扣等优惠条件；（3）实行不同的付款条件、交付方式；（4）实行不同的保修内容和期限、维修内容和时间、零配件供应、技术指导等售后服务条件。

示例3-8　吴某诉陕西广电网络传媒（集团）股份有限公司捆绑交易纠纷案[①]

基本案情：2012年5月10日，吴某前往广电公司缴纳数字电视基本收视维护费时获悉，数字电视基本收视维护费每月最低标准由25元上调至30元。吴某缴纳了2012年5月10日至8月9日的数字电视基本收视维护费90元。广电公司向吴某出具的收费专用发票载明：数字电视基本收视维护费75元及数字电视节目费15元。之后，吴某通过广电公司客户服务中心（服务电话96766）咨询，广电公司节目升级增加了不同的收费节目，有不同的套餐，其中最低套餐基本收视费每年360元，用户每次最少应缴纳3个月费用。广电公司是经陕西省政府批准，陕西境内唯一合法经营有线电视传输业务的经营者和唯一电视节目集中播控者。广电公司承认其在有线电视传输业务中在陕西省占有支配地位。

裁判要旨：（1）作为特定区域内唯一合法经营有线电视传输业务的经营者及电视节目集中播控者，在市场准入、市场份额、经营地位、经营规模等各要素上均具有优势，可以认定该经营者占有市场支配地位。

---

① 案例来源：最高人民法院指导案例79号（最高人民法院审判委员会讨论通过2017年3月6日发布），http：//www.court.gov.cn/fabu-xiangqing-37622.html。

（2）经营者利用市场支配地位，将数字电视基本收视维护费和数字电视付费节目费捆绑在一起向消费者收取，侵害了消费者的消费选择权，不利于其他服务提供者进入数字电视服务市场。经营者即使存在两项服务分别收费的例外情形，也不足以否认其构成反垄断法所禁止的搭售。

分析：《反垄断法》第 17 条第 1 款第 5 项规定，禁止具有市场支配地位的经营者没有正当理由搭售商品或者在交易时附加其他不合理的交易条件。鉴于广电公司作为陕西境内唯一合法经营有线电视传输业务的经营者、陕西省内唯一电视节目集中播控者，一、二审法院在查明事实的基础上认定在有线电视传输市场中，广电公司在市场准入、市场份额、经营地位、经营规模等各要素上均具有优势，占有支配地位，并无不当。

关于广电公司在向吴某提供服务时是否构成搭售的问题。本案中，根据一审法院查明的事实，结合广电公司给吴某开具的收费专用发票记载的收费项目——数字电视基本收视维护费 75 元及数字电视节目费 15 元的事实，可以认定广电公司实际上是将数字电视基本收视节目和数字电视付费节目捆绑在一起向吴某销售的，并没有告知吴某是否可以单独选购数字电视基本收视服务的服务项目。此外，从广电公司客户服务中心（服务电话号码 96766）的答复中亦可佐证广电公司在提供此服务时，是将数字电视基本收视维护费和数字电视付费节目费一起收取并提供。根据二审法院查明的事实，数字电视基本收视维护费和数字电视付费节目费属于两项单独的服务。在一审诉讼及二审法院诉讼中，广电公司未证明将两项服务一起提供符合提供数字电视服务的交易习惯；同时，如将数字电视基本收视维护费和数字电视付费节目费分别收取，现亦无证据证明会损害该两种服务的性能和使用价值；广电公司更未对前述行为说明其正当理由，在此情形下，广电公司利用其市场支配地位，将数字电视基本收视维护费和数字电视付费节目费一起收取，客观上影响了消费者选择其他服务提供者提供相关数字付费节目，也不利于其他服务提供者进入电视服务市场，对市场竞争具有不利的效果，应认定其违反了《反垄断法》第 17 条第 1 款第 5 项之规定。

（四）滥用市场支配地位的法律责任

经营者实施滥用市场支配地位行为，给他人造成损失的，依法承担民事责任。

经营者违反《反垄断法》规定，滥用市场支配地位的，由反垄断执法机构责令停止违法行为，没收违法所得，并处上一年度销售额 1%以上 10%以下的罚款。

延伸阅读　高通公司

高通公司创立于 1985 年，总部设于美国加利福尼亚州圣迭戈市，高通公司是全球 3G、4G 与 5G 技术的企业，目前已经向全球多家制造商提供技术使用授权，涉及了世界上所有电信设备和电子消费设备的品牌。

2015 年，我国国家发改委对高通公司滥用市场支配地位，实施排除、限制竞争的垄断行为罚处 9.75 亿美元。2016 年年底，高通公司在韩国被判违反公平竞争，收到反垄断监管部门 8.53 亿美元的罚单。2017 年，我国台湾地区“公平交易委员会”因高通公司的垄断行为对其开罚7.73亿美元。2018年1月，欧盟委员会宣布，已决定对高通公司罚款9.97亿欧元（约合12.29亿美元），原因是高通公司滥用其市场主导地位，通过向苹果公司付费的形式来换取苹果在其智能手机和平板电脑中独家使用高通的芯片。

示例3-9 吴江华衍水务有限公司滥用市场支配地位案①

自2014年起，吴江区多家房地产开发企业举报吴江华衍水务有限公司在提供自来水供水服务时，限定开发企业对小区居民供水工程设计、施工和供水材料设备的自主选择，违反《反垄断法》相关规定。2015年6月23日，江苏省工商行政管理局（以下简称省工商局）依据国家工商行政管理总局的授权，对当事人涉嫌滥用市场支配地位的垄断行为予以立案调查。

在相关市场认定方面，省工商局认为，吴江区域实际存在的极少部分自备水源和购买桶装水难以替代当事人提供的自来水供水服务。因此，本案相关市场中的商品市场确定为城市公共自来水供水服务市场。依据当事人与原吴江市建设局签署的《吴江市区域供水特许经营协议》（以下简称“特许经营协议”），当事人拥有吴江市行政管辖区域范围及今后不时扩展的吴江市行政管辖区域供水的特许经营权，因此，本案相关市场中的地域范围界定为苏州市吴江区行政所辖地域范围。依据特许经营协议，本案当事人获得吴江区域的供水特许独家经营权，是吴江区所辖区域范围内唯一的供水特许经营者，具备区域供水公用企业自然垄断的不可替代和无选择性，在吴江区所辖地域范围内的公共自来水供水服务市场具有市场支配地位。

当事人在供水经营中，利用其在吴江区范围内公共自来水供水服务的支配地位，明示或暗示房地产开发企业将给水安装工程、二次供水工程、接水装表工程等交由其全资子公司吴江华衍建筑工程安装有限公司（以下简称华衍建工）或其指定的企业施工。对供水工程所需的水表、管材等主要材料和设备，要求房地产开发企业、施工单位必须使用当事人提供或指定的品牌、厂商。当事人在交易过程中附加的上述不合理交易条件，使房地产开发企业在供水工程施工单位的选择、材料设备的采购等方面没有自主选择权。

省工商局认为，吴江华衍水务有限公司滥用其市场支配地位，没有正当理由，在交易时附加其他不合理的交易条件，破坏了公平竞争的市场秩序，违反了《反垄断法》第17条第1款第5项的禁止性规定。根据《反垄断法》第47条之规定，决定责令当事人停止违法行为，并处以2014年度销售额306 134 558.39元7%的罚款，计21 429 419.08元。

示例3-10 北京奇虎科技有限公司诉腾讯科技（深圳）有限公司、深圳市腾讯计算机系统有限公司滥用市场支配地位纠纷案②

基本案情：2010年9月，腾讯QQ即时通信软件与QQ软件管理一起打包安装，安装过程中并未提示用户将同时安装QQ软件管理。2010年9月21日，腾讯科技（深圳）有限公司（以下简称腾讯公司）发出公告称，正在使用的QQ软件管理和QQ医生将自动升级为QQ电脑管家。北京奇虎科技有限公司（以下简称奇虎公司）、奇智软件（北京）有限公司于2010年10月29日发布扣扣保镖软件。2010年11月3日，腾讯公司发布《致广大QQ用户的一封信》，在装有360软件的电脑上停止运行QQ软件。11月4日，奇虎公司宣布召回扣扣保镖软件。同

① 节选自江苏省工商行政管理局行政处罚决定书（苏工商案〔2016〕00050号）。

② 节选自最高人民法院指导案例78号。

日，360安全中心亦宣布，在国家有关部门的强力干预下，目前QQ和360软件已经实现了完全兼容。奇虎公司诉至广东省高级人民法院，指控腾讯公司滥用其在即时通信软件及服务相关市场的市场支配地位。奇虎公司主张，腾讯公司和深圳市腾讯计算机系统有限公司（以下简称腾讯计算机公司）在即时通信软件及服务相关市场具有市场支配地位，两公司明示禁止其用户使用奇虎公司的360软件，否则停止QQ软件服务；拒绝向安装有360软件的用户提供相关的软件服务，强制用户删除360软件；采取技术手段，阻止安装了360浏览器的用户访问QQ空间，上述行为构成限制交易；腾讯公司和腾讯计算机公司将QQ软件管家与即时通信软件相捆绑，以升级QQ软件管家的名义安装QQ医生，构成捆绑销售。请求判令腾讯公司和腾讯计算机公司立即停止滥用市场支配地位的垄断行为，连带赔偿奇虎公司经济损失1.5亿元。

案件审理：本案相关市场应界定为中国大陆地区即时通信服务市场，既包括个人电脑端即时通信服务，又包括移动端即时通信服务；既包括综合性即时通信服务，又包括文字、音频以及视频等非综合性即时通信服务。法院生效裁判从市场份额、相关市场的竞争状况、被诉经营者控制商品价格和数量或者其他交易条件的能力、该经营者的财力和技术条件、其他经营者对该经营者在交易上的依赖程度、其他经营者进入相关市场的难易程度等方面，对被上诉人是否具有市场支配地位进行考量和分析。最终认定本案现有证据并不足以支持被上诉人具有市场支配地位的结论。

对于被上诉人实施的“产品不兼容”行为（用户二选一），根据《反垄断法》第17条第1款第4项的规定，具有市场支配地位的经营者，没有正当理由，限定交易相对人只能与其进行交易或者只能与其指定的经营者进行交易的，构成滥用市场支配地位。虽然被上诉人实施的“产品不兼容”行为对用户造成了不便，但是并未导致排除或者限制竞争的明显效果，被上诉人实施的“产品不兼容”行为不构成反垄断法所禁止的滥用市场支配地位行为。上诉人将QQ软件管家与即时通信软件捆绑搭售，并且以升级QQ软件管家的名义安装QQ医生，不符合交易惯例、消费习惯或者商品的功能，消费者选择权受到了限制。法院认为，上诉人关于被上诉人实施了滥用市场支配地位行为的上诉理由不能成立。

裁判结果：广东省高级人民法院于2013年3月20日作出（2011）粤高法民三初字第2号民事判决：驳回奇虎公司的诉讼请求。奇虎公司不服，提出上诉。最高人民法院于2014年10月8日作出（2013）民三终字第4号民事判决：驳回上诉，维持原判。

四、禁止经营者集中制度

（一）经营者集中的概念

经营者集中，是指经营者通过合并、取得股权或者资产、合同等方式，取得对其他经营者的控制权或者能够对其他经营者施加决定性影响的行为。

经营者集中是经济活动中较为常见的现象，其结果具有两面性。从积极的角度来看，经营者集中有利于形成规模经济，提高经营者的竞争力。从消极的角度来看，经营者集中会直接导致相关市场上竞争主体的减少、竞争资源的重新组合和市场份额的重新分配。这一市场结构的变化会产生或强化经营者的市场支配地位，不仅使滥用市场支配地位成为可能，也便利了垄断协议的形成，进而威胁到自由公平的市场竞争。因此，各国反垄断法对经营者集中均实行必要的控制，防止因经济力的过度集中而影响市场竞争。

(二) 经营者的集中行为

我国《反垄断法》规定的经营者集中行为包括以下三种。

1. 经营者合并

经营者合并，是指两个以上经营者通过订立合并协议，合并成为一个经营者的行为。经营者合并的本质，是使两个原本在法律上和经营上独立的经营者，即两个不同的竞争主体，变成一个单一的竞争主体。

经营者合并通常可分为三种基本类型，即横向合并、纵向合并和混合合并。横向合并也称为水平合并，是指生产经销同类产品或者提供同类服务的同行业的经营者之间进行的合并。纵向合并也称为垂直合并，是指处于不同经济层次或经营环节上但又具有某种交易关系的经营者之间进行的合并。混合合并泛指分属于不同行业、不同经营层次的经营者之间进行的合并。

2. 财产控制

财产控制是指经营者通过取得其他经营者的股权或者资产从而取得对该经营者的控制权的行为。与上述的经营者合并不同，财产控制是经营者在保持各自独立法律主体资格的前提下，一个经营者通过取得另一个经营者的股权或者资产从而取得对于目标经营者的事实控制权。这种行为虽然在法律上并没有减少市场竞争主体的数量，却在事实上减少了市场竞争主体之间的竞争，从而被反垄断法所关注。

3. 经营控制

经营控制是指一个经营者通过合同或者其他方式取得对其他经营者的控制权或者能够对其他经营者施加决定性影响的行为。

经营控制主要是通过不同经营者之间的协议达成的。在经营控制的情形之下，虽然被控制的经营者的财产或股份没有发生权属上的转移，被控制的经营者在法律上也依然保持着独立地位，但是其在经营管理方面丧失了自主决策权，控制经营者成为被控制经营者的实际支配者。

(三) 经营者集中的申报制度

经营者集中的申报制度，是指经营者集中达到规定的申报标准的，应当向反垄断执法机构进行申报，经审查通过以后，方可进行集中的制度。

1. 申报标准

申报标准一般根据参与集中的经营者的资产、销售额、交易额、市场占有率等确定。在具体计算销售额或资产额及市场份额等时，一般还要将与该经营者具有控制与从属关系的经营者的销售额或资产额及市场份额等一并计算在内。

我国《反垄断法》对于经营者集中采取了事先的强制申报制度。达不到申报标准的，无须申报；达到申报标准的，应当事先向国务院反垄断执法机构申报，未申报的不得实施集中。但是，《反垄断法》并没有直接规定具体的申报标准，而是授权国务院作出规定并适时调整。①

---

① 2008年8月国务院公布《关于经营者集中申报标准的规定》，明确经营者集中达到下列标准之一的，经营者应当事先向国务院反垄断执法机构申报，未申报的不得实施集中：(1) 参与集中的所有经营者上一会计年度在全球范围内的营业额合计超过100亿元人民币，并且其中至少两个经营者上一会计年度在中国境内的营业额均超过4亿元人民币；(2) 参与集中的所有经营者上一会计年度在中国境内的营业额合计超过20亿元人民币，并且其中至少两个经营者上一会计年度在中国境内的营业额均超过4亿元人民币。营业额的计算，应当考虑银行、保险、证券、期货等特殊行业、领域的实际情况，具体办法由国务院反垄断执法机构会同国务院有关部门制定。除此之外，如果经营者集中未达到上述规定的申报标准，但按照规定程序收集的事实和证据表明该经营者集中具有或者可能具有排除、限制竞争效果的，国务院反垄断执法机构应当依法进行调查。

2. 申报的例外

申报的例外是指经营者集中虽然达到了申报标准，却并不会对相关市场竞争产生明显的负面影响，因而无须申报的制度。该制度有助于提高经营者集中的申报效率。我国《反垄断法》第 22 条规定了两种经营者集中申报的例外情形。

第一，参与集中的一个经营者拥有其他每个经营者 50%以上有表决权的股份或者资产的。此种情形中，参与集中的一个经营者是其他参与集中的每个经营者的控股股东或者实际控制人，实际上就是母子公司、集团公司内部以母公司或集团牵头进行的股份或者资产的重新组合。此种集中不会对外部的市场结构和竞争状况产生实质性的影响，因此不需申报。

第二，参与集中的每个经营者 50%以上有表决权的股份或者资产被同一个未参与集中的经营者拥有的。此种情形同样也是母子公司或者集团公司内部的重新组合，只是母公司或者集团公司不参与经营者集中，仅仅是子公司之间或者成员公司之间进行股份和资产的重新组合。这种集中同样不会对外部的市场结构和竞争状况产生实质性的影响，因此也无须申报。

（四）经营者集中的审查制度

并非所有的经营者集中都会限制或者排除竞争。相反，绝大部分经营者集中均是市场机制正常运转的产物。换言之，只有当经营者的过度集中行为可能产生市场支配力量从而形成垄断时，才需要适当地予以控制，这就是经营者集中的审查制度。

1. 初步审查

国务院反垄断执法机构应当自收到经营者提交的符合反垄断法规定的文件、资料之日起 30 日内，对申报的经营者集中进行初步审查，作出是否实施进一步审查的决定，并书面通知经营者。国务院反垄断执法机构作出决定前，经营者不得实施集中。国务院反垄断执法机构作出不实施进一步审查的决定或者逾期未作出决定的，经营者可以实施集中。

2. 进一步审查

国务院反垄断执法机构决定实施进一步审查的，应当自决定之日起 90 日内审查完毕，作出是否禁止经营者集中的决定，并书面通知经营者。作出禁止经营者集中的决定，应当说明理由。审查期间，经营者不得实施集中。

有下列情形之一的，国务院反垄断执法机构经书面通知经营者，可以延长前述规定的审查期限，但最长不得超过 60 日：（1）经营者同意延长审查期限的；（2）经营者提交的文件、资料不准确，需要进一步核实的；（3）经营者申报后有关情况发生重大变化的。

国务院反垄断执法机构逾期未作出决定的，经营者可以实施集中。

3. 审查经营者集中的考虑因素

我国《反垄断法》在总结实践经验的基础上，参考国际上的通行做法，明确规定了经营者集中审查中应当考虑的因素：（1）参与集中的经营者在相关市场的市场份额及其对市场的控制力；（2）相关市场的市场集中度；（3）经营者集中对市场进入、技术进步的影响；（4）经营者集中对消费者和其他有关经营者的影响；（5）经营者集中对国民经济发展的影响；（6）国务院反垄断执法机构认为应当考虑的影响市场竞争的其他因素。

出于国家经济安全的考虑，许多国家都构建了外资并购境内企业的安全审查制度，作为反垄断法经营者集中审查制度的补充。我国《反垄断法》第 31 条规定：“对外资并购境内企业或者以其他方式参与经营者集中，涉及国家安全的，除依照本法规定进行经营者集中审查外，还应当按照国家有关规定进行国家安全审查。”

4. 审查后的决定

国务院反垄断执法机构在审查以后，应当分别作出禁止集中、不予禁止、不予禁止但附加限制性条件等三种类型的决定。

（1）禁止集中。经营者集中具有或者可能具有排除、限制竞争效果的，国务院反垄断执法机构应当作出禁止经营者集中的决定。

（2）不予禁止。经营者集中具有或者可能具有排除、限制竞争的效果，但是，如果经营者能够证明该集中对竞争产生的有利影响明显大于不利影响，或者符合社会公共利益的，国务院反垄断执法机构可以作出对经营者集中不予禁止的决定。事实上，该类决定是禁止集中决定的例外或豁免。

（3）不予禁止但附加限制性条件。对不予禁止的经营者集中，国务院反垄断执法机构可以决定附加减少集中对竞争产生不利影响的限制性条件。这些限制性条件通常包括：剥离参与集中的经营者的部分资产或业务等结构性条件；参与集中的经营者开放其网络或平台等基础设施、许可关键技术（包括专利、专有技术或其他知识产权）、终止排他性协议等行为性条件；结构性条件和行为性条件相结合的综合性条件。

5. 决定的公布

国务院反垄断执法机构应当将禁止经营者集中的决定或者对经营者集中附加限制性条件的决定，及时向社会公布。显然，这一要求是强制性的。而对于是否公布其他有关经营者集中的决定并无强制性要求，反垄断执法机构可以根据需要公布或者不公布。

（五）经营者集中的法律责任

经营者实施经营者集中行为，给他人造成损失的，依法承担民事责任。

经营者违反《反垄断法》规定实施集中的，由国务院反垄断执法机构责令停止实施集中、限期处分股份或者资产、限期转让营业以及采取其他必要措施恢复到集中前的状态，可以处50万元以下的罚款。

示例 3-11

中华人民共和国商务部公告（2009年第22号）（有删节）

中华人民共和国商务部收到美国可口可乐公司与中国汇源果汁集团有限公司的经营者集中反垄断申报，根据《反垄断法》第27条，商务部从参与集中的经营者在相关市场的市场份额及其对市场的控制力、相关市场的市场集中度、经营者集中对市场进入和技术进步的影响、经营者集中对消费者和其他有关经营者的影响、经营者集中对国民经济发展的影响和汇源品牌对果汁饮料市场竞争产生的影响六个方面进行全面评估，确认集中将产生如下不利影响。

（1）集中完成后，可口可乐公司有能力将其在碳酸软饮料市场上的支配地位传导到果汁饮料市场，对现有果汁饮料企业产生排除、限制竞争效果，进而损害饮料消费者的合法权益。

（2）品牌是影响饮料市场有效竞争的关键因素，集中完成后，可口可乐公司通过控制“美汁源”和“汇源”两个知名果汁品牌，对果汁市场控制力将明显增强，加之其在碳酸饮料市场已有的支配地位以及相应的传导效应，集中将使潜在竞争对手进入果汁饮料市场的障碍明显提高。

（3）集中挤压了国内中小型果汁企业生存空间，抑制了国内企业在果汁饮料市场参与竞争和自主创新的能力，给中国果汁饮料市场有效竞争格局造成不良影响，不利于中国果汁行业的持续健康发展。

鉴于上述原因，根据《反垄断法》第28条和第29条，商务部认为，此项经营者集中具有排除、限制竞争效果，将对中国果汁饮料市场有效竞争和果汁产业健康发展产生不利影响。在规定的时间内，可口可乐公司也没有提出可行的减少不利影响的解决方案，因此，决定禁止此项经营者集中。

中华人民共和国商务部公告（2014年第46号）（有删节）

中华人民共和国商务部收到丹麦穆勒马士基集团、地中海航运公司、法国达飞海运集团公司设立网络中心的经营者集中反垄断申报。经审查，商务部认为，该网络中心的设立导致马士基、地中海航运、达飞形成了紧密型联营，在亚洲—欧洲航线集装箱班轮运输服务市场可能具有排除、限制竞争效果，商务部决定禁止此项经营者集中。

五、禁止滥用行政权力排除、限制竞争制度

（一）滥用行政权力排除、限制竞争的概念和特征

1. 滥用行政权力排除、限制竞争的概念

滥用行政权力排除、限制竞争，也称行政性垄断，是指行政机关和法律法规授权的具有管理公共事务职能的组织滥用行政权力，排除、限制竞争的行为。

2. 滥用行政权力排除、限制竞争行为的特征

（1）滥用行政权力排除、限制竞争的主体是行政机关和法律法规授权的具有管理公共事务职能的组织。需要注意的是，作为中央人民政府的国务院实施的垄断行为具有国家意志性，属于国家垄断，其宗旨是维护国家整体利益与社会公共利益，是合法行为。[①]

（2）滥用行政权力排除、限制竞争行为是滥用行政权力的行为。反垄断法中的滥用行政权力，是指行政机关和法律法规授权的具有管理公共事务职能的组织在管理和调控经济的活动中，违反法定权限或程序，排除、限制竞争。在我国所发生的行政性垄断，往往表现为缺乏法律依据或者以下位法违反上位法的形式而实施的排除、限制竞争行为。

（3）滥用行政权力排除、限制竞争行为的后果是排除、限制竞争。需要注意的是，排除、限制竞争的后果既可以是实际发生的，也可以是仅仅具有排除、限制竞争的可能性。

（二）滥用行政权力排除、限制竞争的表现形式

1. 滥用行政权力的限定交易行为

滥用行政权力的限定交易行为，是指行政机关和法律、法规授权的具有管理公共事务职能的组织滥用行政权力，限定或者变相限定单位或者个人经营、购买、使用其指定的经营者提供的商品。

从限定交易行为的主体而言，主要有下列表现形式：（1）行政机关和法律、法规授权的具有管理公共事务职能的组织政企不分；（2）行政机关和法律、法规授权的具有管理公共事务职能的组织兴办第三产业或其他经济实体；（3）政企分开后藕断丝连，或原本就与行政机关及其工作人员等有联系的企业，行政机关等限定他人只能购买这些经营者的商品。

---

① 徐孟洲，孟雁北．竞争法．2版．北京：中国人民大学出版社，2014：193.

从限定交易行为的手段而言，主要有下列表现形式：(1) 擅自设立前置许可证，限制使用其他合格产品；以拒绝、拖延行政许可，限制他人购买其指定的经营者的商品。(2) 滥用行政处罚权，强制经营者接受其指定的经营者的商品或服务，或者限制经营者的进货渠道和进货品种。(3) 滥用行政管理权，限定进货渠道或进货品种；以质检等为由，强制他人购买其指定的商品。(4) 以拒绝验收等方式，强制他人购买其指定的商品。

2. 滥用行政权力的地区封锁行为

滥用行政权力的地区封锁行为，是指行政机关和法律、法规授权的具有管理公共事务职能的组织滥用行政权力，妨碍商品在地区之间的自由流通，排斥或者限制外地经营者在本地经营的行为。《反垄断法》规定的滥用行政权力的地区封锁行为包括三种情形。

(1) 滥用行政权力，妨碍商品在地区之间自由流通。具体包括：对外地商品设定歧视性收费项目、实行歧视性收费标准，或者规定歧视性价格；对外地商品规定与本地同类商品不同的技术要求、检验标准，或者对外地商品采取重复检验、重复认证等歧视性技术措施，限制外地商品进入本地市场；采取专门针对外地商品的行政许可，限制外地商品进入本地市场；设置关卡或者采取其他手段，阻碍外地商品进入或者本地商品运出；妨碍商品在地区之间自由流通的其他行为。

(2) 滥用行政权力，以设定歧视性资质要求、评审标准或者不依法发布信息等方式，排斥或者限制外地经营者参加本地的招标投标活动。

(3) 滥用行政权力，采取与本地经营者不平等待遇等方式，排斥或者限制外地经营者在本地投资或者设立分支机构。

3. 滥用行政权力强制经营者从事垄断行为

滥用行政权力强制经营者从事垄断行为，是指行政机关和法律、法规授权的具有管理公共事务职能的组织滥用行政权力，强制经营者从事《反垄断法》规定的垄断行为。

《反垄断法》规定的经济性垄断行为，包括经营者达成垄断协议行为、经营者滥用市场支配行为和具有或者可能具有排除、限制竞争效果的经营者集中行为。这些行为一般应当是经营者自主实施的行为，但是在某些情况下，则可能是行政机关和法律、法规授权的具有管理公共事务职能的组织滥用行政权力强制经营者实施的。如强制经营者之间达成价格同盟等垄断协议，强制具有市场支配地位的经营者从事滥用市场支配地位行为，等等。对此，《反垄断法》要予以规制。

4. 滥用行政权力制定含有排除、限制竞争内容的规定

滥用行政权力制定含有排除、限制竞争内容的规定，是指行政机关滥用行政权力，以抽象行政行为方式排除、限制竞争的行为。

行政行为可以分为具体行政行为和抽象行政行为。上述滥用行政权力排除、限制竞争的行为，基本上都属于具体行政行为。但是，实践中行政机关以抽象行政行为方式排除、限制竞争的现象也大量存在，并且影响面更宽，破坏性更大，对此，《反垄断法》明确予以禁止。《制止滥用行政权力排除、限制竞争行为暂行规定》第 9 条则进一步规定："行政机关不得滥用行政权力，以规定、办法、决定、公告、通知、意见、会议纪要等形式，制定、发布含有排除、限制竞争内容的市场准入、产业发展、招商引资、招标投标、政府采购、经营行为规范、资质标准等涉及市场主体经济活动的规章、规范性文件和其他政策措施。"

示例 3－12

河北省交通厅、物价局、财政厅规定本省客运企业可享过路过桥费半价优惠，其他省份跨省运输就不能享受。一家中韩合资企业因在天津而不在河北，不能享受到上述优惠待遇，因而韩国大使馆向发改委进行投诉。发改委认为被投诉的行为违反《反垄断法》，依法向河北省人民政府发出执法建议函，建议立即责令三部门改正错误。①

问题：三个部门实施了哪一种具体的行政垄断行为？

（三）滥用行政权力排除、限制竞争的法律责任

行政机关和法律、法规授权的具有管理公共事务职能的组织滥用行政权力，实施排除、限制竞争行为的，由上级机关责令改正；对直接负责的主管人员和其他直接责任人员依法给予处分。反垄断执法机构可以向有关上级机关提出依法处理的建议。法律、行政法规对行政机关和法律、法规授权的具有管理公共事务职能的组织滥用行政权力实施排除、限制竞争行为的处理另有规定的，依照其规定。

六、反垄断法的行政执法

（一）反垄断法的执法体制

根据我国《反垄断法》的规定，我国反垄断法的执法体制包括反垄断委员会和反垄断执法机构两个层面。

1. 反垄断委员会

国务院设立反垄断委员会，负责组织、协调、指导反垄断工作。所以，反垄断委员会只是履行组织、协调、指导反垄断工作职能的议事协调机构，并不行使行政权力、作出行政决定。国务院反垄断委员会的组成和工作规则由国务院规定。

国务院反垄断委员会履行下列职责：第一，研究拟订有关竞争政策；第二，组织调查、评估市场总体竞争状况，发布评估报告；第三，制定、发布反垄断指南；第四，协调反垄断行政执法工作。第五，国务院规定的其他职责。

2. 反垄断执法机构

由于历史原因，我国一度形成了事实上的分散的反垄断执法机构。为了保持执法的延续性，《反垄断法》只是原则性地规定反垄断执法机构依照该法规定，负责反垄断执法工作的职责；对于具体承担反垄断执法的机构，则采取了授权国务院另行规定的办法。②

2018 年 3 月 17 日，第十三届全国人民代表大会第一次会议表决通过了《关于国务院机构改革方案的决定》，其中，将国家工商行政管理总局的职责、国家质量监督检验检疫总局的职责、国家食品药品监督管理总局的职责、国家发展和改革委员会的价格监督检查与反垄断执法职责、商务部的经营者集中反垄断执法以及国务院反垄断委员会办公室等职责整合，组建国家市场监督管理总局，作为国务院直属机构。也就是说，这次改革将结束我国反垄断领域多部

---

① http：//s. yingle. com/y/al/151691. html.

② 实践中，反垄断领域呈现出“三驾马车”分头执法的局面。商务部负责经营者集中的反垄断规制，国家发改委负责与价格有关的垄断行为的反垄断规制，国家工商行政管理总局负责滥用市场支配地位、行政性垄断及与价格无关的垄断行为的反垄断规制。

门、多机构分头执法的局面，实现反垄断领域的统一执法。

(二) 反垄断法的行政执法程序

反垄断法的行政执法，一般要经过立案、调查、审议和结案等程序。

1. 立案程序

立案是启动反垄断行政执法的首要程序。一般而言，立案主要通过两个途径：一是反垄断执法机构依职权积极主动地获得信息而立案。二是反垄断执法机构依据消费者或经营者的申请或举报而立案。我国《反垄断法》第 38 条第 2 款规定，对涉嫌垄断行为，任何单位和个人有权向反垄断执法机构举报。

2. 调查程序

我国《反垄断法》第 39 条第 1 款规定的调查措施主要包括：(1) 进入被调查的经营者的营业场所或者其他有关场所进行检查；(2) 询问被调查的经营者、利害关系人或者其他有关单位或者个人，要求其说明有关情况；(3) 查阅、复制被调查的经营者、利害关系人或者其他有关单位或者个人的有关单证、协议、会计账簿、业务函电、电子数据等文件、资料；(4) 查封、扣押相关证据；(5) 查询经营者的银行账户。同时，为规范反垄断执法人员的执法行为，反垄断执法机构在调查涉嫌垄断行为时，执法人员不得少于二人，并应当出示执法证件。执法人员进行询问和调查，应当制作笔录，并由被询问人或者被调查人签字。

对反垄断执法机构调查的涉嫌垄断行为，被调查的经营者承诺在反垄断执法机构认可的期限内采取具体措施消除该行为后果的，反垄断执法机构可以决定中止调查。中止调查的决定应当载明被调查的经营者承诺的具体内容。反垄断执法机构决定中止调查的，应当对经营者履行承诺的情况进行监督。经营者履行承诺的，反垄断执法机构可以决定终止调查。有下列情形之一的，反垄断执法机构应当恢复调查：(1) 经营者未履行承诺的；(2) 作出中止调查决定所依据的事实发生重大变化的；(3) 中止调查的决定是基于经营者提供的不完整或者不真实的信息作出的。

3. 审议程序

在调查取证的基础上，反垄断执法机构将组织审议。在审议过程中，原则上应当给予涉嫌垄断的经营者查阅案卷、陈述意见和提出申辩的机会。对于经营者提出的事实、理由和证据成立的，反垄断执法机构应当予以采纳。

4. 结案程序

我国《反垄断法》第 44 条规定："反垄断执法机构对涉嫌垄断行为调查核实后，认为构成垄断行为的，应当依法作出处理决定，并可以向社会公布。"

课后练习

一、单项选择题

1. 某县"大队长酒楼"自创品牌后声名渐隆，妇孺皆知。同县的"牛记酒楼"经暗访发现，"大队长酒楼"的经营特色是，服务员统一着 20 世纪 60 年代的服装，播放该年代的歌曲，店堂装修、菜名等也具有时代印记。"牛记酒楼"遂改名为"老社长酒楼"，服装、歌曲、装修、菜名等一应照搬。根据《反不正当竞争法》的规定，"牛记酒楼"的行为属于下列哪一种行为？(　　)

A. 正当的竞争行为　　B. 侵犯商业秘密行为

C. 市场混淆行为　　D. 虚假宣传行为

2. 甲欲买“全聚德”牌的快餐包装烤鸭，临上火车前误购了商标不同而外包装十分近似的显著标明名称为“仝聚德”的烤鸭，遂向“全聚德”公司投诉。“全聚德”公司发现，“仝聚德”烤鸭的价格仅为“全聚德”的1/3。如果“全聚德”起诉“仝聚德”，其纠纷的性质应当是下列哪一种？（　　）

A. 诋毁商誉的侵权纠纷　　B. 低价倾销的不正当竞争纠纷

C. 市场混淆的不正当竞争纠纷　　D. 企业名称侵权纠纷

3. 2009年，某自治区政府办公厅下发的《关于购置自治区境内生产小汽车定编管理和政府采购等有关问题的意见》规定：全区各级党政群机关、事业单位、社会团体等纳入小汽车编制管理的单位在配置小汽车的时候必须优先选择自治区境内生产的同类型小汽车。该意见还规定了如不购买自治区境内的同类型的小汽车，财政将不予拨付资金，不予办理政府采购事宜，车辆管理部门不予办理入户手续等。从现行反垄断制度来看，该行为属于（　　）。

A. 滥用市场支配地位行为中的强制交易行为

B. 行政性垄断行为中的行政性强制交易

C. 行政性垄断行为中的限制市场准入

D. 行政性垄断行为中的强制经营者限制竞争

4. 某燃气公司在办理燃气入户前，要求用户缴纳一笔“预付气费款”，否则不予供气。待不再用气时，用户可申请返还该款项。经查，该款项在用户日常购气中不能冲抵燃气费。根据《反垄断法》的规定，下列哪一说法是正确的？（　　）

A. 反垄断机构执法时应界定该公司所涉相关市场

B. 只要该公司在当地独家经营，就能认定其具有市场支配地位

C. 如该公司的上游气源企业向其收取预付款，该公司就可向客户收取“预付气费款”

D. 县政府规定了“一个地域只能有一家燃气供应企业”，故该公司行为不构成垄断

二、多项选择题

1. 甲公司为宣传其“股神”股票交易分析软件，高价聘请记者发表文章，称“股神”软件是“股民心中的神灵”，贬称过去的同类软件“让多少股民欲哭无泪”，并称乙公司的软件“简直是垃圾”。根据《反不正当竞争法》的规定，下列哪些选项是正确的？（　　）

A. 只有乙公司才能起诉甲公司的诋毁商誉行为

B. 甲公司的行为只有出于故意才能构成诋毁商誉行为

C. 只有证明记者拿了甲公司的钱财，才能认定其参与诋毁商誉行为

D. 只有证明甲公司编造、传播了虚假信息，才能认定其构成不正当竞争

2. 根据《反不正当竞争法》的规定，下列哪些行为不属于不正当竞争行为中的混淆行为？（　　）

A. 甲厂在其产品说明书中作夸大其词的不实说明

B. 乙厂的矿泉水使用“清凉”商标，而“清凉矿泉水厂”是本地一家有一定影响的矿泉水厂的企业名称

C. 丙商场在有奖销售中把所有的奖券刮奖区都印上“未中奖”字样

D. 丁酒厂将其在当地评奖会上的获奖证书复印在所有的产品包装上

3. 某市甲、乙、丙三大零售企业达成一致协议，拒绝接受产品供应商丁的供货。丙向反垄断执法机构举报并提供重要证据，经查，三企业构成垄断协议行为。关于三企业应承担的法律责任，下列哪些选项是正确的？（　　）

A. 该执法机构应责令三企业停止违法行为，没收违法所得，并处以相应罚款

B. 丙企业举报有功，可酌情减轻或免除处罚

C. 如丁因垄断行为遭受损失的，三企业应依法承担民事责任

D. 如三企业行为后果极为严重，应追究其刑事责任

4. 某县政府规定：施工现场不得搅拌混凝土，只能使用预拌的商品混凝土。2012 年，县建材协会组织协调县内 6 家生产企业达成协议，各自按划分的区域销售商品混凝土。因货少价高，一些施工单位要求县工商局处理这些企业的垄断行为。根据《反垄断法》，下列哪些选项是错误的？（　　）

A. 县政府的规定属于行政垄断行为

B. 县建材协会的行为违反了《反垄断法》

C. 县工商局有权对 6 家企业涉嫌垄断的行为进行调查和处理

D. 被调查企业承诺在反垄断执法机构认可的期限内采取具体措施消除该行为后果的，该机构可决定终止调查

三、案例分析

1. 天津中国青年旅行社于 1986 年 11 月 1 日成立，是从事国内及出入境旅游业务的国有企业，直属于共青团天津市委员会。共青团天津市委员会出具证明称，“天津青旅”是天津中国青年旅行社的企业简称。2007 年，《今晚报》等媒体在报道天津中国青年旅行社承办的活动中已开始以“天津青旅”指代天津中国青年旅行社。天津青旅在报价单、旅游合同、与同行业经营者合作文件、发票等资料以及经营场所各门店招牌上等日常经营活动中，使用“天津青旅”作为企业的简称。天津国青国际旅行社有限公司（以下简称“天津国青旅”）于 2010 年 7 月 6 日成立，是从事国内旅游及出入境旅游接待等业务的有限责任公司。

2010 年年底，天津青旅发现通过 Google 搜索引擎分别搜索“天津中国青年旅行社”或“天津青旅”，在搜索结果的第一名并标注赞助商链接的位置，分别显示“天津中国青年旅行社网上营业厅 www. lechuyou. com 天津国青网上在线营业厅，是您理想选择，出行提供优质、贴心、舒心的服务”或“天津青旅网上营业厅 www. lechuyou. com 天津国青网上在线营业厅，是您理想选择，出行提供优质、贴心、舒心的服务”，点击链接后进入的网页是标称天津国青国际旅行社乐出游网的网站，网页顶端出现“天津国青国际旅行社—青年旅行社青旅/天津国旅”等字样，网页内容为天津国青旅游业务信息及报价，标称网站版权所有者为乐出游网—天津国青，并标明了天津国青的联系电话和经营地址。同时，天津青旅通过百度搜索引擎搜索“天津青旅”，在搜索结果的第一名并标注推广链接的位置，显示“欢迎光临天津青旅重合同守信誉单位，汇集国内出境经典旅游线路，100%出团，天津青旅 400－611－5253022. ctsgz. cn”，点击链接后进入网页仍然是上述标称天津国青乐出游网的网站。天津青旅遂以不正当竞争为由，将天津国青旅起诉至法院。[①]

---

① 案例来源：http：//www. court. gov. cn/fabu-xiangqing－13345. html.

问题：(1) 天津国青旅的行为是否构成不正当竞争？请说明理由。

(2) 本案应如何处理？

2. 2009年以来，五粮液公司通过书面或网络的形式，与全国3 200多家具有独立法人资格的经销商达成协议，限定向第三人转售五粮液白酒的最低价格，并通过业务限制、扣减合同计划、扣除保证金、扣除市场支持费用、罚款等方式对不执行最低限价的经销商予以处罚。2011年，五粮液公司给予四川一家大型连锁超市停止供货的处罚，迫使超市承诺不再低于规定价格销售五粮液产品。2012年，五粮液公司对北京、天津、河北、辽宁、吉林、黑龙江、山东、湖南、四川、云南、贵州等11省市的14家经销商“低价、跨区、跨渠道违规销售五粮液”的行为，给予扣除违约金、扣除市场支持费用等处罚。①

问题：(1) 五粮液公司的行为是否违反了《反垄断法》？请说明理由。

(2) 本案应如何处理？

3. 在2011年学生装招标中，深圳市教育局在招标公告中公布此前测算的成本价格（比未招标前售价平均高出13.73%），并要求投标企业按照保本微利、不得低于成本价格的原则报价。在2014年学生装招标中，深圳市教育局采用了折扣率报价方法，要求投标企业报价不高于2011年最终确定的执行价格，投标人应对所有产品按同一折扣率计算报价。

此外，2011年招标中深圳市教育局要求“投标人必须为深圳注册的企业，或在深圳有经工商注册的分支经营机构的企业”，并在招标评分规则中将企业在深圳的纳税额、本地学生装服务经验与分值挂钩，如“有深圳学生装服务经验的，100分；有广东省（深圳除外）市级或区级以上经验的，50分；有其他省份市级或区级以上经验的，20分”。2014年则规定将近三年深圳纳税总金额作为评分标准等。②

问题：(1) 深圳市教育局的行为是否违反了《反垄断法》？请说明理由。

(2) 本案应如何处理？

① 案例来源：四川省发展和改革委员会行政处罚决定书（川发改价检处〔2013〕1号）。

② 案例来源：http：//www.ndrc.gov.cn/gzdt/201612/t20161229_833278.html.

第四章

广告法

我们呼吸的空气，是由氮气、氧气和广告组成的。

［法］罗贝尔·格兰

不做总统，就做广告人。

［美］富兰克林·罗斯福

广告培育了人的消费力。它为争取有一个美满的家庭、为自己和为全家争取有更好一点的衣着、更好一点的饮食立下了目标，它激发了个人的努力，也刺激了生产。

［英］温斯顿·丘吉尔

想不出在什么情况下广告能不是邪恶的了。

［英］阿诺德·汤因比

引　言

现代生活中，广告无时不在、无处不在。不管是室内还是在室外，不管是在传统媒体还是新媒体，广告如幽灵般会随时浮现。在铺天盖地的广告中，商家扩大了产品或服务的知名度、赚取了更多的利润，但是普通民众的生活也受到了程度不一的影响。虚假广告、低俗广告随处可见，以广告的名义行传销、诈骗之实的案件也时有发生，广告秩序亟须治理；线上强行链接广告、电视台不按照节目时间表播出节目，强行插播广告，如央视在《开学第一课》前让全国的观众看了十几分钟的广告后才如约播出节目，广告秩序亟须规范；有经营者为求得对产品或服务的认可，请名人站台、发布名人代言广告，但是名不符实的情况屡见不鲜，广告信用有待确立。通过广告法的学习，我们应当树立合法合规的广告秩序观念。

思考 4-1

请同学们以“广告与我的一天”为题，讲一讲广告是如何影响你的日常生活的？

第一节　广告法概述

一、广告的含义及特征

(一) 广告的含义

广告（Advertising）来自拉丁文“advertere”，意思是“注意”或者“诱导”，是“唤起大众对某种事物的注意力，并诱导于一定的方向所使用的一种手段”。

对于广告的定义有几种普遍的观点。美国广告主协会认为：广告是一种付费的大众传播，其最终目的是通过传递信息改变人们对于所广告商品的态度，诱发其行动从而使广告主获利。这个定义强调了广告是付费的大众传播方式，以及广告最终的目的。

美国市场营销协会认为：“广告是由明确的广告主在付费的基础上，采用非人际的传播形式，对观念、商品及服务进行介绍、宣传、促销的活动……”

《简明大不列颠百科全书》中对广告的定义是：广告是一种传播信息的方式，其目的是推销商品、服务，取得政治上的支持。广告是通过各类宣传工具，传递给它想吸引的观众或听众。

我国《广告法》第 2 条第 1 款规定：“在中华人民共和国境内，商品经营者或者服务提供者通过一定媒介和形式直接或者间接地介绍自己所推销的商品或者服务的商业广告活动，适用本法。”

（二）广告的特征

1. 广告的本质特征是以营利为目的的一种市场营销信息的传播活动。

（1）广告是以营利为目的的一种信息传播活动。

（2）广告是一种营销行为。

2. 广告是一种具有科学性和艺术性特征的自觉的传播活动。这种自觉的传播活动主要表现在以下三个方面。

（1）广告的付费性特征。广告不同于其他的信息传递形式，它必须由登广告者付给传播媒介一定的报酬。

（2）广告的目的性、功利性和导向性。

（3）广告人力图对广告活动进行控制和驾驭。

3. 广告是一种明显地带有自我宣扬和说服性特征的信息传播活动。

4. 广告的创意和表现必须准确、简明和新奇。如南方黑芝麻糊、百事可乐等广告语。

5. 广告活动具有稳定性和整合性的特征。例如：“金利来，男人的世界。”

思考 4-2

（1）古代人在边境修建烽火台，遇到敌情就燃火以报警，是广告吗？

（2）秦国商鞅变法时，为了取信于民，在城门外立一根木头，悬赏说：谁能把这根木头搬到北门去，就赏他十两银子，算不算广告？

（3）南京一小学生在埃及神庙的浮雕上刻上了“某某到此一游”，这算不算广告？

二、广告的分类

（一）按性质来划分

按性质来划分，广告可分为商业性广告和非商业性广告。商业广告以营利为目的，是经营者通过传播媒介对商品、服务所进行的传播活动。非商业性广告包括公益性广告、私人广告和政治性广告。公益性广告以服务公共利益为目的，如宣扬敬老爱幼。私人广告包括征婚广告、悬赏广告等。政治性广告是指为政治竞选活动而开展的广告。

（二）按广告的受众来划分

按广告的受众来划分，广告分为消费者广告和行业广告。消费者广告是针对那些为自己购买产品并进行最终消费的受众。行业广告针对的是生产厂家、中间商或者专业人员，称作产业广告。针对中间商（批发商和零售商）时，叫作贸易广告。

（三）按广告的传播范围来划分

按广告的传播范围来划分，广告分为地方广告、全国性广告和国际性广告。

（四）按广告的传播媒介来划分

按广告的传播媒介来划分，广告分为印刷媒介广告和电子媒介广告。印刷媒介广告包括报纸广告、杂志广告；电子媒介广告包括广播广告、电视广告、网络广告等。

（五）按广告的功能来划分

按广告的功能来划分，广告可分为告知广告、劝说类广告与提示性广告。告知广告主要是告知商品的功能。劝说类广告是鼓励和引导顾客购买商品。提示性广告是增强消费者对商品的印象和树立品牌的忠诚态度。

（六）按商品或服务的行业来划分

按商品或服务的行业来划分，广告分为药品广告、食品广告、烟草广告、房地产广告等。

三、广告的主体

（一）广告主

广告主即商品的经营者和服务的提供者，根据《广告法》第 2 条第 2 款的规定："本法所称广告主，是指为推销商品或者服务，自行或者委托他人设计、制作、发布广告的自然人、法人或者其他组织。"

（二）广告经营者和发布者

广告经营者是指接受委托并提供广告设计、制作、代理服务的自然人、法人或者其他组织（《广告法》第 2 条第 3 款），包括广告的设计者、制作者与广告的代理商。广告发布者是指为广告主或广告主委托的广告经营者发布广告的自然人、法人或其他组织（《广告法》第 2 条第 4 款）。传统上的广告发布者主要包括报社、电视台、广播电台以及户外广告空间的所有人。互联网时代的微信公众号、微博"大 V"也是广告发布者。广告经营者和发布者的行为是违法广告行为的来源之一，因此，要求广告经营者和发布者承担一定的审查义务。

（三）网络交易平台

网络交易平台不直接参与商品和服务的交易，但对网络广告起到了传播的作用，因此也是广告行为的重要参加者。天猫是典型的网络交易平台，京东、当当、亚马逊不仅是网络平台，也自营。如果网络交易平台提供虚假广告也要承担法律责任。

（四）广告代言人

广告代言人是广告活动的重要参加者。《广告法》第 2 条第 5 款专门对广告代言人作出了定义。《广告法》第 56 条第 2、3 款明确了虚假代言的法律责任。

（五）商品销售者

商品的外包装上有广告时，商品销售者是否属于广告发布者呢？原来对这个问题一直是有争议的。2016 年国家工商总局明确规定，在商场或超市中销售的商品的外包装上含有广告宣传内容的，商场或超市作为商品销售者的销售行为不承担广告发布者的法律责任。[①] 但是如果

---

① 《关于商品包装含有违法广告内容销售者是否应当承担法律责任问题的答复意见》（工商广字〔2016〕107 号）。

商品销售者为了增加销售额自行印刷商品广告发放的，即使内容与商品包装一样，也要承担广告主的责任。

（六）其他广告主体

《广告法》第 45 条规定：“公共场所的管理者或者电信业务经营者、互联网信息服务提供者对其明知或者应知的利用其场所或信息传输、发布平台发送、发布违法广告的，应当予以制止。”也就是说，公共场所的管理者，包括公园、车站、广场等场所管理者和电信业务经营者（中国电信、中国移动等）、互联网信息服务提供者（贴吧、网络论坛等）均属于广告的发布者。

四、广告法的概念及适用范围

（一）广告法的概念

广告法是调整在广告活动中发生的经济关系的法律规范的总称。它是国家广告监督管理机关对广告实施监督管理的依据，是广告审查机关作出决定的标准，也是广告主、广告经营者和广告发布者进行广告活动的行为准则。

（二）广告法的适用范围

1. 从空间上讲，在中华人民共和国境内从事的广告活动，都必须遵守广告法。《广告法》第 2 条第 1 款规定：“在中华人民共和国境内，商品经营者或者服务提供者通过一定媒介和形式直接或者间接地介绍自己所推销的商品或者服务的商业广告活动，适用本法。”

2. 从客体上讲，广告法的客体包括商业性的广告活动和公益性广告活动。

3. 从主体上讲，广告法的主体包括广告监督管理机关、广告审查机关、广告主、广告经营者和广告发布者。这些主体之间主要构成了如下的经济关系：一是广告监督管理机关在实施广告监督管理过程中与广告主、广告经营者和广告发布者发生的关系；二是广告审查机关在实施广告审查的过程中与广告主发生的关系；三是广告主、广告经营者和广告发布者在进行广告活动的过程中相互间发生的关系。

4. 从时间上，2021 年 4 月 29 日第十三届全国人民代表大会常务委员会第二十八次会议表决通过了新修改的《广告法》，修改后的《广告法》于 2021 年 4 月 29 日开始施行。

第二节　我国广告立法的发展

广告的产生与商品经济的发展是密不可分的。在我国长期的计划经济时期，不可能有广告产生的土壤。随着改革开放和商品经济的发展，广告业开始在我国落地生根，在法律上也就有了广告法的立法需求。广告已经成为人们经济和社会生活中不可缺少的部分，成为一种商品竞争和促销的手段和方式，广告对社会经济的发展起了巨大的推动作用。

广告业的发展需要法制的规范与保证。1982 年国务院颁布了《广告管理暂行条例》，对我国刚刚起步的广告业进行法治化的规范，目的是促进广告业的健康发展。在此基础上，1987 年国务院颁布了《广告管理条例》。

1995 年 2 月 1 日《广告法》正式颁布施行，1995 年的《广告法》内容包括 6 章 49 条，涉及广告法的调整范围、广告的准则、广告活动、广告的审查、违反广告法的法律责任等。《广告法》是我国对广告活动进行规范的一部重要法律，这部广告法在很大程度上保证和促进了我国整个广告行业的健康发展，《广告法》的制定也填补了我国立法上的空白。

随着我国社会经济的发展，广告业的经营环境也发生了很大变化。在历经 20 多年的发展后，广告法在现实中已经暴露出很多问题和不足之处，广告的监管和执法工作也出现了许多新情况和新问题，有必要对原有的广告法进行修改。2015 年 4 月 24 日，第十二届全国人大常委会第十四次会议表决并通过了新修订的《广告法》，新《广告法》于 2015 年 9 月 1 日起施行。修订后的《广告法》在广告的内容准则方面、广告的活动规范上都进行了细化，增强了可操作性，为加强广告的监督和管理，促进广告业的持续健康发展提供了重要的法律保障。此次修订，进一步加大了对虚假违法广告的惩治力度，对建立文明诚信的广告市场秩序将产生深远的影响。

2016 年 7 月 4 日国家工商总局审议通过的《互联网广告管理暂行办法》，于 2016 年 9 月 1 日起正式实施，对规范互联网广告活动，保护消费者合法权益提供了依据。

延伸阅读一　2015 年修订的《广告法》的亮点

第一，对广告的内容准则进行了充实和细化，使广告法更具操作性。增加了药品、保健食品、医疗器械、教育培训、房地产、农作物种子等广告的准则。

第二，对虚假广告的定义和形态进行了明确的界定。2015 年《广告法》主要是立足解决我国广告业监管存在的主要问题，重点治理广大人民群众不满的虚假广告问题，把虚假的广告内容及引人误解的广告内容均列入虚假广告，同时列举了虚假广告的具体情形，并加大了对虚假广告的惩治力度。

第三，增加了广告代言人的法律责任和义务的规定。明确规定了广告代言人不得为虚假广告代言，不得为未使用过的商品服务进行代言。

第四，对烟草广告严格控制。禁止烟草广告有利于维护人民身体健康，根据我国履行《烟草控制框架公约》的需要，2015 年《广告法》规定禁止在公共场所、公共交通工具、户外发布烟草广告，同时明令禁止利用其他商品广告变相发布烟草广告。

第五，增加了关于未成年人广告管理的规定。未成年人是商业广告的重要代言人，如果对商业广告不加以规范和引导的话，势必就会影响儿童各方面的发展进而侵害儿童权益。《广告法》中也增加了新的规定，如不得利用 10 周岁以下未成年人作为广告代言人。不得在中小学、幼儿园内开展广告活动，不得利用中小学和幼儿教材、教辅材料等发布或者变相发布广告。不得利用未成年人在大众媒介上发布药品、保健食品、医疗器械、化妆品、酒类、美容广告，以及不利于未成年人身心健康发展的网络游戏广告。

第六，增加了关于互联网广告的规定。随着我国互联网事业的蓬勃发展，互联网广告因其速度快、受众面广等优势，已经发展成为当今世界最具活力的新兴广告形式。为了保护消费者的合法权益，有必要对互联网广告进行规范。《广告法》明确规定了互联网广告活动也必须遵守广告法的各项规定。

第七，进一步强化了对大众媒介广告发布行为的监管力度。如规定电台、电视台不得以介绍健康和养生类知识等形式变相发布医药广告，否则，该媒体的主管人员与直接责任人员将受到处分。

第八，扩大广告法的调整范围，增加了公益广告的内容。原《广告法》仅对商业广告进行规范，并没有涉及公益广告。公益广告具有引领道德风尚、推动社会和谐文明的重要功能。与商业广告相比，我国的公益广告的管理措施还不健全，公益广告的质量、制作水平不高。为此，2015 年的《广告法》鼓励和支持开展公益广告宣传活动，大众传播媒介有义务发布公益广告。

第九，加大法律责任的震慑力。根据违法行为的社会危害程度，对严重的广告违法行为，如发布虚假广告等行为设定了较重的法律责任。增加了行政处罚种类，加大打击力度，如对情节严重的广告违法行为吊销营业执照、吊销广告发布登记证件的处罚；违法行为信息要记入信用档案。

第三节　广告法的准则

一、广告法准则的含义

广告法准则又称广告的标准或广告发布标准，是广告法律法规对广告内容和形式的限制和禁止。广告法准则包括对广告内容的基本要求、广告内容的禁止性规定和特殊商品广告的特殊要求等。

广告法准则的作用：一是保障广告业健康发展；二是有利于维护消费者合法权益、国家利益和社会公共利益；三是提供了广告设计、制作的基本标准；四是成为广告监督审查的依据。

二、广告法的基本准则

广告法的基本准则是指广告必须遵守的普遍性规则和标准。广告法基本准则的内容主要有以下几个方面：广告活动应当遵守四项基本原则，即真实性原则、合法性原则、健康性原则、可识别性原则，其中真实性原则是广告法最核心的原则。广告法中超过一半的法律条文直接或间接地与广告的真实性有关，正确理解广告的真实性原则无论是对广告实务还是对执法工作都非常重要。

（一）广告的真实性义务

广告的真实性是指广告的内容必须客观和准确地介绍商品、服务的情况，不能含有虚假的引人误解的内容，不能欺骗和误导消费者。

广告必须客观地介绍商品和服务。《广告法》第 8 条规定：“广告中对商品的性能、功能、产地、用途、质量、成分、价格、生产者、有效期限、允诺等或者对服务的内容、提供者、形式、质量、价格、允诺等有表示的，应当准确、清楚、明白。”“广告中表明推销的商品或者服务附带赠送的，应当明示所附带赠送商品或者服务的品种、规格、数量、期限和方式。”“法律、行政法规规定广告中应当明示的内容，应当显著、清晰表示。”这是广告真实性原则对广告内容的具体化要求。

广告主、广告经营者、广告发布者从事广告活动，应当遵守法律、行政法规，遵循公平、诚实信用的原则。广告活动必须体现平等自愿准则；广告活动必须坚持等价有偿的准则；广告活动必须符合公平竞争的原则。

广告主应当对广告内容的真实性负责。《广告法》第 56 条第 1、2 款规定，违反本法规定，发布虚假广告，欺骗、误导消费者，使购买商品或者接受服务的消费者的合法权益受到损害的，由广告主依法承担民事责任。广告经营者、广告发布者不能提供广告主的真实名称、地址和有效联系方式的，消费者可以要求广告经营者、广告发布者先行赔偿。关系消费者生命健康的商品或者服务的虚假广告，造成消费者损害的，其广告经营者、广告发布者、广告代言人应当与广告主承担连带责任。

（二）广告的合法性义务

合法性是广告应遵循的首要原则，它与真实性在广告行为与广告内容两个方面起到了准则的作用。合法性包括广告客户的主体资格合法、广告的内容合法和广告的表现形式合法。广告主的主体资格要合法，而且要与其核准登记的经营范围相适应。广告的内容应当遵守《广告法》及相关的法律法规的规定，不能虚假失实。广告的表现形式也应当遵守《广告法》及相关法律、法规的规定，不能违法采用新闻报道的形式发布广告等。

（三）广告内容的健康性义务

《广告法》第 3 条规定："广告应当真实、合法，以健康的表现形式表达广告内容，符合社会主义精神文明建设和弘扬中华民族优秀传统文化的要求。"这就要求广告的内容必须是有利于引导消费者健康消费，倡导正确的价值观和生活方式；有利于弘扬中华民族文化，增强民族的自信心。

示例 4-1

（1）佛山某楼盘为追求广告效应，打出一则广告"买房送老婆"，玩了一把字眼，一语双关。

（2）杭州某楼盘打出的这则"你可以不买房，除非你摆平丈母娘"的创意广告引起了社会各界的广泛关注。

（3）"结婚不买房就是耍流氓"是上海某公寓打出的促销广告，彻底打破楼市广告底线。

问题：运用广告法有关规定，展开讨论，指出其中的问题。

（四）广告的可识别义务

广告必须具有可识别性。《广告法》第 14 条规定："广告应当具有可识别性，能够使消费者辨明其为广告。"

大众传播媒介不得以新闻报道形式变相发布广告。通过大众传播媒介发布的广告应当显著标明"广告"，与其他非广告信息相区别，不得使消费者产生误解。首先，在形式上要求其具有使普通消费者一看便知是广告的特征，而不能在形式上使消费者误认为是艺术作品等。其次，在内容上要求其具有使普通消费者一看便知是广告的特征，即在内容上要有介绍或者推销商品或者服务的含义。最后，在发布方式上要求其具有使普通消费者一看便知是广告的特征，如利用电视、报刊发布广告时，应当有专门的提示或者在时间、版面等方面具有明显的特征。

三、广告法的具体准则

广告法的具体准则是指各种广告应该遵循的一些具体性标准和要求。

1. 广告不得采用法律禁止的情形

（1）广告不得使用或者变相使用中华人民共和国的国旗、国歌、国徽，军旗、军歌、军徽

（《广告法》第9条第1项）。

（2）广告不得使用或者变相使用国家机关、国家机关工作人员的名义或者形象（《广告法》第9条第2项）。

（3）广告不得使用“国家级”“最高级”“最佳”等绝对化用语。

《广告法》第9条第3项规定，广告不得使用“国家级”“最高级”“最佳”等绝对化用语。“顶级”两字，是与上述用语含义相同的表示，属于绝对化用语，也应在禁止范围之内。

但在下列情况下可以使用“最佳”“最好”等用语：广告中不针对他人，仅宣传该产品为本企业系列产品中的最佳品种。广告中不是直接针对产品的质量、功效，仅作产品使用方法的提示，如“最佳服用时间”等。企业在广告中提出自己努力的方向、目标，如“竭诚提供最佳服务”等。

示例4-2　方林富炒货店绝对化广告用语一案[①]

2016年杭州市西湖区市场监督管理局查处了方林富炒货店绝对化广告用语一案。在该案中，个体商户方林富炒货店在其商品的外包装上、店铺的广告中宣称“本店的栗子不仅是中国最好吃的，也是世界上最高端的栗子”“杭州最具特色的炒货店铺”等广告用语，被处以20万元的罚款。

这件事引起了巨大的反响，老百姓大都认为处罚太重了。在新闻采访中，有市民表示：“我和我儿子说了，这就是杭州最好吃的栗子。”店主也认为，广告法是高射炮，“打死了我这只小蚊子”。

杭州市监督部门的处罚依据是《广告法》第9条第3项的规定，“广告不得有下列情形：……（三）使用‘国家级’、‘最高级’、‘最佳’等用语。”违反该条规定的，按照《广告法》第57条第1款的规定，罚款的起步价是20万元。

我国《广告法》对绝对用语的规制是十分严厉的，如果在天猫上输入“最好”“最高”等检索字眼，都显示没有该宝贝。[②]

问题：同学们如何看待对于绝对化广告用语的规制？有没有进一步改进的空间呢？

延伸阅读二　关于绝对化广告用语的立法

1. 美国

美国对绝对化广告用语的规制是比较宽松的，属于商业吹嘘的范畴，如“最好”“最强”，广告主也无须承担任何责任。例如，披萨的广告用语是“更好的馅料，更好的披萨”（Better Ingredients，Better Pizza）。必胜客的广告用语是“我们有最好的披萨”（The Best Pizza Under One Roof）。[③] 当然，吹嘘自己的前提是商品不能质量太差、服务太差，否则就构成了虚假广告。

2. 日本

日本法律中并没有关于绝对化用语的规制，但是在实务中要求绝对化用语必须有一定的实

---

① http：//n. cztv. com/news/11968257.

② 笔者输入检索词汇的结果。

③ Rebecca，Tushnet. *Advertising Marking Law*：*Cases and Materials*. Create Space Independent Publishing Platform，2016：223.

证数据来支撑，否则就构成了虚假广告。如日本的《汽车表示相关的公正竞争规约以及施行规则》中规定，如果使用第一、顶级等其他顶级用语的，必须将依据的客观数据及依据一并表示出来。

3. 我国台湾地区

我国台湾地区"公平交易委员会"主编的《认识公平交易法》一书中，有下列的论述："广告中如果称自己的产品'第一''最好''最佳'的用语的，根据用语的性质可分为客观事实与主观的感受的表达两种情况。如果属于客观事实的论述必须有销售数字和客观数据为基础。如果是主观感受的，如'最好''最佳'等用语，属于广告主为了吸引顾客对自己商品在一定程度上的'吹嘘'和'夸大'行为，原则上不属于违法的广告。因此，广告用语中有'最好''最佳'用语的，是否会引人误解要依据具体事实来判断。"

"公平交易委员会"认为主观的感受不构成虚假广告，是为了吸引客户的推销手段，如银行鼓吹放款最快等。

由此可见，各国和地区对绝对化广告用语的态度是不一样的，美国将商业吹嘘排除在广告法之外，我国台湾地区分为主观感受和客观陈述。日本对绝对化用语也不是一律禁止，如果有一定的客观依据，就属于合法的宣传。

2. 广告不得妨碍社会安定，损害社会公共利益。

3. 广告不得危害人身、财产安全，泄露个人隐私。

示例 4－3

某某私人调查公司：婚姻不忠调查、特定寻人调查、手机信息查询、商业信息调查。24小时咨询热线电话：157200×××××

4. 广告不得损害国家的尊严或者利益，泄露国家秘密，广告中不能有反华言论、暗示台独等信息。

5. 广告不得妨碍社会公共秩序或者违背社会良好风尚。

示例 4－4

2015年河南省洛阳市两个房地产开发商分别打出广告："男人都想多'一房'。""'小三魅力'不可挡。"虽然广告中的"一房"指的是房间，"小三"指的是小三居，但因为影射"二奶""小三"而被洛阳市工商部门以违背公序良俗而查处。

6. 广告不得含有淫秽、色情、赌博、迷信、恐怖、暴力的内容。

示例 4－5　迷信广告泛滥

"发个短信就能查询'你上辈子是什么人'"，"发'出生年月日'到168××××××××（移动）、900××××××××（联通），就可以知道你上辈子是谁"，广告中还煞有介事地"提醒"："说不定你的上辈子是一个皇室贵族呢。"

"升官发财、生死未来，您想预示您的人生吗？请将您的姓名，移动用户发送到号码××××××××××××，联通用户发送到号码××××××××××××。您将得到忠告，高人为您指点迷津。"

示例 4－6　不吃旺旺一年不会旺？

“旺旺”广告之唐先生篇：“唐先生一家，最近两年没收到陈先生送的‘旺旺’大礼包，因而个人事业和家庭生活从直线上升、旺上加旺，变成了直线下滑、倒霉透顶。为了改变家道中落的现状，唐先生十来岁的儿子，今年春节用省下的零用钱，买来了‘旺旺’大礼包送给父亲。唐先生顿时泪流满面，跪倒在‘旺旺’大礼包面前……”“旺旺”的广告语常带威胁地警告消费者：“过年了不吃旺旺，新的一年不会旺哦！”

2005 年事发当时，江苏省工商局广告监督管理处处长认为：“旺旺”广告涉嫌违反《广告法》的第 9 条，属于传播迷信内容。①

示例 4－7

位于上海陕西南路 414 号的“金家小龙虾黄捞面”因为一则广告语“金家小龙虾黄捞面，很黄，很好吃”被原上海工商部门立案调查。②

7. 广告不得损害未成年人和残疾人的身心健康

广告不得损害未成年人和残疾人的身心健康包含以下四个方面的内容。

（1）广告不得损害未成年人、残疾人的形象。

（2）广告的语言文字、画面不得含有歧视、侮辱未成年人和残疾人的内容。如 2013 年必胜客的一则虾球的广告，将虾球谐音为瞎球，并配以盲人的形象，引起了盲人们的抗议，必胜客撤回了该广告。

（3）适用于未成年人和残疾人的食品、用具、器械等商品的广告，应当真实、明白，所涉及商品的质量应当可靠，不得危害其安全和健康。

（4）不得利用不满 10 周岁的未成年人作为广告代言人。

8. 对商品的性能、产地、用途、质量、价格、生产者、有效期限、允诺或者对服务的内容、形式、质量、价格、允诺有表示的，应当清楚、明白。

9. 广告使用数据、统计资料、调查结果、文摘、引用语，应当真实、准确，并标明出处。

10. 广告中涉及专利产品或者专利方法的，应当标明专利号和专利种类。

11. 广告不得贬低其他生产经营者的商品或服务。

四、特殊广告的特别准则

特殊广告是指涉及人体健康以及人身和财产安全的商业广告。

（一）药品、医疗器械广告的特别准则

1. 药品、医疗器械广告不得含有不科学的表示功效的断言或者保证；不得说明治愈率或者有效率。

2. 药品、医疗器械广告不得与其他药品、医疗器械的功效和安全性比较。

3. 药品、医疗器械广告不得利用医药科研单位、学术机构或医疗机构或者专家、医生、

---

① 新浪网：不吃“旺旺”一年不会旺？．［2019－01－13］．http：//news. sina. com. cn/c/2005－02－02/065051748shtml.

② 上海热线：广告语“很黄”捞面店被查．（2015－11－27）［2019－01－13］．http：//news. online. sh. cn.

患者的名义和形象作证明。

4. 药品广告的内容必须以国务院卫生行政部门或者省、自治区、直辖市卫生行政部门批准的说明书为准。

5. 麻醉药品、精神药品、毒性药品、放射性药品等特殊药品，不得做广告。

（二）农药广告的特别准则

1. 不得使用无毒、无害等表明安全性的绝对化断言。不得含有不科学地表示功效的断言或者保证。

2. 违反农药安全使用规程的文字、语言或者画面。

（三）烟草广告的特别准则

1. 禁止利用广播、电影、电视、报纸、期刊发布烟草广告。

2. 禁止在各类等候室、影剧院、会议厅堂、体育比赛场馆等公共场所设置烟草广告。

3. 烟草广告中必须标明“吸烟有害健康”。

（四）食品、酒类、化妆品广告的特别准则

1. 广告内容必须符合卫生许可的事项。

2. 不得使用医疗用语或者易与药品混淆的用语。

第四节 虚假广告

一、虚假广告的定义

“真实性”是广告法的核心内容和基本准则。虚假广告就是广告主宣传的内容与事实不相符。《广告法》中对此并没有明确的定义。《广告法》第 28 条第 1 款规定：“广告以虚假或者引人误解的内容欺骗、误导消费者的，构成虚假广告。”各国对虚假广告都普遍采用了严格责任原则。也就是说，无须考虑广告主对“虚假”持有的故意或过失的心态，只要客观上构成了“虚假”即可。我国也采取了同样的解释。

二、虚假广告的类别

《广告法》第 28 条第 1 款规定：“广告以虚假或者引人误解的内容欺骗、误导消费者的，构成虚假广告。”《反不正当竞争法》第 8 条第 1 款规定：“经营者不得对其商品的性能、功能、质量、销售状况、用户评价、曾获荣誉等作虚假或者引人误解的商业宣传、欺骗、误导消费者。”由此可见，虚假广告分为两类：文义虚假和引人误解的虚假广告。

文义虚假就是文义上的错误，如商品明明就是中国生产的，偏偏号称原产地为西班牙。而引人误解的虚假广告是通过语言上的模糊性和多义性来引起消费者的误解。如经营者说饮料“买一送一”，我们就会理解为买一瓶饮料送一瓶，实际上是买一品饮料赠送一包餐巾纸。这样的宣传从字面上看没有错误，但是违背了消费者的正常思维，构成了虚假广告。

三、虚假广告的表现形式

《广告法》第 28 条第 2 款规定了虚假广告的几种情形。

1. 商品或服务不存在的。

2. 商品的性能、功能、产地、用途、质量、规格、价格、生产者、有效期、销售状况、曾获荣誉，或者服务的内容、提供者、形式、质量、价格、销售状况、曾获荣誉等信息，以及与商品或服务有关的许诺等信息与实际情况不符，对购买行为有实质性的影响的。

3. 使用虚构、伪造或者无法验证的科研成果、统计资料、调查结果、文摘、引用语等信息作证明材料的。

4. 虚构使用商品或接受服务的效果的。

5. 以虚假或引人误解的内容欺骗、误导消费者的情形。

示例 4－8　海天突出标注“儿童酱油”被判虚假宣传[①]

在佛山市海天调味食品股份有限公司（以下简称海天公司）诉原吉林市工商行政管理局昌邑分局、吉林市人民政府工商管理行政处罚一案中，海天牌“儿童酱油”（铁强化酿造酱油200ml），在其产品标签上突出标注“儿童酱油”，并用文字进行说明“富含铁元素，味道柔和鲜香，适合一岁以上儿童调味使用”，配有卡通图形。但经调查取证，证实海天牌“儿童酱油”与海天牌普通“海鲜酱油”产品标准号一致，配料仅比“海鲜酱油”多了营养强化剂“乙二胺四乙酸钠”、白砂糖、干贝，核心营养素的标示值也一致，原告未能提供作为儿童食品的相关科学依据。

法院认为被告原吉林昌邑工商局提供的证据能够证明海天牌“儿童酱油”只是普通的铁强化酿造酱油，而非原告所标示的“儿童酱油”，原告未能提供证据证明“儿童酱油”作为儿童食品的相关科学依据，涉案酱油包装上宣传的“适合一岁以上儿童调味使用”与事实不符，被告将原告的行为认定为作引人误解的宣传，侵害了消费者的知情权，并无不当。而海天公司对其标注宣传的“儿童酱油”却没有国家及相关部门出具的针对儿童年龄段适用的产品检测报告或者相关许可等资料作为依据，因而其宣传行为明显有引人误解的成分，缺乏客观真实性。驳回上诉，维持原判。

可见，广告内容是建立在实证基础上的，如果证据不足，则会被执法部门判定为虚假广告。

四、虚假广告的法律责任主体

（一）广告主（广告信息发布者）

《广告法》规定中的广告主是指为推销商品或者服务，自行或者委托他人设计、制作、发布广告的自然人、法人或者其他组织。简单地说也就是广告信息发布者，比如在“佳洁士双效炫白牙膏广告”中，广告主即佳洁士公司。为了经济利益的最大化，广告主往往无视法律对其产品进行夸大宣传。广告主发布虚假广告承担如下法律责任。

1. 行政责任

《广告法》第55条第1款规定：“违反本法规定，发布虚假广告的，由市场监督管理部门责令停止发布广告，责令广告主在相应范围内消除影响，处广告费用三倍以上五倍以下的罚款，广告费用无法计算或者明显偏低的，处二十万元以上一百万元以下的罚款；两年内有三次

---

① 吉林省吉林市中级人民法院（2016）吉02行终172号行政判决书。

以上违法行为或者有其他严重情节的，处广告费用五倍以上十倍以下的罚款，广告费用无法计算或者明显偏低的，处一百万元以上二百万元以下的罚款，可以吊销营业执照，并由广告审查机关撤销广告审查批准文件、一年内不受理其广告审查申请。”

2. 民事责任

《广告法》第 56 条规定：“违反本法规定，发布虚假广告，欺骗、误导消费者，使购买商品或者接受服务的消费者的合法权益受到损害的，由广告主依法承担民事责任。”其中的合法权益，既包括商品或服务本身，也包括该商品或服务给消费者造成的其他财产损失或人身损害。依据该条规定，对于未造成其他财产损失或人身伤害的，消费者可以其购买的产品或服务无法达到广告所宣传的功效为由，要求退货；如果购买的产品或服务对消费者造成了其他财产损失或人身损害，消费者不仅可以要求退货，还可以要求相应的赔偿。购买虚假广告所宣传的产品后，可先与广告主或卖家协商解决，协商不成的，可到人民法院提起诉讼。

（二）广告经营者和广告发布者

《广告法》中的广告经营者是指接受委托提供广告设计、制作、代理服务的自然人、法人或者其他组织。广告发布者主要是指电视台、报社、广播电台和一些网站等。

《广告法》第 34 条规定：“广告经营者、广告发布者依据法律、行政法规查验有关证明文件，核对广告内容。对内容不符或者证明文件不全的广告，广告经营者不得提供设计、制作、代理服务，广告发布者不得发布。”

虽然法律规定了广告经营者和广告发布者对广告内容的审查义务，但一些广告经营者为了招揽广告业务，对于广告主的虚假广告不仅不拒绝，持放任的态度，甚至还会为他们出谋划策，帮助制作虚假广告。广告经营者、广告发布者对虚假广告要承担如下的法律责任。

1. 行政责任

《广告法》第 55 条第 3 款规定，广告经营者、广告发布者明知或者应知广告虚假仍设计、制作、代理、发布的，由市场监督管理部门没收广告费用并处相应的罚款；两年内有三次以上违法行为或者有其他严重情节的，除增加罚款金额外，还可以由有关部门暂停广告发布业务、吊销营业执照。

2. 民事赔偿责任

《广告法》第 56 条规定了广告经营者和广告发布者的民事责任。

(1) 广告经营者、广告发布者，明知或者应知广告虚假仍设计、制作、代理、发布，造成消费者损害的，应当与广告主承担连带责任。

(2) 广告经营者、广告发布者不能提供广告主的真实名称、地址和有效联系方式的，消费者可以要求广告经营者、广告发布者先行赔偿。

(3) 关系消费者生命健康的商品或者服务的虚假广告，造成消费者损害的，其广告经营者、广告发布者应当与广告主承担连带责任。

（三）广告代言人

广告代言人在广告的传播过程中扮演重要的角色，并且对消费者具有很强的说服力。根据《广告法》第 56 条的规定，广告代言人明知广告虚假，仍作推荐、证明，对消费者造成损害的，应与广告主承担连带责任；关系消费者生命健康的商品或者服务的虚假广告，造成消费者损害的，其广告代言人与广告主承担连带责任。此外，《食品安全法》第 140 条也规定：“社会团体或者其他组织、个人在虚假广告或者其他虚假宣传中向消费者推荐食品，使消费者的合法权益受到损害的，应当与食品生产经营者承担连带责任。”

除行政责任和民事赔偿责任之外，如广告主、广告经营者、广告发布者和广告代言人的广告行为构成犯罪，依法追究刑事责任。

想一想

虚假宣传与虚假广告的区别？

第五节　广告代言

示例 4-9　科研变广告归广告法管吗？

2014 年 9 月 12 日中新网发布了一则新闻称：天津科技大学营养专家团队在第十四届中国方便食品大会中带来了一份最新研究报告《方便主食营养比较研究》，称“方便面比包子营养更均衡”。方便面相当接近世界卫生组织推荐的膳食能量构成：总热量的 50%～65%源于碳水化合物、20%～30%来自脂肪、11%～15%来自蛋白质，比包子营养更为均衡，性价比高于汉堡、速冻水饺。国内多家媒体在官方微博上转发了这则新闻。一时间，方便面逆袭包子、水饺，从垃圾食品华丽转身为“相当接近世界卫生组织标准”的健康食品。

问：“专家的科研荐证”是否纳入《广告法》调整？

一、广告代言人的界定

《广告法》第 2 条第 5 款明确规定：“本法所称广告代言人，是指广告主以外的，在广告中以自己的名义或者形象对商品、服务作推荐、证明的自然人、法人或者其他组织。”广告代言既包括名人代言，也包括消费者代言、专家代言。法人或其他组织代言既包括非专业组织代言，如国家足球队代言洗衣机，也包括专业性的机构代言，如科学研究院代言。

关于广告代言人，有人认为代言人不包括普通群众，这是对广告法的误解，名人、专家、普通消费者都是广告法中的代言人。① 广告主自己或员工来做的代言也受广告法的限制。例如，格力董事长董明珠为格力产品代言，聚美优品 CEO 陈欧为聚美优品代言，这些都受广告法对广告代言人的限制。

思考 4-3

电影人物、卡通人物能否做广告代言人？如奥特曼、黑猫警长？

二、广告代言人的禁止范围

为了保障广告的真实性，确保对儿童身心的保护，维护公权力的纯洁性，广告法禁止一定身份的主体作为广告代言人。

① 宋亚辉．广告代言的法律解释．法学，2016（9）.

（一）不得利用不满10周岁的未成年人作为广告代言人

未成年人心智发展不成熟，过早代言商业广告会影响其正确的价值观、人生观。

（二）因为代言虚假广告受到处罚未满3年的不得代言

《广告法》第38条第3款规定："对在虚假广告中作推荐、证明受到行政处罚未满三年的自然人、法人或者其他组织，不得利用其作为广告代言人。"这里的行政处罚是指《广告法》第62条第4项"明知或应知广告虚假仍在广告中对商品、服务作推荐、证明"的情形，须有故意或过失的主观心态。

（三）国家机关及其工作人员

《广告法》第9条第2项规定禁止广告使用或者变相使用国家机关、国家机关工作人员的名义或者形象，因此，国家机关及其工作人员不得以任何形式代言广告。

（四）法律后果

违反《广告法》第38条第2款利用不满10周岁的未成年人作为广告代言人的，用受过行政处罚的人代言广告的，按照《广告法》第58条第1款的规定，并非由代言人承担行政责任，而是由广告主承担行政责任，即"由市场监督管理部门责令停止发布广告，责令广告主在相应范围内消除影响，处广告费用一倍以上三倍以下的罚款，广告费用无法计算或者明显偏低的，处十万元以上二十万元以下的罚款；情节严重的，处广告费用三倍以上五倍以下的罚款，广告费用无法计算或者明显偏低的，处二十万元以上一百万元以下的罚款，可以吊销营业执照，并由广告审查机关撤销广告审查批准文件、一年内不受理其广告审查申请"。违反《广告法》第9条第2款的规定，利用国家机关及公务人员的名义或形象代言的，由广告主承担行政责任，按照《广告法》第57条第1款的规定，"由市场监督管理部门责令停止发布广告，对广告主处二十万元以上一百万元以下的罚款，情节严重的，并可以吊销营业执照，由广告审查机关撤销广告审查批准文件、一年内不受理其广告审查申请"。

三、广告代言内容的规制

广告法对广告代言内容的规制分两个方面：一方面是对某些行业的广告禁止代言或者限制代言；另一方面是为了保障广告的真实性，对广告的内容设定了一定的规则限制。

（一）禁止和限制代言的广告类别

1. 禁止代言的广告类别

《广告法》第16条第1款第4项和第18条第1款第5项规定，全面禁止代言的广告类别包括：药品广告、医疗广告、医疗器械广告、保健食品广告。

2. 限制代言的广告类别

（1）农药、兽药、饲料添加剂广告，不得利用科研机构、技术推广机构、专家人士的名义或形象推荐、证明。

（2）教育、培训广告。

（3）招商等有投资回报预期的商品或服务广告。

（4）农作物种子、林木种子、草种子、种畜禽、水产苗种和养殖广告。

（5）食品广告。

在限制代言的广告类别中，法律实际上不仅禁止以专家或相关机构或消费者的名义进行代言，还禁止在广告表演中以专家或相关机构或消费者的名义进行推荐和证明。

3. 法律后果

广告主违反限制或禁止代言规定的，根据《广告法》第 58 条第 1 款之规定，由“由市场监督管理部门责令停止发布广告，责令广告主在相应范围内消除影响，处广告费用一倍以上三倍以下的罚款，广告费用无法计算或者明显偏低的，处十万元以上二十万以下的罚款；情节严重的，处广告费用三倍以上五倍以下的罚款，广告费用无法计算或者明显偏低的，处二十万元以上一百万元以下的罚款，可以吊销营业执照，并由广告审查机关撤销广告审查批准文件、一年内不受理其广告审查申请。”

（二）广告代言的规则

1. 代言人必须使用过推荐的商品或服务

根据《广告法》第 38 条第 1 款的规定，广告代言人不得为其未使用过的商品或者未接受过的服务作推荐、证明。换言之，如果代言人想为某件商品或某项服务代言，必须先使用该商品或接受该服务。例如，在成龙代言的霸王洗发水广告中，成龙自已显然就没用过霸王洗发水，因此根据广告法的规定，成龙不得提供代言服务。

2. 真实的正确意见

广告必须反映代言人的真实意见和经验。首先，代言人的身份是真实的。其次，代言人的陈述是真实的。最后，代言人的意见是真实的。

（三）消费者代言

经营者如果用消费者做代言，那么消费者必须是真实的消费者，而不能是演员。

（四）专家代言

这里的专家必须是某一领域的专家，该代言人必须具备某方面的专业知识。广告中我们常见的戴眼镜、穿着白大褂的人往往被消费者认为是某领域的专家，如果该人不是专家而是演员，则必须在广告中明确告知消费者。

四、虚假广告代言的责任

在虚假广告中，广告代言人也要承担一定的行政责任和民事责任。从理论上讲，广告代言人与广告主应该构成虚假广告的共同犯罪，从而承担刑事责任，但在实务中未见相关案例，因此，这里仅谈及广告代言人的行政责任和民事责任。

（一）行政责任

广告代言人“明知或者应知广告虚假仍在广告中对商品、服务作推荐、证明的”，按照《广告法》第 61 条的规定，“由市场监督管理部门没收违法所得，并处违法所得一倍以上二倍以下的罚款”。明星通常是为多家厂商代言的，被处罚一次或许不会影响其为其他厂商代言，因此为了惩戒虚假广告的代言人，《广告法》第 38 条第 3 款还规定了代言虚假广告受处罚后的 3 年“禁言期”，即代言虚假广告受到行政处罚未满 3 年的不得代言。

（二）民事责任

《广告法》第 56 条第 2 款规定，关系消费者生命健康的商品或服务的虚假广告，造成消费者损害的，广告代言人应当与广告主承担连带责任。该条第 3 款同时规定，上述商品或服务以外的虚假广告造成消费者损害的，广告代言人明知或者应知广告虚假仍作推荐、证明的，应当与广告主承担连带责任。这里有两层意思：与生命健康相关的商品或服务，代言人承担无过错的连带损害赔偿责任；而其他产品和服务，代言人承担有过错（明知或应知虚假）的连带损害赔偿责任。但在实务中，代言人因虚假广告承担民事责任的案例并不多见，下面两起法院的判决都没有论及代言人的法律责任。

示例 4－10　名人代言虚假广告的两起案件

在张某诉昆明家乐福超市有限公司（以下简称家乐福公司）、益海嘉里食品营销有限公司（以下简称嘉里公司）、嘉里粮油（防城港）有限公司（以下简称嘉里防城港公司）、林丹、谢杏芳产品责任纠纷一案中，原告张某诉请：确认其购买的由家乐福公司、嘉里公司、嘉里防城港公司生产、销售的金龙鱼牌食用调和油标签上标注的转基因标识不醒目、不明显；确认该产品为有缺陷的不合格产品，涉案产品应更换醒目的标识后方可销售；确认家乐福公司、嘉里公司、嘉里防城港公司、林丹、谢杏芳有欺诈行为。法院没有认定包括林丹、谢杏芳在内的被告构成欺诈，驳回了原告的诉讼请求。①

在冯某诉北京百姓阳光大药房、姚明产品责任纠纷一案中，原告认为姚明代言的汤臣倍健牌鱼油软胶囊存在欺诈，遂将销售者和代言人姚明一起告上法庭。法院认为不存在欺诈，驳回原告诉讼请求。②

延伸阅读三　国外明星代言虚假广告的法律责任

美国的广告法严格规定了明星代言虚假广告的法律责任。美国明星代言广告的行为被称为荐证广告。美国广告法规定了代言人在代言广告时必须符合两个条件："证言广告"和"明示担保"，意思是明星们在代言广告产品时必须使用过该产品，并且不能有虚假夸大的成分，否则就要遭到重罚。例如，歌星帕特·布恩在为粉刺药霜做代言时，因为存在夸大成分而被有关部门处罚。摇滚巨星迈克尔·杰克逊在为百事可乐做代言时，因为自己没喝百事可乐而受到了有关部门的惩罚。③

美国广告法采用灵活标准，对名人与普通人广告荐证进行二元区分。虽然广告荐证者既包括名人，也包括普通人，但利用名人的知名度与影响力促销显然已成为美国"标准的市场技术"。美国对名人的广告宣传行为实行特殊规制：对于广告提示或广告描述等不具有典型荐证特征的行为，如果是名人的行为则可能被认定为广告荐证（当然，广告明示为表演的除外）；如果是普通人的行为则一般被界定为广告表演。例如，某高尔夫球电视广告中展示了一位著名的职业高尔夫球手击球的画面，尽管其在广告中并没有语言陈述，但仍然构成荐证。一般认为，名人的广告提示或描述行为可视为一种特殊的广告荐证：形象荐证。④

《加拿大广告标准准则》对于代言虚假广告作了明确规定，与美国法律一样，要求广告代言人必须真实使用过该产品或者该服务，并且不能做虚假的宣传去误导或者欺骗消费者，否则就会承担相应的民事或刑事处罚。

---

① 云南省昆明市中级人民法院（2016）云 01 民终 782 号民事判决书。

② 姚明代言成被告，法院判决不违法．http：//mt. soho. com/201805020. html.

③ 于林洋．虚假广告侵权研究．北京：中国检察出版社，2007：121－128.

④ 于林洋．广告荐证的行为规范：美国的经验与启示．华东师范大学学报（哲学社会科学版），2013（1）：124.

另外，较之美国法律，加拿大标准协会在政府的支持下规定了对于未播出的广告要进行预先的审查，如果预先审查发现是虚假广告的，则禁止播出。预先审查从源头上减少了虚假广告的存在。①

韩国与加拿大一样，采用了对明星代言虚假广告的预先审查制度。通过预审来规范大众传播广告内容的真实性。韩国的广告自律审议机构负责对电视、报纸、网络等媒体的广告内容进行预先审查。不经过审查的广告被视作非法广告，将会受到法律的严厉制裁。②

第六节　广告管理

一、广告管理的定义及特点

广告管理属于经济管理范畴。它是国家市场监督管理机关会同广告行业协会和广告社会监督组织，依照法律、法规和有关政策规定，对广告行业和广告活动实施的指导、监督、协调与控制。

广告管理的特点包括：（1）广告管理具有明确的目的性；（2）广告管理作为国家管理经济行为，是严格依法进行的，有章可循、有法可依和违法必究，具有规范性和强制性特点；（3）广告管理具有多层次特点。

二、广告管理的系统构成

（一）广告的行政管理

广告行政管理，是指国家广告管理机关依照广告管理的法律、法规和有关政策规定，通过一定的行政干预手段，对广告行业和广告活动进行的监督、检查、控制和指导。在我国，广告管理的最高行政机关是国家市场监督管理总局。广告管理机关具有如下职能。

第一，负责制定和解释广告管理的法律和法规。

第二，对广告经营单位的审批。对广告经营单位审批包括两方面内容：一是对广告经营资质的审批，即核准广告经营权；二是对广告经营范围的审批，也就是核定广告经营范围。

第三，对广告主和广告经营者的监督与指导。

第四，对广告违法案件的查处和复议。

第五，协调与服务。

（二）广告的审查制度

广告审查是指广告审查机关在广告交付媒介发布前，对广告主的主体资格、广告内容及其表现形式和有关文件证明或材料进行审查。

广告审查内容包括：其一，对广告主体资格的审查。广告审查机关在广告审查时，首先应对广告主的主体资格进行审查，即要求广告主提交“营业执照及生产、经营资格的证明文件”。其二，对广告内容真实性的审查。广告审查机关在审查广告内容时，主要是审查内容是否与客观事实相

① 唐自政．明星代言虚假广告的法律责任探究．哈尔滨师范大学社会科学学报，2016（5）：75.

② 同①76.

符，有无隐瞒事实真相或随意虚构、夸大的成分在内。对一些涉及质量标准的或一时难以证明内容真实性的商品广告，还要求广告主出示由质量检验机构对广告中有关商品质量内容具有证明性的文件和确认广告内容真实性的其他文件。其三，对广告表现形式真实性与合法性的审查。

（三）广告行业的自律制度

广告行业自律制度，是广告行业的自行管理，由广告主、广告经营者和广告发布者自发成立的民间性行业组织，通过自行制定的广告行业自律章程、公约和会员守则等，对自身从事的广告活动进行自我约束、自我限制、自我协调和自我管理。广告行业自律制度的显著特点：一是自发性；二是自愿性；三是道德约束性或舆论规范性；四是灵活性。

（四）广告社会监督机制

广告社会监督机制，主要通过广大消费者自发成立的消费者组织，依照国家广告管理的法律、法规，对广告进行日常监督，对违法或虚假广告向政府广告管理机关进行举报和投诉，并向政府立法机关提出立法请求与建议。其目的在于限制虚假或违法广告对消费者权益的侵害，以维护消费者正当权益，确保广告市场健康有序的发展。

消费者组织实行广告社会监督的特点：（1）监督主体的广泛性；（2）广告社会监督组织的“官意民办”性；（3）广告社会监督行为的自发性；（4）广告社会监督的无形权威性。

我国广告社会监督机制的运作分为三个层次。

1. 广告受众对广告的全方位监督。这构成广告社会监督的第一个层次，是广告社会监督的基础。

2. 广告社会监督组织的中枢保障作用。由各级消费者组织具体履行的广告社会监督职能本身决定它一方面积极宣传，动员可以动员的力量，包括来自个人、企业、事业单位、社会团体或其他组织的力量，对广告进行全方位的监督；另一方面对广告受众关于虚假或违法广告的举报与投诉，广告社会监督组织有责任和义务向大众传播媒介进行通报，并让新闻传媒对其进行曝光，对情节严重并造成重大严重后果的，广告社会监督组织还应向广告管理机关和人民法院提起诉讼。

3. 新闻传媒、政府广告管理机关、人民法院对虚假或违法广告及其责任人的曝光、查禁和惩处。

三、广告管理的意义

广告是知识密集、技术密集、人才密集的第三产业的重要组成部分。广告管理具有如下意义：（1）保证国家对广告实施切实有效的管理；（2）加强法制建设，维护广告市场秩序，保护参与广告活动各方的合法权益；（3）查处虚假广告，保护消费者权益。

课后练习

一、不定项选择题

1. 下列广告语不符合《广告法》规定的有（　　）。

A. 德芙巧克力，只给最爱的人

B. 欢迎顶级模特来现场表演

C. 根据国家统计局统计，伊利奶粉产品全国销量第一

D. 全国播音员首选感冒药

2. 下列哪些说法是错误的？（　　）

A. 经过有关部门批准，广告中可以使用“国家级”“最高级”“最佳”等用语

B. 广告不得妨碍社会安定，损害社会公共利益

C. 经过国家机关同意，可以在广告中使用该机关的名义或者形象

D. 未取得专利权的，不得在广告中谎称取得专利权

3. 广告不得有下列哪些情形？（　　）

A. 使用中华人民共和国国旗、国徽、国歌

B. 使用国家机关和国家机关工作人员的名义

C. 使用国家级、最高级、最佳等用语

D. 含有民族、种族、宗教、性别歧视的内容

4. 下列（　　）不属于违法广告。

A. 某报在为一烟厂发布的烟草广告中，出现了世界冠军××身披国旗在赛场上奔跑的画面

B. 某著名的扮演毛泽东的特型演员身着西装出现在一则房地产广告中

C. 本药品治愈率达 88%

D. 走走看看，首选金海马家具

5. 下列哪一种传播行为违反了新《广告法》相关规定？（　　）

A. 广播电台深夜时段邀请某医院医师为患者答疑解惑，并推荐就医医院

B. 电视台邀请某健康专家针对某品牌养生产品进行推介

C. 某新闻网站将某品牌医疗器械植入新闻报道中

D. 某品牌产品邀请 8 岁的小童星为其产品代言

6. 某水稻种子厂家为了吸引消费者购买，在广告中提及“本产品保证成活率 100%，中科院院士×××强烈推荐”等字眼。违反了新《广告法》的哪条规定？（　　）

A. 广告不得含有违反安全使用规程的文字、语言或者画面

B. 广告不得含有表示功效的断言或者保证

C. 广告不得声称或者暗示广告商品为保障健康所必需

D. 广告不得利用科研单位、学术机构、技术推广机构、行业协会或者专业人士、用户的名义或者形象作推荐、证明

7. 依照《中华人民共和国广告法》规定，医疗器械广告中可以含有的内容是（　　）。

A. 医疗单位验证　　B. 比同类医疗器械质优价廉

C. 根治颈椎病　　D. 治愈率达 69%

E. 使用注意事项

8. 食品广告中不得使用（　　）或者形象。

A. 医疗机构的名义　　B. 医生的名义

C. 专家的名义　　D. 消费者的名义

9. 烟草广告中不得含有吸烟形象、（　　）等情形。

A. 未成年人形象

B. 鼓励、怂恿吸烟的

C. 表示吸烟有利人体健康、解除疲劳、缓解精神紧张的

D. 其他违反国家广告管理规定的

10. 化妆品广告禁止使用最新创造、（　　）等绝对化语言的内容。

A. 最新科技　　B. 最新发明　　C. 纯天然制品　　D. 无副作用

二、案例分析

2016年11月某电视台发布了××黑发灵广告。广告称“黑发效果能100%保持数年之久”，并配发了两张对比照片。一青年看后，购买了该化妆品，使用后不但黑发效果没有保持多久，而且还导致大量头发脱落。从广告法律、法规角度评述该行为。

第五章 消费者权益保护法

工业化社会孕育了一种考虑当事人之间实际存在的不平等的契约关系的新观念。立法者倾向于保护最弱者，打击最强者，保护外行，打击内行；当事人必须服从于一个被现代法学家称之为经济秩序的东西。

[法] 热拉尔·卡

当规范使各种对社会生活利益的冲突要求之间有一恰当的平衡时，这些制度就是正义的。

——[美] 罗尔斯

引 言

王海成为知假买假进而索取加倍赔偿的第一人。王海是不是消费者？王海知假买假的行为是“打假英雄”还是“钻法律空子的刁民”？有人认为，王海打假是为了索赔，而不是“为生活需要而购买或者使用商品”，因此不是消费者，不应按照《消费者权益保护法》或《食品安全法》的规定给予加倍的损害赔偿金。有人认为，王海购买商品并不是用于再销售等经营目的，从这个意义上其仍然是消费者，而且王海的知假买假行为客观上起到了威慑、惩罚不法经营者、保护消费者权益的作用。如果相反，一些违法欺蒙、坑害消费者的厂家或商家则可能以“知假”为名，逃避其理应承担的法律责任。对此，你怎么看？

第一节 消费者与消费者权益保护法

一、消费者的概念

“消费者”这一概念，最初只是一个经济学的概念。在经济学上，建立在社会分工基础上的生产、交换、分配、消费是社会再生产必不可少的四个环节，其中，人们在市场上购买自己需要的商品或接受他人提供的服务，从而满足自己日常生活需要的过程，就是交换和消费的过程。所以，消费者，是社会生产发展到一定阶段的产物，是随着商品经济的发展而出现的。

法律意义上的消费者，依据美国《布莱克法律词典》是指为了个人、家庭的生活需要而购买商品或者接受服务的自然人。国外立法例一般只把个人作为消费主体纳入消费者权益保护法的调整范围，如美国、泰国、俄罗斯等。

我国国家标准局1985年发布的《消费品使用说明准则》给出的消费者定义是“为满足个人或者家庭生活而购买、使用商品或者服务的个体社会成员。”1993年10月颁布的《中华人民共和国消费者权益保护法》(以下简称《消费者权益保护法》) 并未对消费者给出明确定义，仅概述为“消费者为生活消费需要购买、使用商品或者接受服务，其权益受本法保护”。据此，我国学界将消费者定义为：为满足生活需求而购买、使用商品或接受服务的人。我国多数学者强调这里的“人”，仅指自然人或家庭，不包括法人或其他社会组织，但也有学者认为既可以是自然人，也可以是一定范围内人的集合体。① 学者进一步指出，考虑到我国现实中单位生活消费的普遍性，以及单位消费实际上最终也落实到个人消费这一特点，我国在消费者权益保护立法上也应将单位的生活消费纳入调整范围。②

二、消费者权益保护法概述

(一) 世界范围内的消费者权益保护法概况

消费者权益保护法是调整保护消费者权益过程中发生的社会关系的法律规范的总称。消费者权益保护法是专门保护消费者的法律制度，这种法律制度是在市场经济的不断发展中得以确立并渐趋完善的。第二次世界大战以前，即便在德国等市场经济发达的国家，也并无保护消费者权益的专门规定。消费者购买商品或接受服务的行为，被视作一般的合同关系，尊奉的是合同自由、当事人意思自治等传统民事法律原则。第二次世界大战后，社会分工愈加细化，机械及电力的运用促使专业化的大工厂不断出现，商品交换的领域不断扩张，格式合同等有助于提高交易效率的交换形式也得到普遍应用。在日益丰富、专业、效率的交换活动中，在日趋强大的经营者面前，由于自身的孤立与分散、经济地位的不对等、相关专业知识的缺乏等，作为个体的消费者实际上的弱势地位不断彰显，仅仅依据传统民商法的当事人意思自治、合同自由原则，无法真正保护消费者的正当权益。因此需要公权力的介入，需要建立专门的消费者权益保护制度，给予消费者适当的倾斜性保护，以实现消费者与经营者权利义务的相对均衡。于是，消费者保护运动在一些国家率先兴起，消费者保护组织也相继出现，专门的消费者权益保护法律制度也得以发布并渐趋完善。

第一个消费者协会是于1881年在纽约成立的，1889年该协会发展成为全国性组织，即全美消费者联盟。1914年美国颁布的《联邦贸易委员会法》的第5条，是保护消费者的重要法规，该法1938年修订，其修改后的第5条的适用范围扩大到“所有对消费者具有不利后果的商业行为”。1962年3月15日，时任美国总统的约翰·肯尼迪在美国国会发表《关于保护消费者利益的总统特别咨文》，首次提出了著名的消费者四项权利，即安全消费的权利、消费时被告知基本事实的权利、选择的权利和自由表达意见的权利。1968年，美国颁布了《消费信贷保护法》(Consumers Credit Protection Act)。该法第一编 (Truthin Lending Act) 规定了消费信贷交易条件的公开要求，是较早关于金融消费者权益保护的法律规定。

1960年，美国、英国、澳大利亚、比利时和荷兰五个国家的消费者协会发起成立了国际

① 王晓晔．经济法学．北京：社会科学文献出版社，2005：204.

② 倪振峰，汤玉枢．经济法学．北京：中国政法大学出版社，2010：206.

消费者联盟（International Organizationof Consumer Unions，简称 IOCU），目的是协调各国消费者组织以及各国政府做好消费者权益的保护工作。1983 年，IOCU 把每年的 3 月 15 日定为国际消费者权益日（International Day for Protecting Consumers' Rights），目的在于扩大消费者权益保护的宣传，使之在世界范围内得到重视，推动保护消费者权益运动进一步发展。1985 年 4 月 9 日，联合国大会一致通过了《保护消费者准则》，敦促各国采取切实措施，维护消费者的利益。

日本在 1968 年和 1973 年分别颁布了《日本保护消费者基本法》和《日本社会消费品安全法》，泰国在 1979 年颁布了《泰国消费者保护法》，韩国在 1986 年颁布了《韩国消费者保护法》。各国的消费者权益保护法，虽具体内容千差万别，但都遵循着一个共同的原则和目标：给予弱势地位的消费者适当的倾斜性保护。

（二）我国消费者权益保护立法概况

我国自 20 世纪 70 年代末开展经济体制改革以来，商品经济不断发展，市场竞争日趋激烈。相应的，调整市场秩序、维护市场主体合法权益的法律法规也相继大量颁布。《消费者权益保护法》是我国第一部消费者权益保护的专门法律，该法 1994 年 1 月 1 日正式施行，2009 年第一次修订，2013 年第二次修订。其他涉及消费者权益保护的重要法律还有：《民法典》《产品质量法》《价格法》《广告法》《反不正当竞争法》《食品安全法》等。此外，还有保护消费者权益的大量行政法规、地方性法规及行政规章，如《银行业消费者权益保护工作指引》《保险消费投诉处理管理办法》《上海市消费者权益保护条例》等。

（三）我国消费者权益保护法的适用对象

我国《消费者权益保护法》第 2 条规定："消费者为生活消费需要购买、使用商品或者接受服务，其权益受本法保护；本法未作规定的，受其他有关法律、法规保护。"第 3 条规定："经营者为消费者提供其生产、销售的商品或者提供服务，应当遵守本法；本法未作规定的，应当遵守其他有关法律、法规。"第 62 条规定："农民购买、使用直接用于农业生产的生产资料，参照本法执行。"

示例 5－1

农民老赵从某种子站购买了小麦种子"丰收一号"，播种在自家几十亩承包田里，待小麦抽穗后未见麦粒日渐饱满反见其日趋干瘪。经鉴定，这批小麦种子属于假良种。老赵属于消费者，可以依照《消费者权益保护法》维护自身的权益，解决其与经营者间的纠纷。因为我国《消费者权益保护法》在适用对象上既有适用于"生活消费"的原则性规定，也有适用于"农民购买生产资料"的例外性规定。

（四）我国消费者权益保护法的基本原则

消费者权益保护法的基本原则，既是其立法的指导思想，也是其法的本质与内容的集中表现，对整个消费者保护立法具有普遍意义和指导作用。

我国《消费者权益保护法》确立了如下基本原则。

第一，自愿、平等、公平、诚实信用原则。消费者与经营者的基本关系是合同关系，属于民法的范畴，双方的权利义务关系首先应遵从自愿、平等、公平、诚实信用的民事法律原则。具体说来，自愿，即消费者与经营者双方在真实意思表示基础上进行交易，不受任何干涉或强迫；平等，即消费者与经营者的法律地位平等；公平，即消费者能够以自己所付的价款得到一个对等价值的商品或服务，即“价有所值”；诚实信用，即消费者不受欺诈，经营者不得对消费者有欺诈行为。

第二，对消费者进行特别保护原则。就法律地位而言，消费者与经营者的法律地位平等，在交易中处于平等主体的关系，然而，与经营者拥有资金优势、信息优势、经营垄断等优势相对应，消费者处于明显的弱势地位，需要国家以法的形式给予特别的保护。我国《消费者权益保护法》通过确认消费者的权利、经营者的义务，通过确立惩罚性赔偿制度、民事责任优先制度，通过确认社会监督的原则等，给予了消费者以倾斜性的特别保护。

示例 5-2

在我们身边，经常可以听到新装修家居甲醛超标引发白血病、奶粉质量不达标甚至掺杂掺假导致儿童肾功能严重受损、不合格燃气热水器致人死亡等事件，而消费者对很多产品的制作成分、性能、用途、有效期限等没有深入的了解，往往处于弱者地位，再加上五花八门的营销手段，甚至是虚假广告等不正当竞争行为，使得消费者利益很容易受到侵害。而且，消费者维权常常存在着难以找到侵权者、举证难、索赔难等种种问题。因此，消费者与经营者之间的买卖关系不能仅靠民商法中的“合同自由”“当事人意思自治”来调整，需要国家建立专门的保护消费者法律制度，对处于弱势地位的消费者给予倾斜性的特殊保护。消费者权益保护法在性质上是一种平衡市场力量的法律，消费者的权利高于普通的民事权利。

第二节　消费者的权利与经营者的义务

一、消费者的权利

联合国大会 1985 年 4 月 9 日通过的《保护消费者准则》，提出了保护消费者下列合理需求：(1) 保护消费者的健康和安全不受侵害；(2) 保护消费者的经济利益；(3) 保护消费者取得关于商品和服务真实信息的权利；(4) 保护消费者享受消费教育的权利；(5) 保护消费者取得损害赔偿的权利；(6) 保护消费者建立消费者组织的权利。迄今，世界各国大多依据该《保护消费者准则》制定本国的消费者权益保护法。

我国《消费者权益保护法》赋予消费者九项权利。

(一) 安全保障权

《消费者权益保护法》第 7 条规定，消费者在购买、使用商品和接受服务时享有人身、财产安全不受损害的权利。消费者有权要求经营者提供的商品和服务，符合保障人身、财产安全的要求。

对消费者安全权予以保障的法律制度，还体现在《产品质量法》《食品安全法》《药品管理法》等法律法规中。如《药品管理法》第 64 条第 2 款规定，药品监督管理部门对有证据证明可能危害人体健康的药品及其有关材料可以采取查封、扣押的行政强制措施。《产品质量法》第 13 条规定，可能危及人体健康和人身、财产安全的工业产品，必须符合保障人体健康和人身、财产安全的国家标准、行业标准，未制定国家标准、行业标准的，必须符合保障人体健康和人身、财产安全的要求。

为尽可能减低缺陷产品对消费者的人身和财产安全的损害，我国相关法律法规中还确立了“缺陷产品召回”制度。如《食品安全法》第 63 条规定，国家建立食品召回制度。

（二）知悉真情权

《消费者权益保护法》第 8 条规定，消费者享有知悉其购买、使用的商品或者接受的服务的真实情况的权利。有权要求经营者提供商品的价格、产地、生产者、用途、性能、规格、等级、主要成分、生产日期、有效期限、检验合格证明、使用方法说明、售后服务，或者服务的内容、规格、费用等有关情况。消费者的这个权利被称为“知情权”。如果不能知悉商品或服务的真实情况，消费者就无从作出符合自身意愿的理性判断和选择。

（三）自主选择权

《消费者权益保护法》第 9 条规定，消费者享有自主选择商品或服务的权利。包括自主选择经营者，自主选择商品品种或服务方式，自主决定购买或不购买任何一种商品、接受或不接受任何一种服务，有权在不同的商品或服务之间进行比较、鉴别和挑选。

（四）公平交易权

《消费者权益保护法》第 10 条规定，消费者享有公平交易的权利。表现在：有权获得质量保障、价格合理、计量正确等公平交易条件，有权拒绝经营者的强制交易行为。

（五）依法获偿权

《消费者权益保护法》第 11 条规定，消费者因购买、使用商品或接受服务受到人身、财产损害，享有依法获得赔偿的权利。享有求偿权的主体包括：商品的购买者、商品的使用者、服务的接受者及第三人。

（六）依法结社权

《消费者权益保护法》第 12 条规定，消费者享有依法成立维护自身合法权益的社会组织的权利。该项权利是宪法规定的公民享有结社自由在《消费者权益保护法》中的体现，也是法律帮助消费者从分散、弱小的个体转变成集中、强大的群体的手段，从而增加消费者权益保护的力量。

（七）知识获取权

《消费者权益保护法》第 13 条规定，消费者享有获得有关消费和消费者权益保护方面的知识的权利。该权利又称消费者受教育权。消费者只有掌握相关商品或服务的知识和使用技能，掌握法律赋予自身的权利，才能提高自我保护的意识与能力。

（八）受尊重权

《消费者权益保护法》第 14 条规定，消费者在购买、使用商品和接受服务时，享有人格尊严、民族风俗习惯得到尊重的权利，享有个人信息依法得到保护的权利。

（九）监督批评权

《消费者权益保护法》第 15 条规定，消费者享有对商品和服务以及保护消费者权益工作进行监督的权利，有权检举、控告侵害消费者权益的行为以及国家机关及其工作人员在保护消费者权益工作中的违法失职行为，有权对保护消费者权益工作提出批评、建议。

示例 5－3

徐先生在某超市购物后，参加购物抢气球赠送礼品活动。由于参加活动人数众多，互相推搡，徐先生不慎被拥挤的人群撞倒在地，造成右腿骨折。后来，徐先生持所花费的医药费清单向该超市索赔 3.8 万元，超市负责人认为其受伤与超市无关，拒绝赔偿医疗等费用。多次协商未果，徐先生遂向当地消协投诉。消协工作人员详细了解事情经过，反复观看徐先生受伤当日超市内部的视频录像，并先后走访消费者就诊医院、当地司法鉴定所等，了解徐先生的病情和相关补偿标准。在消协的主持下，徐先生与超市达成赔偿协议：超市一次性支付徐先生 3.8 万元。

分析：超市未尽安保义务，消协调解最终获赔。《消费者权益保护法》第 7 条规定，消费者在购买、使用商品和接受服务时享有人身、财产安全不受损害的权利。第 18 条规定，宾馆、商场、餐馆、银行、机场、车站、港口、影剧院等经营场所的经营者，应当对消费者尽到安全保障义务。此外，《民法典》侵权责任编也有相关规定。本案中，消费者在消费过程中有人身安全不受侵害的权利，由于超市在组织活动中未尽到安保义务，致使人群混乱、推搡造成徐先生受到人身伤害，超市应当承担相应的赔偿责任。①

二、经营者的义务

我国《消费者权益保护法》规定了经营者的 12 项法定义务。

（一）依法经营和诚信经营义务

《消费者权益保护法》第 16 条规定，经营者应当依照消费者权益保护法及其相关法律、法规的规定履行义务。经营者和消费者有约定的，应当按照约定履行义务，但双方的约定不得违背法律、法规的强制性规定。经营者应当恪守社会公德，诚信经营，不得设定不公平、不合理的交易条件，不得强制交易。

（二）接受监督的义务

《消费者权益保护法》第 17 条规定，经营者应当听取消费者对其提供的商品或服务的意见，接受消费者的监督。

（三）安全保障义务

《消费者权益保护法》第 18、19 条规定，经营者应当保证其提供的商品或服务符合保障人身、财产安全的要求。

1. 对可能危及人身、财产安全的商品或服务，应当向消费者作出真实的说明和明确的警示，并说明和标明正确使用商品或接受服务的方法以及防止危害发生的方法。

2. 宾馆、商场、餐馆、银行、机场、车站、港口、影剧院等经营场所的经营者，应当对消费者尽到安全保障义务。

3. 缺陷处理。经营者发现其提供的商品或服务存在缺陷，有危及人身、财产安全危险的，应当立即向有关行政部门报告和告知消费者，并采取停止销售、警示、召回、无害化处理、销毁、停止生产或服务等措施。采取召回措施的，应当承担消费者因商品被召回支出的必要费用。

有关行政部门发现并认定商品或服务存在缺陷，应当立即责令经营者采取停止销售、警示、召回、无害化处理、销毁、停止生产或者服务等措施。

---

① http：//news.jcrb.com/jxsw/201803/t20180315_1850640.html.

（四）提供真实信息的义务

《消费者权益保护法》第 20 条规定，经营者提供有关商品或服务的质量、性能、用途、有效期限等信息，应当真实、全面、不得作虚假或者引人误解的宣传。就消费者提出的质量和使用方法等问题的询问，经营者应作出真实、明确的答复。经营者提供的商品或服务应明码标价。

（五）标明真实名称和标记的义务

《消费者权益保护法》第 21 条规定，经营者应当标明其真实名称和标记。租赁他人柜台或场地的经营者，应当标明租赁者的真实名称和标记。

（六）出具凭证或单据的义务

《消费者权益保护法》第 22 条规定，经营者提供商品或服务，应当按照国家有关规定或者商业惯例向消费者出具发票等购货凭证或服务单据，消费者索要发票等，经营者必须出具。

（七）保证质量的义务

《消费者权益保护法》第 23 条有如下规定。

1. 保证其提供的商品或服务在正常使用情况下，应当具有的质量、性能、用途和有效期限。

2. 例外：消费者在购买该商品或者接受该服务前已经知道其存在瑕疵，且存在该瑕疵不违反法律强制性规定的除外。

3. 以广告、产品说明、实物样品或其他方式表明商品或者服务的质量状况的，应当保证实际质量与表明的质量状况相符。

4. 耐用品瑕疵举证责任倒置：提供机动车、计算机、电视机、电冰箱、空调器、洗衣机等耐用商品或者装饰装修等服务，自接受商品或者服务之日起 6 个月内发现瑕疵、发生争议的，由经营者承担有关瑕疵的举证责任。

（八）退换货义务

《消费者权益保护法》第 24、25、54 条规定如下。

1. 商品或者服务不符合质量要求的，消费者可以依照国家规定、当事人约定退货，或者要求经营者履行更换、修理等义务。

没有国家规定和当事人约定的，消费者可以自收到商品之日起 7 日内退货；7 日后符合法定解除合同条件的，消费者可以及时退货，不符合法定解除合同条件的，可以要求经营者履行更换、修理等义务。

依法经行政部门认定为不合格的商品，消费者要求退货的，经营者应当负责退货。

因质量不符合要求而退货、更换、修理的，经营者应当承担运输等必要费用。

2. 无理由退货。

采用网络、电视、电话、邮购等方式销售商品，消费者有权自收到商品之日起 7 日内退货，且无须说明理由。

无理由退货不适用以下商品：消费者定作的；鲜活易腐的；在线下载或者消费者拆封的音像制品、计算机软件等数字化商品；交付的报纸、期刊；其他根据商品性质并经消费者在购买时确认不宜退货的商品。

消费者退货的商品应当完好。

经营者应自收到退回商品之日起 7 日内返还价款。退回商品的运费由消费者承担；经营者和消费者另有约定的，按照约定。

（九）正确使用格式条款的义务

《消费者权益保护法》第 26 条规定，使用格式条款的，应当以显著方式提请消费者注意商品或者服务的数量和质量、价款或者费用、履行期限和方式、安全注意事项和风险警示、售后服务、民事责任等与消费者有重大利害关系的内容，并按照消费者的要求予以说明。

经营者不得以格式条款、通知、声明、店堂告示等方式，作出排除或限制消费者权利、减轻或免除经营者责任、加重消费者责任等对消费者不公平、不合理的规定，不得利用格式条款并借助技术手段强制交易，否则其格式条款无效。

（十）不得侵犯消费者人格权的义务

《消费者权益保护法》第 27 条规定，经营者不得对消费者进行侮辱、诽谤，不得搜查消费者的身体及其携带的物品，不得侵犯消费者的人身自由。

（十一）远程经营者应提供相关信息的义务

《消费者权益保护法》第 28 条规定，采用网络、电视、电话、邮购等方式提供商品或者服务的经营者，以及提供证券、保险、银行等金融服务的经营者，应当向消费者提供经营地址、联系方式、商品或服务的数量和质量、价款或费用、履行期限和方式、安全注意事项和风险警示、售后服务、民事责任等信息。

（十二）保护消费者个人信息的义务

《消费者权益保护法》第 29 条规定，经营者收集、使用消费者个人信息，应当遵循合法、正当、必要的原则，明示收集、使用信息的目的、方式和范围，并经消费者同意。经营者及其工作人员对收集的消费者个人信息必须严格保密，不得泄露、出售或非法向他人提供。经营者应当采取技术措施和其他必要措施，确保信息安全，防止消费者个人信息泄露、丢失。在发生或者可能发生信息泄露、丢失的情况时，应当立即采取补救措施。经营者未经消费者同意或者请求，或者消费者明确表示拒绝的，不得向其发送商业性信息。

示例 5－4

南京王先生称其 2015 年 8 月花 600 元在某电商平台网店购买雷尼斯牌折叠山地自行车，在 2016 年 6 月 10 日骑车时，因车辆折叠部分链接栓脱落而摔倒，造成王先生左手腕粉碎性骨折，花费了数万元医疗费用。网店客服一直拖延解决，后来杳无音信。网店注册企业为天津市柳江工贸公司，客服人员却在广州，发票开票单位为天津市武清区腾跃自行车零件厂（简称“腾跃厂”）。一件网购引发的人身伤害案件牵涉到一个品牌、两家企业、三个地方，王先生四处联系求助无果，只得向江苏省消协投诉。江苏省消协联合天津市消协前往厂家调查，经多次调解，依然没有任何进展。江苏省消协果断派出了公益律师团的律师支持消费者诉讼。2017 年 11 月 29 日，南京市中院二审判决腾跃厂和柳江工贸公司于 12 月 6 日前赔偿王先生 5 万元，如到期未支付，按照 6 万元强制执行，且被告两公司承担一审、二审的诉讼费用。

分析：网购伤害难维权，支持诉讼获赔偿。《消费者权益保护法》规定，消协组织可以就损害消费者合法权益的行为，支持受损害的消费者提起诉讼。本案通过多次调解仍未得解决，消协组织依法支持消费者诉讼，最终为消费者挽回损失。①

---

① http：//news. jcrb. com/jxsw/201803/t20180315_1850640. html.

三、经营者违反义务的法律责任

（一）经营者的民事责任

1. 补偿性民事责任

《消费者权益保护法》第48条规定，经营者提供商品或者服务有下列情形之一的，除本法另有规定外，应当依照其他有关法律、法规的规定，承担民事责任：(1) 商品或者服务存在缺陷；(2) 商品不具备其应当具备的使用性能，而且出售时未作说明；(3) 商品不符合其包装上注明的商品标准；(4) 商品不符合其说明、实物样品等方式表明的质量状况；(5) 商品已经被国家明令淘汰，或者已经失效、变质；(6) 商品数量不足；(7) 服务的内容和费用违反约定；(8) 故意拖延或者无理拒绝消费者提出的修理、重作、更换、退货、补足商品数量、退还货款和服务费用或者赔偿损失的要求；(9) 法律、法规规定的其他损害消费者权益的情形。

对于以上违法行为，根据损害程度，经营者应当分别承担相应的民事责任。

(1) 生命健康权的赔偿责任。

《消费者权益保护法》第49条规定，经营者提供商品或者服务，造成消费者或其他受害人人身伤害的，应当赔偿医疗费、护理费、交通费等为治疗和康复支出的合理费用，以及因误工减少的收入。造成残疾的，还应当赔偿残疾生活辅助具费和残疾赔偿金。造成死亡的，还应当赔偿丧葬费和死亡赔偿金。

(2) 人格权的赔偿责任。

《消费者权益保护法》第50条规定，经营者侵害消费者的人格尊严、侵犯消费者人身自由或者侵害消费者个人信息依法得到保护的权利的，应当停止侵害、恢复名誉、消除影响、赔礼道歉，并赔偿损失。

《消费者权益保护法》第51条规定，经营者有侮辱诽谤、搜查身体、侵犯人身自由等侵害消费者或者其他受害人人身权益的行为，造成严重精神损害的，受害人可以要求精神损害赔偿。

(3) 财产权的赔偿责任。

《消费者权益保护法》第52条规定，经营者提供商品或者服务，造成消费者财产损害的，应当依照法律规定或者当事人约定承担修理、重作、更换、退货、补足商品数量、退还货款和服务费用或者赔偿损失等民事责任。

《消费者权益保护法》第53条规定，经营者以预收款方式提供商品或者服务的，应当按照约定提供。未按照约定提供的，应当按照消费者的要求履行约定或者退回预付款，并应当承担预付款的利息、消费者支付的合理费用。

《消费者权益保护法》第54条规定，依法经有关行政部门认定为不合格的商品，消费者要求退货的，经营者应当负责退货。

此外，《消费者权益保护法》第58条确立了民事赔偿责任优先的制度：经营者违反本法规定，应当承担民事赔偿责任和缴纳罚款、罚金，其财产不足以同时支付的，先承担民事赔偿责任。

示例 5－5

谢某某、张某某在淘宝网店销售假冒“VANS”鞋，达53万余元。经阿里巴巴打假部门向义乌警方提供的线索，二人最终落网，并因犯销售假冒注册商标的商品罪，被判有期徒刑3

年，缓刑 5 年，各处罚金 30 万元。2017 年 8 月，谢某某、张某某、苏某某（售假账号的提供者）被淘宝网以恶意售假损害商誉为由告上法庭，请求法院判令三被告连续一周在《法制日报》《中国消费者报》等媒体除中缝之外的位置上“赔礼道歉，消除恶意售假行为对其造成的影响”。义乌市人民法院最终作出一审判决：三被告赔偿淘宝网损失 1 万元、合理支出（律师费）2.5 万元，并在淘宝网主页上刊登赔礼道歉声明。2018 年 5 月 22 日，三被告的致歉声明“现身”淘宝网首页公告栏，引发关注。据悉，这是全国首起由电商提起的打假案，也是首起判决售假者在电商平台致歉的案例。①

2. 惩罚性赔偿责任

《消费者权益保护法》第 55 条规定，经营者提供商品或者服务有欺诈行为的，应当按照消费者的要求增加赔偿其受到的损失，增加赔偿的金额为消费者购买商品的价款或者接受服务的费用的 3 倍；增加赔偿的金额不足 500 元的，为 500 元。法律另有规定的，依照其规定。

经营者明知商品或者服务存在缺陷，仍然向消费者提供，造成消费者或者其他受害人死亡或者健康严重损害的，受害人有权要求经营者依照《消费者权益保护法》第 49 条、第 51 条等法律规定赔偿损失，并有权要求所受损失 2 倍以下的惩罚性赔偿。

此外，《食品安全法》第 148 条第 2 款规定，生产不符合食品安全标准的食品或者经营明知是不符合食品安全标准的食品，消费者除要求赔偿损失外，还可以向生产者或者经营者要求支付价款 10 倍或者损失 3 倍的赔偿金；增加赔偿的金额不足 1 000 元的，为 1 000 元。但是，食品的标签、说明书存在不影响食品安全且不会对消费者造成误导的瑕疵的除外。

示例 5－6

2016 年 5 月 16 日消费者黄小康等业主向怀集县消协投诉怀集县永怀房地产发展有限公司（简称“永怀公司”）。投诉称，该公司开发的皇御花园，自 2012 年开售以来，隐瞒商品房合同面积与实际面积不符的情况（相差约 6～10 平方米，面积误差比超过 10%），涉及房屋住宅 300 户、商铺 41 户，金额达 3 000 多万元。开发商在 2014 年 8 月份已经测绘出该小区实际面积与合同面积不符，但直到 2016 年 3 月份才公布，使受骗的业主多达 300 余户。业主要求开发商按照法律规定进行赔偿，但协商无果，遂投诉到县消协。县消协出面开展调查，向永怀公司负责人宣讲法律法规，后永怀公司同意对相关业主作出赔偿，商品房面积误差数按当时房价的双倍赔偿。

分析：《消费者权益保护法》第 8 条第 1 款规定，消费者享有知悉其购买、使用的商品或者接受的服务的真实情况的权利。房屋买卖是典型的大宗消费，购房款巨大，消费者对购买的房屋应拥有充分的知情权。本案中开发商故意隐瞒商品真实信息，造成消费者经济利益损失，显然侵害了消费者的合法权益。《最高人民法院关于审理商品房买卖合同纠纷案件适用法律若干问题的解释》第 14 条第 2 项中规定：“房屋实际面积小于合同约定面积的，面积误差比在 3%以内（含 3%）部分的房价款及利息由出卖人返还买受人，面积误差比超过 3%部分的房价款由出卖人双倍返还买受人。”因此，永怀公司按照面积误差比超过 3%部分的房款双倍返还消费者理所当然。②

---

① http：//www. xinhuanet. com/2018－05－22/c_1122871226. htm.

② www. sz315. org/html/show－21－7639. html.

（二）经营者的行政责任

《消费者权益保护法》第56条第1款规定，经营者发生下列侵害消费者权益的行为，除承担相应的民事责任外，法律、法规对处罚机关和处罚方式有规定的，依照法律、法规的规定执行；未作规定的，由市场监督管理部门或者其他有关行政部门进行处罚，处罚的方式包括：责令改正，单处或者并处警告、没收违法所得、处以违法所得1倍以上10倍以下的罚款，没有违法所得的，处以50万元以下的罚款；情节严重的，责令停业整顿、吊销营业执照。

1. 提供的商品或者服务不符合保障人身、财产安全要求的。

2. 在商品中掺杂、掺假，以假充真，以次充好，或者以不合格商品冒充合格商品的。

3. 生产国家明令淘汰的商品或者销售失效、变质的商品的。

4. 伪造商品的产地，伪造或者冒用他人的厂名、厂址，篡改生产日期，伪造或者冒用认证标志等质量标志的。

5. 销售的商品应当检验、检疫而未检验、检疫或者伪造检验、检疫结果的。

6. 对商品或者服务作虚假或者引人误解的宣传的。

7. 拒绝或者拖延有关行政部门责令对缺陷商品或者服务采取停止销售、警示、召回、无害化处理、销毁、停止生产或者服务等措施的。

8. 对消费者提出的修理、重作、更换、退货、补足商品数量、退还货款和服务费用或者赔偿损失的要求，故意拖延或者无理拒绝的。

9. 侵害消费者人格尊严、侵犯消费者人身自由或者侵害消费者个人信息依法得到保护的权利的。

10. 法律、法规规定的对损害消费者权益应当予以处罚的其他情形。

（三）经营者的刑事责任

1. 经营者提供商品或者服务，造成消费者或者其他受害人人身伤害或死亡，构成犯罪的，依法追究刑事责任。

2. 以暴力、威胁等方法阻碍有关行政部门工作人员依法执行职务的，依法追究刑事责任；拒绝、阻碍有关行政部门工作人员依法执行职务，未使用暴力、威胁方法的，由公安机关依照《治安管理处罚法》的规定处罚。

此外，国家机关工作人员玩忽职守或者包庇经营者侵害消费者合法权益的行为的，由其所在单位或者上级机关给予行政处分；情节严重，构成犯罪的，依法追究刑事责任。

第三节　消费者的维权途径及赔偿责任承担的主体

一、消费者的维权途径

《消费者权益保护法》第39条，为消费者提供了五种维权途径。

（一）与经营者协商解决

消费者在与经营者发生纠纷时，可与经营者协商以减少价款、维修、更换、退货等方式，解决双方之间的纠纷。这种纠纷解决方式，是消费者与经营者在平等、自愿基础上，本着公平合理的原则达成的，具有方便、简捷、及时、节约等优点。

（二）请求消费者协会或者依法成立的其他组织调解

1984 年 12 月 26 日中国消费者协会成立，并于 1987 年加入国际消费者协会。《消费者权益保护法》第 37 条规定，消费者协会履行下列公益性职责：向消费者提供消费信息和咨询服务；参与制定有关消费者权益的法律、法规、规章和强制性标准；参与有关行政部门对商品和服务的监督、检查；就有关消费者合法权益的问题，向有关部门反映、查询，提出建议；受理消费者的投诉，并对投诉事项进行调查、委托鉴定、调解；支持受损害的消费者提起诉讼或者依照本法提起诉讼；对损害消费者合法权益的行为，通过大众传播媒介予以揭露、批评。依法成立的其他消费者组织依照法律、法规及其章程的规定，开展保护消费者合法权益的活动。

（三）向有关行政部门投诉

《消费者权益保护法》第 32 条规定，各级人民政府工商行政管理部门和其他有关行政部门应当依照法律、法规的规定，在各自的职责范围内，采取措施，保护消费者的合法权益。有关行政部门应当听取消费者和消费者协会等组织对经营者交易行为、商品和服务质量问题的意见，及时调查处理。

（四）依照仲裁协议提请仲裁机构仲裁

依据我国《仲裁法》，合同纠纷和其他财产权益纠纷，可依纠纷双方自愿达成的仲裁协议，向双方约定的仲裁委员会提起仲裁，请求仲裁委员会“居中公断”。仲裁裁决具有终局的强制性法律效力，即“一裁终局”制。一方当事人对裁决不予履行的，另一方当事人可向人民法院申请强制执行。

（五）向人民法院提起诉讼

《消费者权益保护法》第 35 条规定，人民法院应当采取措施，方便消费者提起诉讼。对符合《中华人民共和国民事诉讼法》起诉条件的消费者权益争议，必须受理，及时审理。

示例 5－7

消费者王女士在某水产品市场购买螃蟹 4.2 斤，每斤 60 元，共花费 252 元，回家复秤发现缺秤 6 两多，随回到市场与商家协商补足斤两或退还多收的 36 元。但商家拒不补偿。王女士遂到当地市场管理部门，请求执法人员主持公道。执法人员赶赴市场，复秤后未发现斤两明显不足，再用随身携带 500 克砝码进行检测，发现了“蹊跷”：按动秤具上的单价 1 重量显示为 550 克，按单价 2 显示为 600 克，按 3 显示 650 克。这就是被老百姓俗称的“鬼秤”，摊主可以随意掌控调节，确凿的事实证明，该摊主缺斤短两，多收了 36 元。执法人员当场将“鬼秤”扣留，要求商家加倍赔偿了消费者损失 500 元，并对该商家作出了罚款 5 000 元，没收计量器具的行政处罚。

分析：“鬼秤”伎俩被揭穿，双倍赔偿又交罚款。《消费者权益保护法》第 55 条第 1 款针对经营者欺诈消费者的行为，作出了惩罚性赔偿规定。国家市场监督管理总局 2020 年修订的《侵害消费者权益行为处罚办法》第 5 条第 9 项规定，经营者提供商品或者服务不得有“提供商品或者服务中故意使用不合格的计量器具或者破坏计量器具准确度”的行为。第 16 条第 2 款规定：“经营者有本办法第五条第（七）项至第（十）项、第六条和第十三条规定行为之一的，属于欺诈行为。”由此，能够确认经营者存在欺诈行为，可以要求其加倍赔偿消费者的损失，并对其作出行政罚款处罚。①

① 青岛新闻网：聚焦 315——市南区发布 2017 年消费维权十大案例 . http：//news. qingdaonews. com/qingdao/2018－03/09/content_20104643. htm.

二、承担民事赔偿责任的主体

确定赔偿主体的问题是落实消费者求偿权的关键。《消费者权益保护法》第 40 条至第 45 条，规定了承担民事赔偿责任的主体。

（一）瑕疵责任由销售者、服务者承担

消费者在购买、使用商品或接受服务时，其合法权益受到损害的，可以向销售者或服务者要求赔偿。销售者或服务者赔偿后，属于生产者的责任或者属于向销售者、服务者提供商品的其他销售者的责任的，销售者、服务者有权向生产者或者其他销售者追偿。

（二）缺陷责任由销售者或生产者承担

消费者或者其他受害人因商品缺陷造成人身、财产损害的，可以向销售者要求赔偿，也可以向生产者要求赔偿。属于生产者责任的，销售者赔偿后，有权向生产者追偿。属于销售者责任的，生产者赔偿后，有权向销售者追偿。

此外，《食品安全法》第 148 条还确立了生产者首负责任制，即消费者因不符合食品安全标准的食品受到损害的，可以向经营者要求赔偿损失，也可以向生产者要求赔偿损失。接到消费者赔偿要求的生产经营者，应当实行首负责任制，先行赔付，不得推诿。

（三）企业合并、分立时的责任承担

因原企业分立、合并的，消费者可以向变更后承受其权利义务的企业要求赔偿。

（四）借用营业执照时的责任承担

使用他人营业执照的经营者损害消费者合法权益的，消费者可向营业执照的使用者要求赔偿，也可以向出借营业执照的经营者要求赔偿。

（五）展销会、租赁柜台时的责任承担

展销会上的商品销售者或服务提供者、租赁他人柜台的商品销售者或服务提供者，侵害消费者权益的，消费者可以向销售者或者服务者要求赔偿，展销会结束或柜台租赁期满后，可向展销会的举办者、柜台的出租者要求赔偿。展销会的举办者、柜台的出租者赔偿后，有权向销售者或者服务者追偿。

（六）网络交易时的责任承担

消费者网购商品或接受服务，其合法权益受到损害的，可以向商品销售者或服务者要求赔偿。网络交易平台不能提供销售者或服务者真实名称、地址和有效联系方式的，消费者也可以向网络交易平台提供者要求赔偿。网络交易平台作出更有利于消费者的承诺的，应当履行承诺。网络交易平台提供者赔偿后，有权向销售者或者服务者追偿。网络交易平台明知或者应知销售者或者服务者利用其平台侵害消费者合法权益，未采取必要措施的，依法与该销售者或者服务者承担连带责任。

（七）虚假广告时的责任承担

消费者因经营者利用虚假广告或者其他虚假宣传方式提供商品或者服务，其合法权益受到损害的，可以向经营者要求赔偿。广告经营者、发布者不能提供经营者的真实名称、地址和有效联系方式的，应当承担赔偿责任。广告经营者、发布者发布虚假广告的，消费者可以请求行政主管部门予以惩处。

广告经营者、发布者设计、制作、发布关系消费者生命健康商品或者服务的虚假广告，造成消费者损害的，应当与提供该商品或者服务的经营者承担连带责任。

社会团体或者其他组织、个人在关系消费者生命健康商品或者服务的虚假广告或者其他虚假宣传中向消费者推荐商品或者服务，造成消费者损害的，应当与提供该商品或者服务的经营者承担连带责任。

三、举证责任

(一) 谁主张谁举证原则

消费纠纷属于一般民事纠纷的范畴，应实行“谁主张，谁举证”的原则。我国《民事诉讼法》第 64 条第 1 款规定：“当事人对自己提出的主张，有责任提供证据。”该法第 63 条规定了证据的种类：当事人陈述、书证、物证、视听资料、电子数据、证人证言、鉴定意见及勘验笔录。消费者因经营者在提供商品或服务中侵犯了自己合法权益从而要求民事损害赔偿时，有责任提供相关的证据，比如提供购买凭证、展示商品存在瑕疵、误工情况以及自己的身体和精神所受损害程度的证据等。

(二) 举证责任倒置原则

消费纠纷存在不同于一般民事纠纷的差异性，即消费者在消费纠纷中处于弱势地位，很难对经营者的侵权行为进行举证。比如，在一些医疗纠纷中，消费者难以证明相关医务人员所采取的救治措施是否不当。因此应按照举证责任与举证能力相适应的合理原则，针对当事人双方严重“信息不对称”“地位不平等”的案件，实行“举证责任倒置”的原则。

举证责任倒置也适用于耐用商品的瑕疵责任。《消费者权益保护法》第 23 条第 3 款规定，经营者提供的机动车、计算机、电视机、电冰箱、空调器、洗衣机等耐用商品或者装饰装修等服务，消费者自接受商品或者服务之日起 6 个月内发现瑕疵，发生争议的，由经营者承担有关瑕疵的举证责任。

四、诉讼时效与除斥期间

消费者因经营者的侵权行为提出损害赔偿请求时，有时会受到诉讼时效的限制。关于民事诉讼的时效，《民法典》与《产品质量法》的规定不尽一致。《民法典》第 188 条规定，向人民法院请求保护民事权利的诉讼时效期间为 3 年。诉讼时效期间自权利人知道或者应当知道权利受到损害以及义务人之日起计算。法律另有规定的，依照其规定。但是自权利受到损害之日起超过 20 年的，人民法院不予保护；有特殊情况的，人民法院可以根据权利人的申请决定延长。《产品质量法》第 45 条规定，因产品存在缺陷造成损害要求赔偿的诉讼时效期间为 2 年，自当事人知道或者应当知道其权益受到损害时起计算。因产品存在缺陷造成损害要求赔偿的请求权，在造成损害的缺陷产品交付最初消费者满 10 年丧失；但是，尚未超过明示的安全使用期的除外。

课后练习

一、不定项选择题

1. 下列关于消费者权益保护法调整对象的说法，正确的是（　　）。

A. 消费者为营利而进行的买卖活动

B. 某商家为经营需要而购进大批货架

C. 王某与某旅游公司签订了欧洲六国之行的旅游合同并随团开启了欧洲之行

D. 刘某为自己上班方便而买了一辆小型汽车

2. 关于无理由退货，正确的是（　　）。

A. 无理由退货仅适用于网络等远程购物方式

B. 在实体店购买的商品不适用 7 天内无理由退货

C. 不是所有的网购商品都能无条件退货

D. 无条件退货的期限是收到商品之日起 7 日内，且商品是完好的

E. 退货的运费由消费者承担

3. 关于消费者合法权益及其保护的说法，正确的是（　　）。

A. 因运输者、仓储者等第三人的过错使产品存在缺陷，造成他人损害的，产品生产者、销售者赔偿后，有权向第三人追偿

B. 消费者协会可以代个别消费者提起维权诉讼

C. 经营者明知商品有缺陷仍提供的，造成消费者或其他受害人死亡或健康严重损害的，受害人有权要求相应的惩罚性赔偿

D. 三倍惩罚性赔偿适用的前提是经营者有“欺诈行为”，判断“欺诈行为”应当以客观检验法认定

4. 张某从某网店购买一套汽车坐垫。货到拆封后，张某因不喜欢其花色款式，多次与网店交涉要求退货。网店的下列回答哪些是违法的？（　　）

A. 客户下单时网店提示“一经拆封，概不退货”，故对已拆封商品不退货

B. 该商品无质量问题，花色款式是客户自选，退货理由不成立，不予退货

C. 如网店同意退货，客户应承担退货的运费

D. 如网店同意退货，货款只能在一个月后退还

5. 王某将一套住房分别委托甲、乙两家中介公司出售。刘某通过甲公司看中该房，但觉得价格太高。在刘某看房时与甲公司约定了防“跳单”条款：刘某对甲公司的房源信息负有保密义务，不得利用其信息撇开甲公司直接与房主签约。事后刘某又在乙公司发现该房源，而报价比甲公司低很多。刘某通过乙公司购得该房，甲公司得知后提出异议。下列说法中错误的是（　　）。

A. 防“跳单”条款限制了消费者的自主选择权

B. 甲公司抬高房价侵害了消费者的公平交易权

C. 乙公司的行为属于不正当竞争行为

D. 刘某侵犯了甲公司的商业秘密

6. 甲公司将新研发的一款新车推上市场。后来该款车部分车辆在驾驶中出现一些故障，甚至引发交通事故。受害人乙质疑该车存在设计上的一些缺陷，要求甲公司就故障原因作出说明，并就自己在故障发生后所遭受的损害给予赔偿，但被甲公司拒绝。乙找到甲公司负责人，但该负责人对乙说：“你不是想要钱吗？开个价，5 万还是 10 万，都可以。去法院告，我们也奉陪。”请问，甲公司的行为侵犯了消费者乙的哪些权利？（　　）

A. 知悉真情权　　B. 安全保障权　　C. 人格尊严权　　D. 公平交易权

7. 杨某网购了一套视听设备，该视听设备被有关行政部门认定为不合格商品，杨某要求商家予以退货。下列说法哪些是正确的？（　　）

A. 商家认为已经过了 7 天无理由退货期，因而只能换货不能退货

B. 商家所在的网络交易平台答复：只能找商家处理，他们无过错，不承担责任

C. 商家认为杨某应该承担退货的运输费用

D. 该商家应按照杨某的要求无条件退货

8. 黄某从某超市购买一台美容仪器，使用中致其面部起红点并发炎、化脓。经查询得知，该型号美容仪三年前已被认定为不合格产品。超市从总经销商达美商贸公司依正规渠道进货。下列哪些选项是正确的？（　　）

A. 黄某有权向该美容仪生产商索赔

B. 黄某有权向达美商贸公司、超市索赔

C. 超市向黄某赔偿后，有权向该美容仪生产商索赔

D. 超市向黄某赔偿后，有权向达美商贸公司索赔

二、案例分析

1. 案情：2013 年 4 月 12 日，杨某到红星美凯龙长春二道区商场（以下简称红星美凯龙）订购了“顶固生态门”，并与红星美凯龙订立了“订货单”。按约定杨某应向红星美凯龙交货款 4 035 元的 20%的定金（计 800 元），但红星美凯龙要求交全款，无奈之下杨某一次性预付给红星美凯龙 4 035 元。之后，杨某将原门框拆除，红星美凯龙派人量尺、上门安装。安装完毕后，杨某发现该门与门口尺寸严重不符，门边、门框不附墙体，缝隙太大、不牢固、不安全也不美观，而且门体表面有坑，压条翘起不平，明显存在质量问题。杨某认为，红星美凯龙违约，以次充好，影响了门的正常使用，其有欺诈故意，现要求红星美凯龙：（1）拆走木门，退回购货款 4 035 元；（2）向杨某支付违约金 8 070 元（定金 2 倍）、赔偿金 12 105 元（货款 3 倍）。

红星美凯龙在一审中辩称：（1）杨某诉请缺乏法律依据，因为红星美凯龙已经依约履行了合同，并且门本身的一些瑕疵可以通过维修解决，并没有达到退货条件，而且有些问题正是由于杨某后来拒绝其上门维修造成的。（2）“订货单”上约定了供货方不能交货才能双倍返还定金，杨某请求双倍返还定金没有道理。（3）红星美凯龙并无欺诈的故意，没有义务支付赔偿金。

一审裁判要旨：（1）双方买卖关系的效力问题。原、被告在真实意思表示基础上签订了“订货单”，未违反法律、法规的强制性规定，所以双方买卖关系成立并有效，且被告已按约履行了上门量尺、交货、安装、售后服务等义务，故双方合同已履行完毕。（2）关于退货问题。原告退货的理由是被告把门安装后侧面与墙壁有缝隙不美观，且安装一个月后发现门体表面有坑，压条翘起不平，明显存在质量问题。法院认为，因客观条件也就是房屋本身条件所限，墙壁有缝隙是很有可能出现的一种情形，完全可以通过修复得以改善，但因原告拒绝被告上门修复，致使争议发生；至于原告在一个月后发现侧面有小坑，门面有坑，因安装多日才发现，其责任无法认定，且该处瑕疵并不影响使用，况且原告没有提供被告所出售的产品属于不合格产品的证明，也没有申请对其质量进行司法鉴定，故原告要求退货的请求，因证据不足不予支持。（3）关于双倍定金返还的请求。因被告已交付产品并已安装履行完毕，不存在未交付产品支付双倍定金的情形，且原告所给付的款项是安装门所发生的货款，不应作为定金基数，故对此项请求不予支持。（4）关于原告诉请被告有欺诈消费者行为，要求支付 3 倍赔偿金的请求。

如前所述，有些瑕疵是由于房屋本身条件所造成的，至于原告在一个月后发现侧面有小坑，门面有坑，其责任无法认定，况且原告没有提供被告所出售的产品属于不合格产品的证明，也没有申请对其质量进行司法鉴定，故原告主张被告的欺诈行为因证据不足不予支持。但基于公平原则，原告方就目前安装瑕疵的存在可自行修缮，其发生的修缮费被告应给予一定的补偿，本院根据实际情况酌情认定修缮费 1 200 元。综上，依照法律之规定，判决如下：被告红星美凯龙于本判决生效后立即给付原告杨某维修费 1 200 元；驳回原告其他诉讼请求。

一审宣判后，杨某不服，提起上诉，请求：（1）撤销原审判决；（2）被上诉人立即自行拆走木门，并向上诉人退回 4 035 元；（3）向上诉人支付违约金 8 070 元（定金 2 倍）；（4）向上诉人支付欺诈行为赔偿金 12 105 元（货款 3 倍）。

其理由为：（1）原审适用法律错误，应适用《消费者权益保护法》。（2）安装的门双方没有交接，上诉人没有签收门。双方约定量尺定做，但被上诉人将门做“瘦”了，说明被上诉人没有量尺定做，构成违约。该门已经拆卸修理了 6 次，缝隙仍然没有解决。上诉人交付的 4 035 元是定金，违约金应当是 4 035 元的 2 倍。原审认为该门不影响使用是错误的。且货单中只约定了退货，没有约定修复，该门符合退货条件，应当予以退货。举证责任倒置应该由被上诉人承担。根据 2013 年修订的《消费者权益保护法》第 55 条，对于欺诈消费者行为的惩罚性赔偿为 3 倍。国家工商总局《欺诈消费者行为处罚办法》第 3 条列举的 13 种欺诈行为，被上诉人占了四种：（1）以次充好；（2）分量（尺寸）不足，缺斤少两；（3）与陈列样板不符；（4）未按约定交货。

被上诉人红星美凯龙答辩称：提供的木门质量符合法律规定，该门与墙体之间有缝隙，是由于门两侧墙体厚度不一致导致的，门属于定制产品，不接受退货。我方也不存在欺诈消费者的情形。

二审裁判要旨：（1）一审法院在适用法律上，并无不当。（2）因被上诉人红星美凯龙明确表示同意解除与上诉人杨某之间的木门销售合同，并返还购门款，故本院对上诉人主张返还购门款 4 035 元的请求予以支持。（3）根据双方签订的“订货单”约定，红星美凯龙不能交货，则应双倍返还定金。现被上诉人已将木门交付并安装完毕，且上诉人所给付的款项系货物全款，并不是定金，上诉人主张给付定金 4 035 元的 2 倍于法无据，故原审法院判决被上诉人不承担给付 8 070 元违约金并无不当。（4）本案中，上诉人未提供任何证据证明被上诉人红星美凯龙存在《欺诈消费者行为处罚办法》第 3 条所列的欺诈消费者的行为，应当由其承担举证不能的不利后果，故本院对上诉人杨某主张赔偿金 12 105 元的上诉请求不予支持。

综上，原审判决认定事实部分有误，应予纠正。本院依照《合同法》第 60 条、第 111 条，《民事诉讼法》第 170 条第 1 款第 2 项及最高人民法院《关于适用〈中华人民共和国民事诉讼法〉的解释》第 90 条之规定，判决如下：（1）撤销一审法院的判决；（2）被上诉人红星美凯龙于本判决生效之日立即给付被上诉人杨某货款 4 035 元；（3）驳回上诉人杨某其他的诉讼请求。

杨某不服吉林省长春市中级人民法院的二审判决，遂向吉林省高级人民法院申请再审，理由是：（1）本案是由于红星美凯龙出售不合格商品，损害消费者杨某的合法权益的消费纠纷，应当优先适用《消费者权益保护法》。《消费者权益保护法》将商品质量问题的举证责任指定给经营者。但红星美凯龙对出售给杨某的门是否符合国家质量标准，门面上的坑是否与自己无关未能举出合法证据。故红星美凯龙应承担举证不能的不利后果。但原审却做出相反的判决，认为杨某举证不能，应当承担不利后果。据此，原审适用法律不当。(2) 原审无视“订货单”中“已交金额为定金”“不能交货的，则应双倍返还定金”的约定，应当纠正。杨某已交定金4 035元，主张2倍的违约金合理合法，应当支持。(3) 红星美凯龙提供的木门“门上有坑，以次充好，分量（尺寸）不足，与陈列样板不符”。再者，杨某一直要求红星美凯龙出示“顶固生态门”质量检测合格证明、质检认证条码。但红星美凯龙辩称“经过了质检，不是每个产品都有质检合格证明、条码，我们是批量质检”。杨某认为：既然经过了质检，其验证条码应是唯一性的，不可替代的，目的在于防伪。因此，红星美凯龙至今举证不能。应当认定欺诈行为成立，3倍赔偿金的诉讼请求于法有据，应予支持。(4) 起诉时，新法已实施，本案应当适用修改后的《消费者权益保护法》，举证责任应当由红星美凯龙承担。

再审请求：(1) 撤销吉林省长春市中级人民法院（2015）长民四终字第109号民事判决，再审本案；(2) 红星美凯龙自行取回木门，退回4 035元；(3) 红星美凯龙向杨某支付违约金8 070元（定金2倍）；(4) 红星美凯龙向杨某支付12 105元欺诈赔偿金（货款3倍）。

再审裁判要旨为：(1) 杨某主张《消费者权益保护法》将商品质量问题的举证责任指定给经营者，但杨某订门的时间是2013年4月12日，红星美凯龙安装门的时间是2013年5月19日。当时正在施行的《消费者权益保护法》（2009年8月27日修正）并没有关于经营者承担瑕疵举证责任的规定，所以二审法院根据最高人民法院《关于民事诉讼证据的若干规定》第2条之规定，没有将该举证责任交由红星美凯龙承担并无不当。(2) 杨某请求红星美凯龙向其支付12 105元，即货款3倍的欺诈赔偿金，该项请求的成立必须以红星美凯龙存在欺诈行为为前提，而不是仅仅要求红星美凯龙对产品质量进行举证。而《欺诈消费者行为处罚办法》第3条并没有关于经营者对其不存在13种欺诈行为承担举证责任的规定，所以二审判决依据最高人民法院《关于民事诉讼证据的若干规定》第2条之规定，判决杨某因未能举证证明红星美凯龙存在欺诈消费者行为而承担举证不能的不利后果，并无不当。(3) 关于杨某主张已经交付的4 035元是定金，红星美凯龙应当按照4 035元的2倍支付违约金的问题。《合同法》第115条规定，债务人履行债务后，定金应当抵作价款或者收回。给付定金的一方不履行约定的债务的，无权要求返还定金；收受定金的一方不履行约定的债务的，应当双倍返还定金。第116条规定，当事人既约定违约金，又约定定金的，一方违约时，对方可以选择适用违约金或者定金条款。本案的“订货单”具备合同的基本要素，是双方购销“顶固生态门”的合同。其中约定：“供货方逾期交货的，购货方可要求供货方支付违约金。违约金计算方式为：货款金额的0.3%×逾期天数，违约金不超过定金的两倍。”据此，杨某如果认为红星美凯龙在履行双方合同中存在违约行为，可以选择向红星美凯龙主张支付违约金或定金。但当事人约定的定金数额超过主合同标的额20%的，超过的部分无效。本案的货款为4 035元，能够得到法律保护的定金数额最多为4 035元×20%=807元。按照双方约定“违约金不超过定金的2倍”，则红星美凯龙至多应向杨某支付违约金807元×2=1 614元。然而，本案并不存在红星美凯龙迟延履行的情形，杨某也没有主张红星美凯龙因迟延履行而应向其支付违约金。因此，杨某主张红星美凯龙按照其已交货款4 035元的2倍支付违约金，没有事实和法律依据。(4) 关于红星美凯龙是否存在欺诈行为的问题，杨某列举了四种情形：门上有坑，以次充好；分量（尺寸）不足，属缺斤少两；与陈列“样板”不符；未按约定交货，并据此要求红星美凯龙按照《消费者权益保护法》第 55 条规定，以 3 倍门款的标准赔偿其损失。对此认定：1）关于门上有坑问题，在门安装之后 3 个月发现门上有坑，无法判定坑是由红星美凯龙形成的。杨某主张应适用《消费者权益保护法》第 23 条第 3 款之规定，由红星美凯龙承担有关瑕疵的举证责任。但如前所述，杨某主张适用的该条规定是 2013 年 10 月 25 日修订的《消费者权益保护法》新增加的内容。本案双方合同的订立时间是 2013 年 4 月 12 日，安装时间是 2013 年 5 月 19 日，所以按照法律不溯及既往的原则，本案不适用该条规定。2）对于门是否存在“缺斤少两”问题，杨某并没有提供证据证明已经安装上的门存在尺寸不足的情形，而且本案争议的“顶固生态门”是定做商品，如果出现门的尺寸与门框尺寸不符，也只能属于量尺错误，不能等同于“缺斤少两”，所以对此主张本院不予支持。3）关于门与样板是否相符问题。如前所述，杨某对此没有足够证据能够证明其主张成立，本院对此不予支持。4）关于本案是否属于“未按约定交货”问题。《欺诈消费者行为处罚办法》第 3 条第 11 项规定，“利用邮购销售骗取价款而不提供或者不按照约定条件提供商品的”属于欺诈消费者行为，本案不是采用邮购方式进行的商品买卖行为，是直接送货上门，所以不能适用该规定。5）本案双方购销合同订立和履行时，正在施行的《消费者权益保护法》（2009 年 8 月 27 日修正）第 49 条规定：“经营者提供商品或者服务有欺诈行为的，应当按照消费者的要求增加赔偿其受到的损失，增加赔偿的金额为消费者购买商品的价款或者接受服务的费用的一倍。”杨某按照 2013 年 10 月 25 日修正后的《消费者权益保护法》主张红星美凯龙支付 3 倍赔偿金，缺乏法律依据。原审适用法律并无错误。

问题：（1）本案争议的焦点问题是什么？与此焦点问题相关的重要规定有哪些？

（2）结合本案的裁判要旨，谈谈你对本案相关争议问题的看法。

2. 2017 年 3 月 2 日，孙某伙同他人在天津市滨海新区某进口商品超市，买走价值 2 000 多元的没有中文标签的进口食品和化妆品后，威胁店主如果不给商品价格 10 倍的赔偿就向原工商局与质量监督管理局举报，直至其店铺关闭。店主在被胁迫的情况下交给对方 10 000 元。3 月间，孙某等人以同样手段在另外两家经营进口商品的店铺，分别向店主勒索 12 600 元、5 000 元。

孙某购物的目标为进口商品专营店，专门选购没有中文标识的商品，所购商品单价一般在千元左右。购物后会联系店家，指出其未按规定加贴中文标识，要求退款并支付商品价格 10 倍款项，不然就向工商部门举报。如果店家不理睬，孙某等人就会正式向工商部门进行举报投诉或向法院起诉，并告知店主，只要给钱，马上撤诉。这时，绝大多数商家或者因为心虚、或者因为担心影响生意，都会选择妥协，给予孙某等人所购货款几倍不等的补偿。收钱后，孙某等人便向工商部门或法院撤诉。

问题：孙某等人的行为是知假买假的消费者维权行为，因其受到欺诈而理应按照法律规定获得多倍的赔偿？还是孙某等人的行为不但不应获得加倍的赔偿，甚至因其以维权为名而敲诈钱财，涉嫌触犯刑法的相关规定？请结合我国现行法律、法规相关规定，谈谈你的看法。

第六章
产品质量法

在今日激烈的竞争环境中，忽视质量问题无异于自杀。

［美］约翰·扬

只要制造商将其商品投放市场，又明知使用者对产品不经检验就使用，只要证明该商品的缺陷对人造成了伤害，则制造商就应对损害承担严格责任。

［美］R.J. 特雷诺

引　言

交易自由，选择自主，原是私人生活领域的法则，政府不应干预，因此在商品经济发展的早期并无调控产品质量的规则。但是人本身的“理性局限”和“市场失灵”，商家逐利而行，甚至见利忘义，市场有失序之危，公民权益面临侵犯之险。于是借助产品质量法，建构良好的交易环境，降低交易的道德风险，减少消费者的茫然无措，成为必然之需求。产品质量法应以公民权益为价值关怀之归属，而不应以强化政府管制为目标。产品日新月异、极大丰富，公民处于相对弱势的地位。因此，确定产品质量法的适用范围、提高产品的质量标准、加大假冒伪劣商品的惩罚力度都成为产品质量法制度安排的重点。简言之，产品质量法应为公民权益保障之法与定分止争之法。

第一节　产品质量法概述

一、产品质量与产品质量法

（一）产品质量

国际标准化组织所制定的ISO8402—1994《质量术语》标准中，对质量作了如下的定义：“质量是反映实体满足明确或隐含需要能力的特征和特征的总和。”我国《产品质量法》中的产品质量，是指产品满足需要的适用性、安全性、可用性、可靠性、维修性、经济性等所具有的特征和特性的总和。

具体来说，适用性是指产品在一定条件下，实现预定目的或者规定用途的能力。安全性是指产品在使用、储运、销售等过程中，保障人体健康和人身、财产安全免受损害的能力。

可靠性是指产品在规定条件和规定的时间内，完成规定功能的程度和能力。维修性是指产品在发生故障以后，能迅速维修恢复其功能的能力。经济性是指产品的设计、制造、使用等各方面所付出或所消耗成本的程度，同时，亦包含其可获得经济利益的程度，即投入与产出的效益能力。

（二）产品质量法

产品质量法，是指调整产品生产与销售以及对产品质量进行监督管理过程中所形成的社会关系的法律规范的总称。产品质量法主要包括关于产品质量监督管理、产品质量责任、产品质量损害赔偿和处理产品质量争议等方面的法律规定。我国《产品质量法》在1993年2月22日第七届全国人民代表大会常务委员会第三十次会议通过，1993年9月1日起正式实施。2000年7月8日第九届全国人民代表大会常务委员会第十六次会议第一次修正；2009年8月27日第十一届全国人民代表大会常务委员会第十次会议第二次修正；2018年12月29日第十三届全国人民代表大会常务委员会第七次会议第三次修正。以此法为产品质量法的基本法，结合一切有关产品质量的法律、法规、规章、标准，形成了产品质量法体系。如药品、食品、化妆品、种子、烟草等产品，国家分别出台了《食品安全法》《药品管理法》《种子法》《化妆品卫生监督条例》等作为质量法体系里的特别法规，同《产品质量法》共同构成解决该类纠纷的法律依据。

二、产品质量法的适用范围

（一）地域范围

产品质量法适用于我国境内的产品生产、销售过程中发生的权利、义务、责任关系。在中华人民共和国境内销售的属于本法所称产品范围的进口产品，适用本法的有关规定。

（二）产品范围

根据《产品质量法》第2条的规定，产品是指经过加工、制作，用于销售的产品。因此，《产品质量法》中的产品认定标准有两个：第一，必须是经过工业加工、手工制作等生产方式所获得的具有特定使用性能的物品。第二，应当以销售为目的。

下列产品不适用《产品质量法》：第一类是初级产品，各种直接取之于自然界，未经加工、制作的产品，如籽棉、稻、麦、蔬菜、饲养的鱼虾等种植业、养殖业的初级产品，原油、原煤等直接开采出来未经炼制、洗选加工的原矿产品等。由于以上产品未经“加工、制作”，其内在质量直接取决于自然因素，因而生产者、销售者无法对其质量进行控制，那么就不应对其承担责任。对于此类产品合同中的质量问题，应适用合同法的相关规定。第二类是建设工程。这里的建设工程，是指土木工程、建筑工程、线路管道和设备安装工程及装修工程。[①] 由于建筑工程通常生产周期长、产品复杂程度高且无法进行批量生产，所以从人民生命和财产保护的角度考虑，适用专门的《中华人民共和国建筑法》和国务院《建设工程质量管理条例》进行规范。但是建设工程使用的建筑材料、建筑构配件和设备，适用本法规定。第三类是军工产品。军工产品质量监督管理办法，由国务院、中央军事委员会另行制定。因核设施、核产品造成损害的赔偿责任，法律、行政法规另有规定的，依照其规定。

---

① 参见《建设工程质量管理条例》第2条。

(三) 主体范围

适用的主体为在中华人民共和国境内的公民，企业、事业单位，国家机关，社会组织以及个体工商业经营者等。其中企业包括国有企业、集体所有制企业、私营企业以及中外合资经营企业、中外合作经营企业和外资企业。个体工商业经营者包括个体工商户、个体合伙等。

第二节 产品质量的监督

一、产品质量监督管理体制

我国的产品质量监督管理采统一管理与分工管理、层次管理与地域管理相结合的原则。《产品质量法》第 8 条规定："国务院市场监督管理部门主管全国产品质量监督工作。国务院有关部门在各自的职责范围内负责产品质量监督工作。县级以上地方市场监督管理部门主管本行政区域内的产品质量监督工作。县级以上地方人民政府有关部门在各自的职责范围内负责产品质量监督工作。"国务院和县级以上地方人民政府先是设立了技术监督局，后改称为质量技术监督局。2001 年 4 月，国务院决定将国家质量技术监督局和国家出入境检验检疫总局合并，组建国家质量监督检验检疫总局（简称国家质检总局）。

为完善市场监管体制，推动实施质量强国战略，营造诚实守信、公平竞争的市场环境，进一步推进市场监管综合执法、加强产品质量安全监管，让人民群众买得放心、用得放心、吃得放心，2018 年政府机构改革方案确定将国家工商行政管理总局的职责、国家质量监督检验检疫总局的职责、国家食品药品监督管理总局的职责等部门职责整合，组建国家市场监督管理总局，作为国务院直属机构。主要负责市场综合监督管理，统一登记市场主体并建立信息公示和共享机制，组织市场监管综合执法工作，承担反垄断统一执法，规范和维护市场秩序，组织实施质量强国战略，负责工业产品质量安全、食品安全、特种设备安全监管，统一管理计量标准、检验检测、认证认可工作等。

二、产品质量监督检验制度

产品质量监督检查制度是指国务院产品质量监督部门和县级以上地方产品质量监督部门依据国家法律、法规的规定，以及人民政府赋予的行政职权，对生产领域、流通领域的产品实施质量监督的一项制度。

《产品质量法》规定，产品质量应当检验合格，不得以不合格产品冒充合格产品。对依法进行的产品质量监督检查，生产者、销售者不得拒绝。

国家对产品质量实行以抽查为主要方式的监督检查制度，对可能危及人体健康和人身、财产安全的产品，影响国计民生的重要工业产品以及消费者、有关组织反映有质量问题的产品进行抽查。抽查的样品应当在市场上或者企业成品仓库内的待销产品中随机抽取。监督抽查工作由国务院市场监督管理部门规划和组织。县级以上地方市场监督管理部门在本行政区域内也可以组织监督抽查。

食品、药品、化妆品、农药等均属于《产品质量法》的调整范围，市场监督管理部门应适用《产品质量法》和《食品安全法》《化妆品标识管理规定》《农药管理条例》等进行处理。

三、产品质量标准制度

产品质量标准是产品生产、检验和评定质量的技术依据。《产品质量法》第 13 条规定，可能危及人体健康和人身、财产安全的工业产品，必须符合保障人体健康和人身、财产安全的国家标准、行业标准；未制定国家标准、行业标准的，必须符合保障人体健康和人身、财产安全的要求。禁止生产、销售不符合保障人体健康和人身、财产安全的标准和要求的工业产品。

我国现行的产品质量标准分为以下几点。

1. 国际标准

国际标准是指国际标准化组织（ISO)、国际电工委员会（IEC）以及其他国际组织所制定的标准。其中 ISO 是目前世界上最大的国际标准化组织，它成立于 1947 年，到 2020 年已有 165 个成员。ISO 现已制订 22 000 多个标准，主要涉及各个行业各种产品的技术规范。IEC 也是比较大的国际标准化组织，它主要负责电工、电子领域的标准化活动。

2. 国家标准

国家标准是对需要在全国范围内统一的技术要求，由国务院标准化行政主管部门制定的标准。1988 年，我国将国际标准化组织（ISO）在 1987 年发布的《质量管理和质量保证标准》等国际标准仿效采用为我国国家标准，编号为 GB/T10300 系列，它在编写格式、技术内容上与国际标准有较大的差别。从 1993 年 1 月 1 日起，我国实施等同采用 ISO9000 系列标准，编号为：GB/T19000—ISO9000 系列，其技术内容和编写方法与 ISO9000 系列相同，使产品质量标准与国际同轨，以利于适应“复关”形势。目前，我国的国家标准是采用等同于现行的 ISO9000：2000 标准，编号为 GB/T19000—2000 系列。

3. 行业标准

行业标准又称为部颁标准，由国务院有关行政主管部门制定并报国务院标准行政主管部门备案，在公布国家标准之后，该项行业标准即行废止。当某些产品没有国家标准而又需要在全国某个行业范围内统一技术要求，则可以制定行业标准。

4. 企业标准

企业标准主要是针对企业生产的产品没有国家标准和行业标准的，制定企业标准作为组织生产的依据而产生的。企业的产品标准须报当地政府标准化行政主管部门和有关行政主管部门备案。已有国家标准或者行业标准的，国家鼓励企业制定严于国家标准或者行业标准的企业标准。企业标准只能在企业内部适用。

四、企业质量体系认证与产品质量认证

《产品质量法》第 14 条规定，国家根据国际通用的质量管理标准，推行企业质量体系认证制度。企业根据自愿原则可以向国务院市场监督管理部门认可的或者国务院市场监督管理部门授权的部门认可的认证机构申请企业质量体系认证。经认证合格的，由认证机构颁发企业质量体系认证证书。其认证的对象是企业，即企业的质量管理、质量保证能力的整体水平。国家根据国际通用的质量管理标准，推行企业质量体系认证制度。企业可以自愿提出申请认证。推行企业质量体系认证，引导企业向国际先进水平努力，有利于促进企业改善经营管理，提高企业

整体素质，增强市场竞争能力。例如ISO9000系列标准是世界上许多经济发达国家质量管理实践经验的科学总结，为组织提供了具有科学性的质量管理和质量保证的方法和手段。ISO9000系列标准自1987年发布以来，经历了1994版、2000版、2008版的历次修改，直至现今的ISO9001：2015版系列标准。ISO9001标准为组织的质量管理体系提出了具体要求，通过目标管理，倡导强调需求、增值、流程绩效和有效性及持续改进的过程方法。新版的ISO9001标准更加通用，适用于各种类型、不同规模和提供不同产品和服务的组织。采用质量管理体系是组织的一项战略决策，能够帮助其提高内部管理水平和整体绩效，并证实组织具有提供既满足顾客要求又满足适用法规要求的产品和服务的能力，为推动组织可持续发展奠定良好基础。

国家参照国际先进的产品标准和技术要求，推行产品质量认证制度。产品质量认证是由国家认证认可监督管理委员会批准的认证机构按照产品标准和相关的技术要求，确认某一产品符合相应标准并颁发认证标志的活动。经认证合格的，由认证机构颁发产品质量认证证书，准许企业在产品或者其包装上使用产品质量认证标志。中国强制性产品认证简称CCC认证或3C认证，是一种法定的强制性安全认证制度，也是国际上广泛采用的保护消费者权益、维护消费者人身财产安全的基本做法。列入《实施强制性产品认证的产品目录》中的产品包括家用电器、汽车、安全玻璃、电线电缆、玩具等产品。

企业可以在自己的产品或者其包装上使用认证标志，如CCC标志、CQC标志[①]、长城标志、真皮标志、CCIB标志等。

示例6-1

3C认证标志

《中华人民共和国认证认可条例》明确要求，设立认证机构，应当经国务院认证认可监督管理部门批准，并依法取得法人资格后，方可从事批准范围内的认证活动。未经批准，任何单位和个人不得从事认证活动。

第三节　生产者与销售者的产品质量义务

一、生产者的产品质量义务

生产者作为市场经济活动的主体，通过从事生产活动获得利润。生产者只有保证自己生产的产品在适用性、安全性、可靠性、维修性、经济性等方面都符合相应的标准，才能满足消费

---

① CQC标志认证是中国质量认证中心开展的自愿性产品认证业务之一，以施加CQC标志的方式表明产品符合相关的质量、安全、性能、电磁兼容等认证要求，认证范围涉及机械设备、电力设备、电器、电子产品、纺织品、建材等500多种产品。

者的需要。生产者才能在激烈的竞争中谋求生存和发展，并获得经济效益。

（一）保证产品的内在质量

《产品质量法》第 26 条第 1 款规定，生产者应当对其生产的产品质量负责。这一款明确要求生产者应对产品质量负责，具体来说包含两层意思：一是生产者应履行其保证产品质量的法定义务；二是假如生产者不履行或不完全履行其法定义务，则依法承担相应的产品质量责任。

生产者应当保证产品内在质量的义务具体分为默示担保义务与明示担保义务。

1. 默示担保义务

默示担保义务是指依法产生的义务，即不依或不取决于合约，而是直接根据法律的规定而成为合同的一部分的义务。换言之，默示义务不需要当事人的合约，而主要是法律上的强制性义务。生产者的默示担保义务包括以下两方面：（1）产品不存在危及人身、财产安全的危险，有保障人体健康、人身财产安全的国家标准、行业标准的，应当符合该标准。这一项是对生产者产品质量义务的强制性要求，不得以约定或其他方式免除或减轻此项法定义务。生产者要保证其产品不存在危及人身、财产安全的不合理危险，首先在产品设计方面是避免产品出现不合理风险的最基本环节。任何关于产品的设计，必须从合理性出发，预先制订方案，在实现产品功能的同时确保产品具备合理的安全性。例如，儿童自行车刹把的尺寸和握力设计就要符合关于儿童自行车相关安全标准的要求，全面考虑儿童的特点。设计人员在设计时如没有充分考虑儿童手掌大小及握力，将用于成人的车手闸用于儿童自行车，就会造成儿童自行车手闸闸把尺寸超宽，不能保证儿童在骑行中安全刹车而引起危险。其次，在产品制造过程中，也要注意对原材料和零配件的选择、产品工序等严格管理，否则也会造成产品存在不合理的危险。最后，在产品标识方面应对产品安全使用事项与可能存在的合理危险进行清晰、准确、完整的提示。（2）产品质量应当具备的使用性能。也就是说，生产者提供的产品应当符合该产品标准中规定的使用性能，或公众普遍认为应当具备的使用性能。比如，保温杯要具有保温的功能、冰箱有制冷的功能。

2. 明示担保义务

明示担保义务是指生产者、销售者以各种公开的方式（如订立合同、产品标识及说明书中的体现、展示实物样品、做广告宣传等），就产品质量向消费者所作的说明或者陈述。一旦生产者、销售者以上述方式明确表示产品所依据和达到的质量标准，就产生了明示担保义务。如果产品质量不符合承诺的标准，必须承担相应的法律责任。《产品质量法》第 26 条规定，产品质量应当符合在产品或者其包装上注明采用的产品标准，符合以产品说明、实物样品等方式表明的质量状况。生产者明示采用的产品标准不得与强制性的国家标准、行业标准相抵触。其中产品说明是指生产者向消费者提供文字说明性资料，包含产品的有关性能指标、使用方法、安装、保养方法、注意事项等。实物样品以实物标准的形式表明产品的质量状况。

（二）提供符合规定的标识

产品标识是指用于识别产品或其特征、特性所做的各种表示的统称，其主要作用是标明产品的有关信息，帮助消费者了解产品的质量状况、说明产品的正确使用和保养方法，指导消费。根据《产品质量法》的规定，产品或者其包装上的标识应当符合以下要求。

1. 有产品质量检验合格证明。产品质量检验合格证明是指生产者出具的用于证明产品质量符合相应要求的证件。合格证明可以是合格证，也可以是合格印章等。

2. 有中文标明的产品名称、生产厂厂名和厂址。

3. 根据产品的特点和使用要求，需要标明产品规格、等级、所含主要成分的名称和含量的，应予以标明。

示例 6－2

2015 年 10 月 3 日，刘先生花 478 元在重庆市永川区某超市购买了 16 袋西昌某食品有限责任公司生产的黑荞王牌草本苦荞茶。该苦荞茶的生产日期为 2015 年 2 月 7 日，营养成分中未标明“钠”的含量。刘先生认为，“钠”是重要的营养元素，其摄入量对人体健康有较大影响，未标注“钠”含量不符合食品安全标准中关于食品标签的强制性要求，属于不安全食品，起诉要求超市退还货款并支付货款的 10 倍赔偿金。但超市认为，苦荞茶符合食品安全标准，产品标识问题不是产品质量问题。[①]

问题：食品包装标识不符合强制性标准，生产者是否应承担产品质量责任？

4. 限期使用产品的标识要求。限期使用的产品应在显著的位置清楚标明生产日期和安全使用期或失效日期。对此，主要存在两种标注的方法：一种是标注生产日期和安全使用期，另一种是只标注失效日期。

5. 使用不当，容易造成产品本身损坏或者有可能危及人身、财产安全的产品，要有警示标志或中文警示说明。例如，燃气热水器上注明“注意室内通风”的字样，就是提示使用者对不安全的因素的重视，以保护使用者的安全、健康。

另外，对于如商店销售的馒头、面条、散装的点心等裸装产品，可以不附加产品标识。

（三）特殊产品应符合包装要求

易碎、易燃、易爆、有毒、有腐蚀性、有放射性等危险物品以及储运中不能倒置和其他有特殊要求的产品，其包装质量必须符合相应要求，依照国家有关规定作出警示标志或者中文警示说明，标明储运注意事项。例如，有毒品应在产品包装的显著部位用黑色标注“毒”字样，危险品应用红色标注“爆炸品”或者“易爆品”等字样并附有警示标志。对于装卸、拌匀操作或者存放保管条件有相应要求或者应提出注意事项的产品，应当醒目标明“向上”“防潮”“小心轻放”等字样。

（四）不得违反《产品质量法》的禁止性规定

1. 生产者不得生产国家明令淘汰的产品。国家明令淘汰的产品，有的是危害社会整体利益的，如浪费资源、能源和污染环境的产品；有的是威胁或危及社会个体人身健康和生产安全的产品，如一些具有潜在危险的药品。生产者应严格遵守此禁令，不得违反，违者将被依法追究责任。

示例 6－3

当事人张某于 2014 年 10 月 23 日在天津市河北区榆关道瑜峰园 2 号楼底商 19－22 销售机动三轮车 7 辆，共计进货价格 8 050 元，销货价格 8 750 元。经查，当事人销售的 7 辆机动三轮车，未列入《车辆生产企业及产品目录（第 256 批）》，属于国家明令淘汰并停止销售的产品。

【思考】根据《产品质量法》，对此应如何处理？

---

① 中国法院网．［2018－05－26］．https：//www.chinacourt.org/.

2. 生产者不得伪造产地；不得伪造或者冒用他人的厂名、厂址。

3. 生产者不得伪造成或者冒用认证标志、名优标志等质量标志。

4. 生产者不得掺杂、掺假，不得以假充真、以次充好，不得以不合格产品冒充合格产品。

二、销售者的产品质量义务

销售者是产品流通过程中的重要主体，因此应对产品质量承担以下几方面的义务。

（一）执行进货检查验收制度

进货检查验收制度是指销售者根据国家有关规定和同生产者或其他供货者之间订立的合同约定，对购进的产品质量进行检查，符合合同约定的予以验收的制度。该项制度不仅能够保证销售者所销售产品的质量，而且是保护销售者自身合法权益的一个措施。销售者如果在进货验收时发现质量问题，可以提出异议，经进一步证实产品不符合质量要求，可以拒绝验收进货。否则，产品质量责任随即转移到销售者一方。

我国其他有关法律也对进货检查验收制度进行规定，如《食品安全法》第50条规定："食品生产者采购食品原料、食品添加剂、食品相关产品，应当查验供货者的许可证和产品合格证明……食品生产企业应当建立食品原料、食品添加剂、食品相关产品进货查验记录制度……"

（二）保持销售产品的质量

销售者应根据产品的不同特点，采取不同的措施，如采取必要的防雨、通风、防晒等方式进行保管。对某些特殊产品，应采取温度控制等措施，保持进货时的产品质量状况。

（三）销售的产品标识应符合法定要求

销售者在进货时应认真执行进货检查验收制度，特别是要检查产品的标识是否符合法律的规定，对于不符合的，应予以拒收。在销售过程中，应对所销售的产品标识进行检查，发现不符合法律规定的，要停止销售。

（四）不得违反的禁止性规定

1. 销售者销售给用户、消费者的产品不失效、不变质。

2. 销售者所销售产品的标识应符合下述规定的要求：不得伪造产地，伪造或冒用他人厂名、厂址；不得伪造或冒用认证标志、名优标志等质量标志。

3. 销售产品不得掺杂、掺假，不得以假充真、以次充好，不得以不合格产品冒充合格产品。

第四节　产品质量法律责任

一、产品瑕疵责任

《产品质量法》中的产品瑕疵责任是针对销售者与购买者之间的产品买卖合同关系中出现的产品瑕疵，要求销售者承担的责任。

（一）产品瑕疵

"瑕疵"一词泛指微小的缺点。从广义上讲，产品不符合其应当具有的质量要求，即构成瑕疵。从狭义上讲，瑕疵仅指一般性的质量问题，如产品的外观、使用性能等方面的问题。《产品质量法》第26条第2款关于生产者承担的默示担保义务中使用过"瑕疵"一词，该条款仅表示“产品存在使用性能的瑕疵”。《消费者权益保护法》第23条第1款规定：“经营者应当保证在正常使用商品或者接受服务的情况下其提供的商品或者服务应当具有的质量、性能、用途和有效期限；但消费者在购买该商品或者接受该服务前已经知道其存在瑕疵，且存在该瑕疵不违反法律强制性规定的除外。”

（二）承担产品瑕疵责任的条件

售出的产品有下列情形之一的，即构成承担瑕疵责任的条件。

1. 不具备产品应当具备的使用性能而事先未作说明的。“产品应当具有的使用性能”是指通常该类产品的特定用途和使用价值，比如洗衣机的洗衣性能，保温杯的保温储水功能。如果不具备这样的用途和性能的产品应当事先向消费者说明，明确标明为处理品，则可不对此承担民事责任；如果对此未事先说明，就应承担责任。

2. 不符合在产品或者其包装上注明采用的产品标准的。这里“不符合在产品或者其包装上注明采用的产品标准”是指不符合在产品或者其包装上注明采用的推荐性产品标准（包括国家标准、行业标准和企业标准）。按照《标准化法》① 的规定，企业可以自愿决定是否采用推荐性标准。一旦产品或者其包装上注明了所采用的标准，就意味着向社会作出了承诺。如果销售者出售产品的质量状况与产品或其包装上注明采用的产品标准不符，则违反了其应承担的对产品质量的担保义务，应依照本条的规定应承担相应的民事责任。

3. 不符合以产品说明、实物样品等方式表明的质量状况的。以产品广告、产品说明书等形式对产品的质量状况作出说明的，销售者应当保证其售出产品的实际质量与该产品说明中表明的产品质量状况相符；销售者以展示其实物样品的方式销售其产品的（如以玩具展销会的方式出售玩具），其售出产品的质量状况应当与其展示的实物样品相符。销售者出售的产品的质量与产品说明、实物样品不符的，也属于违反销售者对出售产品质量担保的义务，应当承担相应的民事责任。

（三）承担瑕疵责任的方式

如果售出的产品存在上述三种情形之一，销售者应当负责修理、更换、退货；给购买产品的消费者造成损失的，销售者应当赔偿损失。也就是说销售者对此承担的责任不仅仅是“三包”，而且要进行“赔偿”。这部分“赔偿”是指消费者在要求销售者进行修理、更换、退货过程中，所发生的运输费、交通费、误工费等损失。

（四）履行瑕疵责任后的损失追偿

销售者依照上述要求负责修理、更换、退货、赔偿损失后，属于生产者的责任或者属于向销售者提供产品的其他供货者责任的，销售者有权向生产者、供货者追偿。

生产者之间、销售者之间、生产者与销售者之间订立的产品买卖合同、承揽合同有不同约定的，合同当事人按照合同约定执行。根据这一规定，合同当事人也可以根据本身情况作出与本规定不同的约定；当事人之间有不同约定的，应当执行不同的约定。这里的“买卖合同”是指出卖人转移标的物的所有权于买受人，买受人支付价款的合同。适用合同法的有关规定，出卖人交付的标的物不符合质量要求的，买受人根据标的的性质以及损失的大小，可以合理选择

① 《中华人民共和国标准化法》第2条第2款规定：标准包括国家标准、行业标准、地方标准和团体标准、企业标准。国家标准分为强制性标准、推荐性标准，行业标准、地方标准是推荐性标准。强制性标准必须执行。国家鼓励采用推荐性标准。

要求对方承担修理、更换、重作、退货、减少价款或者报酬等违约责任。这里的“承揽合同”是指承揽人按照定作人的要求完成工作，交付工作成果，定作人给付报酬的合同。承揽包括加工、定作、修理、复制、测试、检验等工作。适用合同法的有关规定，承揽人交付的工作成果不符合质量要求的，定作人可以要求承揽人承担修理、重作、减少报酬、赔偿损失等违约责任。

二、产品缺陷责任

（一）产品缺陷

产品缺陷，是指产品存在危及人身、他人财产安全的不合理的危险；产品有保障人体健康和人身、财产安全的国家标准、行业标准的，是指不符合该标准。这一规定确立了我国认定产品缺陷的基本标准。产品存在“不合理的风险”一般包括两种情况：第一种是产品本身的性质就具有一定的危险（如易燃易爆的物品、剪刀等），在正常使用情况下不会发生危害人身、财产安全的危险，但由于设计、制造等方面的原因导致在正常使用下也发生危害人身、财产安全的危险，这种就是“不合理危险”。第二种是产品本身不存在危及人身、财产安全的危险（如儿童玩具），但因设计、制造上的原因，导致产品存在危及人身、财产安全的危险。

产品缺陷主要有以下几种类型。

1. 设计缺陷

设计缺陷是指产品本身不存在危及人身、财产安全的危险，但由于设计上的原因，导致不合理的危险。比如奥的斯电梯设计缺陷事件①，产品由于在双主机到单主机的设计变更时未进行动载荷设计核算，导致产品设计缺陷，引发扶梯突然倒转，致一人死亡、多人受伤。

2. 制造缺陷

制造缺陷是指产品本身应当不存在危及人身、财产安全的危险性，却由于“加工、制作、装配等制造上”的原因，导致产品存在危及人身、财产安全的危险。例如，汽车制动系统的制造原因，导致紧急制动时的安全隐患。日产（中国）投资有限公司备案了召回计划，自 2018 年 6 月 1 日起，召回 2017 年 10 月 10 日至 2017 年 10 月 31 日生产的部分进口英菲尼迪 QX60 汽车，共计 196 辆。本次召回范围内部分车辆由于制动助力器内部部件的制造原因，造成车辆在紧急制动或大力制动时制动助力不足，制动距离延长，存在安全隐患。②

3. 警示缺陷

警示缺陷是指因告知上的原因产生的不合理危险（也称告知缺陷、指示缺陷、说明缺陷）。有些产品本身具有一定的危险性，由于生产者未能进行警示性说明或使用警示标志，明确告知使用时的注意事项，导致产品存在危及人身、财产安全的危险。例如，燃气热水器在一定条件下对使用者有一定的危险性，需要生产者告知，必须将热水器安装在浴室外空气流通的地方。

---

① 2011 年 7 月 5 日，北京地铁四号线动物园站 A 口上行电扶梯突然发生倒转，造成电梯上的乘客摔倒、挤压，致 1 名男孩死亡，多人受伤。事故调查组认定，导致事故发生的原因是：事故扶梯从双主机到单主机的设计变更，未进行动载荷设计核算，构成设计缺陷。在扶梯运行过程中，驱动主机固定螺栓发生断裂，造成主机倾覆，驱动链条脱落，梯级失去上行动力逆向下滑，辅助制动器开关未正常启动。

② 日产（中国）投资公司召回部分进口英菲尼迪 QX60 汽车．[2018－06－02]．国家市场监督管理总局缺陷产品管理中心网站 http：//www. samr. gov. cn/.

如果生产者没有明确告知上述情况，就可认为该产品存在不合理的危险。

（二）生产者承担产品缺陷责任的条件

《产品质量法》第 41 条第 1 款规定："因产品存在缺陷造成人身、缺陷产品以外的其他财产（以下简称他人财产）损害的，生产者应当承担赔偿责任。"生产者承担产品缺陷责任采严格责任原则，应满足以下条件：第一，产品存在缺陷，即"产品存在危及人身、他人财产安全的不合理的危险"、产品不符合"保障人体健康，人身、财产安全的国家标准、行业标准"。第二，存在损害事实，即消费者人身或者他人人身、缺陷产品以外的财产已经存在损害。第三，消费者人身或者他人人身、财产存在损害是由于产品缺陷造成的，即二者有直接的因果关系。三个条件须同时具备，生产者方可承担产品责任。

生产者能够证明有下列情形之一的，不承担赔偿责任。

1. 生产者能够证明未将产品投入流通的，不承担赔偿责任。这里"未将产品投入流通"通常是指生产者生产的产品虽然经过了加工制作，但是根本没有投入销售，比如工厂里制作的样品或试验品。

2. 生产者能够证明产品投入流通时，引起损害的缺陷尚不存在的，不承担赔偿责任。就是说生产者证明其将产品投放市场，转移到销售商或者直接出售给购买者时，产品并不存在缺陷。

3. 生产者能够证明将产品投入流通时的科学技术水平尚不能发现缺陷的存在的，不承担赔偿责任。科学技术日新月异，可能过去生产并投入流通的产品中发现存在不合理的危险。如果这种不合理的风险是产品投入流通时的科学技术水平不能被发现的，那么生产者也无须承担责任。由于科学技术的发展，根据新的科学技术，可能会发现过去生产并投入流通的产品存在一些不合理的危险。对这种不合理的危险，凭借在产品投入流通时的科学技术水平是不能发现的，生产者也不承担责任。但当时的科学技术水平是指社会整体水平，并不是局限于生产者当时的技术水平。

（三）销售者承担产品缺陷责任的条件

销售者承担产品缺陷责任采过错责任原则。由于销售者的过错使产品存在缺陷，造成人身、他人财产损害的，销售者应当承担赔偿责任。也就是说销售者承担责任须同时具备下述条件：第一，销售者须存在过错。销售者的过错包括两个方面：一方面是由于销售者积极的行为（即作为）而使产品存在缺陷；另一方面是由于销售者不积极的行为（即不作为）而使产品存在缺陷，比如不在适宜的条件下保存产品，结果造成产品缺陷。第二，须有损害事实的存在，即已经造成了人身、他人财产损害。第三，损害事实是由于销售者的过错使产品存在缺陷而引起的。

销售者不能指明缺陷产品的生产者也不能指明缺陷产品的供货者的，销售者应当承担赔偿责任。这一规定主要是从对受害人利益的充分保护出发，避免因不能确定缺陷产品的生产者而导致受害人无处求偿的情况。

对因产品存在缺陷而引起损害赔偿诉讼中，受害人要求销售者承担赔偿责任的，应当承担证明销售者有过错的举证责任。

对消费者来讲，因销售者的原因造成产品存在缺陷并致消费者人身、财产损害而引起的责任，既有损害赔偿责任又有合同责任，也就是两个责任存在竞合。消费者如果提起诉讼，依什么提起诉讼呢？这完全由消费者从利于保护自己合法权益的角度来选择是提起合同之诉还是侵权行为之诉。

示例 6－4

2003 年 6 月，原告武某的母亲张某从被告丽婴房公司设在被告第一八佰伴的专柜购买了被告贝亲株式会社生产的微波炉奶瓶消毒盒。自 2003 年 7 月原告出生，原告的家人近 21 个月一直使用该产品进行奶瓶消毒，未出现问题。2005 年 4 月 17 日，原告的家人在使用该产品进行奶瓶消毒时，经微波炉加热后，未遵守在微波炉内进行冷却的操作规则，打开了微波炉门，且打开了尚未冷却的消毒盒盒盖，也未能按照说明书要求在打开盒盖前将盒内积水放掉。之后原告母亲在厨房取用奶粉时原告进入厨房，伸手抓到奶瓶消毒盒，盒内热水打翻造成原告脸部、颈部、前胸部多处烫伤。原告家人在对原告进行紧急处理后送往上海市医疗急救中心救治。后原告又多次前往瑞金医院治疗，并在原告父母带领下到美国看了两次门诊，医疗费共计 5 797.06 元及 136.90 美元。原告的母亲张某为照顾原告，还向单位请假一个月。

原告称：本案中所涉奶瓶消毒盒存在严重的设计缺陷与指示缺陷，该缺陷与原告被烫伤存在因果关系。因此请求判令三被告承担连带责任，赔偿原告各项损失、公开召回缺陷产品并承担本案诉讼费。

被告贝亲株式会社辩称：本案所涉奶瓶消毒盒系合格产品，不存在任何缺陷。该产品设计合理，只要按照说明书的方法使用就非常安全。原告监护人未按照说明书方法操作，才导致原告烫伤。

被告丽婴房公司及第一八佰伴辩称：本案所涉产品不存在设计缺陷和指示缺陷。原告烫伤系监护人未遵守基本操作规程、疏忽大意所致。被告尽到告知义务，不承担责任。

本案的核心争议点：如何判断具有合理危险的产品是否存在缺陷？生产者和销售者如何承担责任？

（四）损害赔偿

1. 造成人身损害的赔偿范围

因产品存在缺陷造成受害人人身伤害的，侵害人应当赔偿医疗费、治疗期间的护理费、因误工减少的收入等费用；造成残疾的，还应当支付残疾者生活自助具费、生活补助费、残疾赔偿金以及由其扶养的人所必需的生活费等费用；造成受害人死亡的，并应当支付丧葬费、死亡赔偿金以及由死者生前扶养的人所必需的生活费（此项为间接损失赔偿）等费用。

2. 造成财产损害的赔偿范围

因产品存在缺陷造成受害人财产损失的，侵害人应当恢复原状或者折价赔偿。受害人因此遭受其他重大损失的，侵害人应当赔偿损失。

因产品存在缺陷造成人身、他人财产损害的，受害人可以向产品的生产者要求赔偿，也可以向产品的销售者要求赔偿。就生产者与销售者之间最终责任的承担来看，属于产品的生产者的责任，产品的销售者赔偿的，产品的销售者有权向产品的生产者追偿；属于产品的销售者的责任，产品的生产者赔偿的，产品的生产者有权向产品的销售者追偿。

三、行政责任与刑事责任

（一）行政责任

根据《产品质量法》，承担行政责任的违法行为有：生产、销售不符合保障人体健康和人身、财产安全的国家标准、行业标准的产品；生产国家明令淘汰的产品，销售国家明令淘汰并停止销售的产品；销售失效、变质的产品；在产品中掺杂、掺假，以假充真，以次充好，或者以不合格产品冒充合格产品；伪造产品产地，伪造或者冒用他人的厂名、厂址，伪造或者冒用认证标志等质量标志；产品标识或者有包装的产品标识不符合法律规定；伪造检验结果或者出具虚假证明；法律规定的其他应当承担责任的违法行为。

市场监督管理部门依照职权，对违反产品质量法的行为可以责令纠正，并给予下列行政处罚：警告，罚款，没收违法生产、销售的产品和没收违法所得，责令停止生产、销售，吊销营业执照。

(二) 刑事责任

违反《产品质量法》的行为，如构成犯罪的，依照《刑法》的规定追究刑事责任。产品质量有关的犯罪主要包括两方面：一是生产、销售不符合保障人体健康和人身、财产安全的国家标准、行业标准的产品的，责令停止生产、销售，没收违法生产、销售的产品，并处违法生产、销售产品（包括已售出和未售出的产品，下同）货值金额等值以上、3 倍以下的罚款；有违法所得的，并处没收违法所得；情节严重的，吊销营业执照；构成犯罪的，依法追究刑事责任。二是在产品中掺杂、掺假，以假充真，以次充好，或者以不合格产品冒充合格产品的，责令停止生产、销售，没收违法生产、销售的产品，并处违法生产、销售产品货值金额 50%以上、3 倍以下罚款；有违法所得的，并处没收违法所得；情节严重的，吊销营业执照；构成犯罪的，依法追究刑事责任。

根据现行《刑法》的规定，对生产、销售伪劣商品犯罪行为负有追究责任的国家机关工作人员滥用职权、玩忽职守、徇私舞弊，构成犯罪的，处 5 年以下有期徒刑或者拘役。此举对强化产品质量管理体制和机制，有着重要的意义。

课后练习

一、不定项选择题

1. 李先生为其 5 岁女儿购买某品牌的奶粉，小孩喝后上吐下泻，住院 7 天才恢复健康。李先生之女从此见任何奶类制品都拒食。经鉴定，该品牌奶粉属劣质品。为此，李先生欲采取维权行动。下列建议哪些是正确的？（　　）

A. 请媒体曝光，并要求市场监督管理部门严肃查处

B. 向出售该奶粉的商场索赔，或向生产该奶粉的厂家索赔

C. 直接提起诉讼，要求商场赔偿医疗费、护理费、误工费、交通费等

D. 直接提起仲裁，要求商场和厂家连带赔偿李先生全家所受的精神损害

2. 赵某从金花商场买回的跑步机在使用中出现故障并致其受伤。经查询得知，该型号跑步机数年前已被认定为不合格产品，金花商场从总经销泰和商贸公司依正规渠道进货。下列哪些选项是正确的？（　　）

A. 赵某有权向该跑步机生产商索赔

B. 赵某有权向泰和商贸公司、金花商场索赔

C. 金花商场向赵某赔偿后，有权向该跑步机生产商索赔

D. 金花商场向赵某赔偿后，有权向泰和商贸公司索赔

3. 张某到一美容院做美容，美容院使用甲厂生产的“水洁”牌护肤液为其做脸部护理，结果因该护肤液系劣质产品而致张某脸部皮肤严重灼伤，张某为此去医院治疗，花去近 5 000 元医药费。关于此事例，下列哪些选项是正确的？（　　）

A. 张某有权要求美容院赔偿医药费

B. 张某有权要求甲厂赔偿医药费

C. 张某若向美容院索赔，可同时请求精神损害赔偿

D. 美容院若向张某承担了责任，则其可以向甲厂追偿

4. 某医院给病人钱某开的治疗湿疹的药物，使用后反而加重了病情。经检验，这批药因在医院库房存放过久已经变质。对于该案应如何处理的说法中，哪些是正确的？（　　）

A. 对医院应依据《产品质量法》进行处罚

B. 对医院应依据《药品管理法》进行处罚

C. 医院应赔偿给钱某带来的损失

D. 药品生产者应承担赔偿责任

5. 下列选项中哪些属于生产者对产品质量的默示担保义务？（　　）

A. 电冰箱应当具备制冷的功能

B. 家具应当符合以实物样品表明的质量状况

C. 化妆品所含主要成分及其含量应当与其产品说明所列标准相吻合

D. 燃气热水器应当符合保障人身、财产安全的国家标准

二、案例分析

1. 孙某伙同王某从某电扇厂仓库盗窃未经检验的轮船用小型电扇两台。二人各分得一台，孙某将电扇以 60 元的价格卖给李某。李某在使用时，被飞出的扇叶削掉半截左耳。李某以扇叶及保护网设计及制造中有瑕疵为由，向电扇厂提出索赔。

问题：李某是否有权向电扇厂索赔？法律依据是什么？

2. 因甲公司生产的真空食品袋质量不合格，造成乙公司生产的 100 箱（14 400 袋）奶油食品发霉变质，直接损失 7 000 元。该批食品是由丙、丁、戊三家商场销售的，已售出 630 袋，有二十几位购买者陆续向三家商场提出退货或赔偿要求。请依据《产品质量法》的规定回答以下问题：

（1）丙、丁、戊三家商场在本案中有无法律责任，为什么？

（2）乙公司是否应就变质食品向购买者承担责任，为什么？

（3）甲公司应承担什么样的法律责任？

第七章
税　法

政府没有巨大的经费就不能维持，凡享受保护的人都应该从他的产业中支出他的一份来维持政府。

［英］约翰·洛克

从一个处于私人地位的生产者扣除的一切，又会直接或间接用来为处于社会成员地位的这个生产者谋福利。

［德］卡尔·马克思

引　言

同学们，下面几种情境，你是感觉熟悉，还是陌生，抑或惊愕呢？

情境一：饭店张老板埋怨："市场监督管理、卫生这些个部门合理收点费，还有点道理，毕竟也算给我们提供服务了，咱认了。但那两家税务局，啥事也没给我们办过，却月月要我们缴税，稍一拖欠还罚款，凭啥啊？"

情境二：李某吃惊地问从洗浴城走出来的几位税务工作人员："你们还征洗浴城黄老板的税？他爸可是市委书记，就连你们局长都是他提拔上来的！"

情境三：美国大选期间，有中国记者问一位美国老大妈："你支持的这个候选人可是主张增税的，你怎么还会投他的票呢？"老大妈指着身边维持秩序的警察说："政府没有足够的税收，谁给他们发工资呢，治安不好怎么办？"

情境四：某公司拟将家具、办公设备等配备齐全的办公大楼整体出租。法务部张经理起草了一份自感完美的合同。某从事涉税业务的律师来访时瞅了一眼告诉张经理："你这份合同有一个重大漏洞。你只要把'800万元的办公楼租金'改为'办公楼租金700万元，家具及设备租金100万元，共计800万元'，就能每年为公司省去12万元房产税。"

情境五：黄某为某汽车服务有限公司法定代表人，通过个人账户收取公司营业收入，逃避缴纳税款计180万元。在及时补缴税款之后，2018年4月25日，湖北省武汉经济技术开发区人民法院判处黄某有期徒刑3年，缓刑5年，并处罚金20万元。①

① 参见湖北省武汉经济技术开发区人民法院（2018）鄂0191刑初65号刑事判决书。

面对以上几种情境你会如何反应呢？对于税，西人有两句名言：一曰“税收是文明的对价”；二曰“在这个世界上，只有死亡与纳税是不可避免的”[①]。你理解其中的深意吗？你了解我国有哪些税种吗？如果创业的话，你知道合理的税收筹划可能会大大降低企业的成本吗？或者，如果违反了税法，会给企业以及自己的职业生涯带来哪些不利后果吗？

第一节 税法概述

一、税收概述

（一）税收的概念、特征

1. 税收的概念

税收，又称税捐或租税，指国家或其他公法团体为实现公共职能，凭借其政治权力，按照法律规定的标准，强制地、无对价地取得财政收入的活动。税收的经济实质是国家与纳税人之间的利益分配关系。从法学的角度，税收是国家以及地方政府以财政收入为目的，依法对满足法定构成要件的人[②]强制性课征的非对价金钱给付义务。[③]

2. 税收的特征

学界尤其是经济学界一般都将税收的特征概括为“三性”，即强制性、无偿性和固定性。事实上，“三性”并不能将税收与其他财政收入形式完全区分开来，例如罚款就明显也具有强制、无偿与固定的特征。法学界一般认为较之于公共财政的其他收入形式，税收具有如下四个特征，且唯有税收同时具备如下四个特征。

（1）国家主体性。税权是国家主权的重要组成部分，税收是以国家政治权力为依托，依法强制征收的，不以单个纳税人的同意为前提。

（2）非对价性。对单个纳税人而言，纳税后得不到任何报酬，纳税数额亦与其可能消费的公共产品的数量无直接关系。征税过程中财产权的转移是单向的。

（3）标准明确性。每一税种的纳税人、征税对象和税率等基本课税要素均应以法律的形式进行明确、具体的规定。纳税人必须严格依法及时足额纳税，征税主体也只能按照这种预定的标准征税，而不得随意免征、少征或多征。

（4）财政目的性。税收是国家履行公共职能、提供公共产品的基本的物质基础，是财政收入的主体来源，为国家提供稳定、持续的物质支持是税收存在的根本目的。这一点可使税收与罚款等其他财政收入形式区分开来。

（二）税收的分类

1. 流转税、所得税和财产税

这是一种以课税对象为标准进行的分类，是世界各国税制分类中最基本、最重要的方式。

---

① 分别由美国人奥利弗·温德尔·霍姆斯和本杰明·富兰克林提出。

② 法律上讲的人不仅仅指自然人，还包括法人、非法人组织等。

③ 法学界一般认为税是一种公法之债，而债的法律关系的客体为给付行为。依债法原理，符合法定要件的纳税人为债务人，国家为债权人。

2. 直接税与间接税

依据税负能否转嫁，税收可以分为直接税和间接税。凡税负不能转嫁于他人，需由纳税人直接承担税负的税种，即直接税，如各类所得税和一般财产税。凡税负可以转嫁于他人，纳税人只是间接承担税负的税种，即间接税，如各类流转税。

3. 从量税与从价税

这种划分以计税标准为依据。凡是按课税对象的一定计量单位为标准，规定固定税额的税为从量税，如耕地占用税、车船税等。凡是以课税对象的价格为标准，按规定税率计算税额的税为从价税，如增值税、资源税等。

4. 价内税与价外税

以税收与价格的关系为标准，税收可分为价内税和价外税。凡税金构成价格组成部分的，称为价内税，如消费税；凡税金作为价格之外附加的，称为价外税，如增值税。

5. 中央税与地方税

依据税权归属不同，税收可分为中央税和地方税。凡征税权和收入权归属于中央政府的为中央税，凡上述税权归属地方政府的为地方税。

6. 其他分类

除以上比较常见的分类外，税收还有许多分类方式。例如，以税收收入形式为标准，税收可分为实物税和货币税；以征税标准是否具有依附性，税收可分为独立税和附加税。

二、税法的概念与特征

（一）税法的概念

税法是调整在税收活动过程中国家、征税机关和纳税主体等之间产生的税收关系的法律规范的总称。税法传统上被认为属于经济法的宏观调控法分支，但近年来有部分学者对税法的经济法属性提出反对意见。①

（二）税法的特征

1. 税收法规结构的规范性

税法的调整对象主要是税收征纳关系，而税收的标准明确性直接决定了税收法规结构的规范性或统一性。一方面，国家一般按税种立法，即一税一法。另一方面，每个税种法都对纳税人、征税对象、税率、纳税环节、期限、地点和税收优惠等作出具体规定，从而表现为税法要素的固定性。

2. 税法的相对稳定性和适当灵活性

税法和各项税收法规一经法定程序颁布实施之后就必须严格执行，不得随意变更，特别是作为税法的立法宗旨、原则、税制结构和其他基本规范的框架，更不能轻易变动。税法同时还具有适当的灵活性。税收的经济职能要求根据国家不同时期的经济状况，对税种、税目和税率、减免税等作出相应的调整，以真正体现税法是税收政策的法律化，是国家重要的宏观调控手段。

---

① 代表者如北京大学刘剑文教授。刘剑文．税法学．北京：北京大学出版社，2017：1－2.

3. 税法规范的技术性

税收关系国民经济乃至社会生活的诸多方面。税法既要保证税负公平，又要保证税收征管的实效，还要谋求与私法秩序的协调并尽量减少对经济的不良影响，同时肩负着调控宏观经济及贯彻国家特定社会政策的重任。为此，一国之税法要围绕税目选择、税率确定、计算方式、纳税环节、税收优惠、税务登记、发票管理、管辖分工等诸领域进行专业性极强的制度设计，由此就决定了税法规范的技术性。

三、税法的构成要素

税法的构成要素，又称课税要素、税制要素，是指各税种立法共有的基本构成要素的总称。

（一）纳税人

纳税人又称纳税义务人，是指税法规定负有纳税义务的社会组织和个人。每一种税都有其纳税人，同一种税可以有不同的纳税人，某一纳税人也可以成为几种税的纳税人。

为防止逃税，实现税源扣缴，税法还规定有扣缴义务人，即税法规定负有代扣代缴、代收代缴税款义务的社会组织和个人。代扣代缴义务人是指有义务从其持有的纳税人收入中扣除纳税人的应纳税款并代为缴纳的单位和个人。代收代缴义务人是指有义务借助经济关系向纳税人收取应纳税款并代为缴纳的单位和个人。

思考 7－1

同学们将来工作后每月挣得的工资是要交个人所得税的。虽然你本人是纳税人，但这笔税款由你所在的单位去税务局办理。那么，你的工作单位是代扣代缴义务人还是代收代缴义务人呢？

（二）征税对象

征税对象又称征税客体或课税对象，是指征税主体、纳税主体共同指向的对象，它是各个税种间相互区别的根本标志。按其性质不同，征税对象通常划分为以下几类：（1）流转额，包括商品流转额和非商品流转额；（2）所得额或收益额，包括总收益额和纯收益额；（3）财产，即法律规定的特定范围的财产，如房产、车船等。

还有两个从属于征税对象的概念：税基和税目。所谓税基，又称计税依据，是指税制中规定的据以计算各种应征税款的依据或标准。如个人所得税，其课税对象是纳税人的全部所得额，而计税依据则是从中作了一定扣除后的余额。税目指在征税对象总范围内规定的具体征税的类别或项目，是课税对象的具体化。

（三）税率

税率指应纳税额与征税对象或计税依据之间的数量关系或比率。税率是衡量税负高低的重要指标，它反映了征税的深度。

1. 比例税率

所谓比例税率是指对同一征税对象，无论数额大小皆适用同一比率征税。比例税率又可细分为单一比例税率和差别比例税率。通常，在所得税中采用单一比例税率，流转税则采用差别比例税率。差别比例税率又可分为产品差别比例税率、行业差别比例税率和地区差别比例税率。

2. 累进税率

累进税率又称等级税率，指随着征税对象的数额由低到高逐级累进的税率。累进税率是由若干个逐渐升高的一组税率构成，这种税率一般在所得课税中采用，特别是对个人所得征税时经常采用。累进税率的累进依据一般分为绝对额和相对率两种。凡累进税率，无论是按绝对额累进还是按相对率累进，在累进方法上都可分为全累税率和超累税率。

3. 定额税率

定额税率又称固定税额，是按征税对象的计量单位直接规定固定的征税数额。课税对象的计量单位可以是重量、数量、面积、体积等自然单位，也可以是专门规定的复合单位，如资源税中天然气的“万立方米”。我国现行税制中的定额税率表现为地区差别定额税率、分类分项定额税率、单一定额税率等三种。

（四）纳税环节、期限及地点

纳税环节，指税法规定的征税对象从生产到消费的流转过程中应当缴纳税款的环节。期限指纳税人按照税法规定缴纳税款的期限。税法规定纳税人按日、月、季度、纳税年度缴纳税款。此外，税法还规定按次纳税，即以纳税人从事生产经营活动的次数确定纳税期限。纳税地点，指纳税人依据税法规定向征税机关申报纳税或者缴纳税款的具体地点，主要有机构所在地、经济活动发生地、财产所在地、报关地等。

（五）减免税

减税是对应纳税额的少征；免税是对应征税额全部免除。减免税是对纳税义务的减轻或免除。与此相关的有起征点和免征额两个概念。起征点是计税依据的数额达到开征的界限。未达到起征点的不征税；达到或超过起征点的，按其全额征税。免征额，是指在计税依据总额中免于征税的数额。它是按照一定标准从计税依据总额中预先减除的数额。免征额部分不征税，超过免征额的部分征税。

第二节 流转税法

一、流转税概述

（一）流转税的概念

流转税，也称为商品税或“商品与劳务税”，是以商品、劳务及服务的流转额作为征税对象的一类税。我国现行的流转税有增值税、消费税、关税等。①

（二）流转税的特点

流转税是间接税，具有税源稳定、征收及时、征收便利、税负隐蔽等特点。具体而言，流转税具有如下显著特点。

1. 流转税的征税对象是商品、劳务、服务等复杂多样的流转额

一种商品从进入流通到最后消费，往往要经过无数次交易。每经过一次交易，商品流转一

① 对于关税是归属于流转税还是应单独列为一类税，学界有不同的观点。

次，于是也就发生了一次对卖者商品流转额课征流转税的问题。进一步来看，流通中的商品种类和商品流通渠道又是复杂多样的，即使是同一种商品，也可能要经过不同的阶段。在流通过程中，不同商品之间也可能发生分合的变化。

2. 流转税在负担上具有累退性

流转税一般采用比例（固定）税率，其税负是按消费商品的种类和数量的比例承担。从表面上看，对一般消费品、劳务或服务课税，消费数量大者多负担税，消费数量少者少负担税；对进口商品和奢侈品及高档服务[①]课征的高额消费税，多由富者负担。但进一层分析，个人消费数量的多寡与个人收入并不成比例，越富有，消费性开支占其收入的比例越小。显然，在这种情况下，商品、劳务及服务课税就具有一定的累退性：收入愈少，税负相对愈重；反之愈轻。

3. 流转税收的负担普遍，课税隐蔽

流转税在形式上虽由商品、劳务或服务的生产者或销售者缴纳，实际上所纳税款要附加于价格之中，转嫁给消费者负担。人们要生存，就必须消费，课征流转税的最终结果是人人负担税收。同时，流转税也是较为隐蔽的一种课征，流转税扣除后，税款要加在价格之中，消费者并不直接感受到税收负担的压力。

二、增值税

（一）增值税的概念、特点

增值税是以单位和个人生产经营中取得的增值额为征税对象的一种税，它以纳税人应税行为的销售额为计税依据，运用税收抵扣原则进行征收。目前我国增值税的主要法律依据是《中华人民共和国增值税暂行条例》（2017 年修订）、《关于全面推开营业税改征增值税试点的通知》（财税〔2016〕36 号）等。

增值税的主要特征如下。

1. 征税对象是法定的增值额。增值税是以商品、服务流通中各个环节的新增价值额为征税对象。所谓增值额，指纳税人在我国境内销售货物、提供应税劳务、进口货物、销售服务、销售无形资产、销售不动产过程中新增加的价值额，是纳税人在一定时期内销售收入大于购进商品、劳务、服务、无形资产或不动产时所支付的金额的差额。

2. 税负公平合理。增值税按增值额征税，对同一征税对象而言，不管纳税环节多少，只要售价相同，则税负相同。

3. 消除重复征税。只对增值额征税，对流转额中已征部分不再征税。商品从生产、批发到零售，不论流通环节有多少，每一个环节征一次税，但由于适用价外抵扣原则，以不含增值税税额的价格作为计税依据，就避免了以流转额总额征税产生的重复征税的现象。

思考 7-2

春华厂与秋实厂是济南的两家食品生产企业，双方营销理念不同。春华厂没有自己的营销网络，所有产品通过一个连锁集团进行销售；而秋实厂则拥有自己的销售网络，所有产品通过

---

① 我国目前的消费税只对产品征税，高档服务将来也会纳入消费税征收范围。

自己的销售渠道对外销售。2018年12月，春华厂将一批价值15万元（不含税）的商品销售给长期合作的连锁集团，并开具了2.55万元的增值税专用发票一张，然后该连锁集团再将该批商品对外销售，共取得不含税收入20万元。同月，秋实厂利用自己的销售网络对外销售了同样数量的商品一批，结算时共取得不含税收入20万元。请思考：哪批商品的增值税税负更重？

【解析】

由于增值税是对商品在各流转环节的增值税额征税，而本案中的两批商品皆是从0增值到20万元最后被消费掉，故而它们的增值税税负是一样的，只是第一批商品要通过两个纳税人分别就15万元和5万元[①]纳税，第二批商品由一个纳税人就20万元纳税。

（二）纳税主体

凡在中华人民共和国境内销售货物或者提供加工、修理修配劳务，销售服务、无形资产或者不动产，以及进口货物的单位和个人，为增值税的纳税义务人。增值税的纳税主体从税法地位和税款计算的角度可以分为两大类，即一般纳税人和小规模纳税人。

所谓一般纳税人，就是指年应税销售额超过规定的小规模纳税人标准，会计核算健全的企业和企业性单位。

所谓小规模纳税人，是指年应征增值税销售额500万元及以下，并且会计核算不健全，不能按规定报送有关税务资料的增值税纳税人。年应税销售额超过小规模纳税人标准的其他个人按小规模纳税人纳税，非企业性单位、不经常发生应税行为的企业可选择按小规模纳税人纳税。此外，年应税销售额未超过标准的小规模企业，账簿和会计核算健全的，经企业申请，税务部门可以将其认定为一般纳税人。

一般纳税人和小规模纳税人的税法地位、计税方法不同，表现为：一般纳税人可以使用增值税专用发票，并可以用“扣税法”抵扣发票上注明的已纳增值税额。而小规模纳税人则一般不使用增值税专用发票[②]，也不能进行税款抵扣。此外，二者在计税方法上也不相同，小规模纳税人只能按征收率采取简易办法计税。

（三）征税范围

增值税的征税范围包括六个方面，即销售货物、提供应税劳务、进口货物、销售服务、销售无形资产、销售不动产。

1. 销售货物

作为增值税征税范围内的销售货物，包括一般的销售货物、视同销售货物和混合销售等几种情况。

一般的销售货物，是指通常情况下的货物所有权的有偿转让。这里的“货物”是指有形动产，包括电力、热力和气体等。

---

① 即20－15＝5。

② 由于小规模纳税人适用简易征税办法，一般不使用增值税专用发票，但基于增值税征收管理中一般纳税人与小规模纳税人之间客观存在的经济往来的实情，小规模纳税人可以到税务机关代开增值税专用发票。为持续推进“放管服改革”，自2020年2月1日起，小规模纳税人（其他个人除外）发生增值税应税行为，需要开具增值税专用发票的，可以自愿使用增值税发票管理系统自行开具，但销售其取得的不动产，需要开具增值税专用发票的，应当按照有关规定向税务机关申请代开。

所谓视同销售货物，是指某些行为虽然不同于有偿转让货物所有权的一般销售，但基于保障财政收入，防止规避税法以及保持经济链条的连续性和课税的连续性等考虑，税法仍将其视同为销售货物的行为，征收增值税，例如纳税人将自产或委托加工的货物用于非应税项目，或者用于集体福利或个人消费等。

所谓混合销售，是指一项销售行为既涉及货物又涉及服务。凡从事货物的生产、批发或零售的单位及个体经营者的混合销售行为，视为销售货物，征收增值税；而其他单位和个人进行的混合销售行为，均视为销售服务，征收增值税。

示例 7-1

某冰箱厂向外地某电器商城供应200台冰箱，为了保证及时供货，两方议定由该厂动用自己的货车运送这批冰箱，结算时同时收取冰箱货款和运输费。这笔业务中就发生了销售货物和提供运输服务的混合销售行为，冰箱厂应将货款与运费一并作为货物销售额按销售冰箱适用16%的税率缴纳增值税，而不得单独就运输服务适用10%计税。

2. 提供应税劳务

目前属于增值税的应税劳务有两大类，即加工劳务和修理修配劳务。“加工”是指由委托方提供原材料及主要材料，受托方按照委托方的要求制造货物并收取加工费的业务；“修理修配”是指受托对损伤和丧失功能的货物进行修复，使其恢复原状和功能的业务。

3. 进口货物

进口货物是指货物从境外进入我国境内。出口货物从原理上说也应征收增值税，只不过一般均实行零税率。但对于法律有特殊规定的某些限制或禁止出口的货物，同样不适用零税率，而应依税率征税。

4. 销售服务

销售服务是指提供交通服务、邮政服务、电信服务、建筑服务、金融服务、现代服务、生活服务。

5. 销售无形资产

销售无形资产是指转让无形资产所有权或者使用权的活动。无形资产，是指不具实物形态，但能带来经济利益的资产，包括技术、商标、著作权、商誉、自然资源使用权和其他权益性无形资产。

6. 销售不动产

销售不动产指转让不动产所有权的业务活动。另，转让建筑物有限产权或者永久使用权，转让在建建筑物或者构筑物所有权的，以及在转让建筑物或者构筑物时一并转让其所占土地的使用权的，按照销售不动产缴纳增值税。

（四）税率和征收率

我国增值税的税率分为四档，即基本税率、10%低税率、6%低税率和零税率。

1. 基本税率为13%，适用于一般情况（即不适用低税率和零税率的情况）下的销售货物、提供应税劳务、进口货物和有形动产租赁服务。

2. 9%低税率适用范围如下。

（1）销售或进口：1）粮食等农产品、食用植物油、食用盐；2）自来水、暖气、冷气、热水、煤气、石油液化气、天然气、沼气、居民用煤炭制品；3）图书、报纸、杂志；4）饲料、化肥、农药、农机、农膜；5）音像制品和电子出版物；6）二甲醚；7）国务院及有关部门规定的其他货物。

（2）销售运输服务、邮政服务、基础电信服务、建筑服务、不动产租赁服务。

（3）销售不动产。

（4）转让土地使用权。

3. 6%低税率适用范围如下。

（1）销售现代服务（租赁服务除外）、增值电信服务、金融服务、生活服务。

（2）销售无形资产（转让土地使用权除外）。

4. 零税率，即税率为零，适用于纳税人出口货物（国务院另有规定的除外）以及境内单位和个人跨境销售国务院规定范围内的服务、无形资产。

5. 征收率。除税率之外，我国税法还规定了3%和5%两档征收率。其中，3%的征收率适用于小规模纳税人以及部分允许适用简易计税方式计税的一般纳税人，另外，小规模纳税人销售、出租不动产及部分适用简易计税方式计税的一般纳税人适用5%的征收率。①

（五）应纳税额的计算

增值税应纳税额的计算需要分为三种情况：一般纳税人销售货物、提供应税劳务、销售服务、销售无形资产、销售不动产的应纳税额的计算；小规模纳税人销售货物、提供应税劳务、销售服务、销售无形资产、销售不动产的应纳税额的计算；一般纳税人、小规模纳税人进口货物应纳税额的计算。

1. 一般纳税人应纳增值税额的计算

一般纳税人发生应税行为时，其应纳增值税额要运用“扣税法”来计算，其计算公式为：

应纳增值税额＝当期销项税额－当期进项税额

可见，要确定应纳增值税额，必须先分别确定当期②销项税额和当期进项税额。

（1）当期销项税额的确定。

当期销项税额，是指当期销售货物、提供应税劳务和发生应税行为的纳税人，依其销售额和法定税率计算并向购买方收取的增值税税款。其公式：

当期销项税额＝当期销售额×税率

显然，当期销售额的确定是计算整个应纳增值税额的关键，现行税法相关规定如下。

第一，销售额是指纳税人向购买方收取的全部价款和价外费用。所谓价外费用，是指在价款之外向购买方收取的各种费用，包括手续费、补贴、基金、集资费、返还利润、奖励费、违约金、滞纳金、延期付款利息、包装费、运输装卸费、储备费、优质费、代收或代垫款项及其他各种性质的价外收费。下列项目不包括在内：受托加工应征消费税的消费品所代收代缴的消费税；承运部门运输费用发票开具给购买方且纳税人将该项发票转交给购买方的代垫运输费

---

① 此外，个人出租住房，按照5%的征收率减按1.5%计算应纳税额。纳税人销售旧货，小规模纳税人（不含其他个人）以及符合规定情形的一般纳税人销售自己使用过的固定资产，可依3%的征收率减按2%征收增值税。从事二手车经销业务的纳税人销售其收购的二手车，适用0.5%的征收率。

② 当期是指税法规定的企业确定应纳税额的时间段。由于企业处于一种持续经营状态，必须通过一定时限内经营成果的汇总才能核算出其具体的应纳税额。

用；销售货物的同时代办保险等而向购买方收取的保险费，以及向购买方收取的代购买方缴纳的车辆购置税、车辆牌照费；代为收取的政府性基金或者行政事业性收费。

第二，如果销售收入中包含了销项税额，则应将含税销售额换算成不含税销售额。这是因为增值税是价外税，在计税的销售额中不能含有任何税款。计算公式为：

不含税销售额＝含税销售额÷(1＋增值税税率)

示例 7－2

雅纯饮用水公司是增值税一般纳税人，2018 年 8 月销售高档桶装饮用水一批，开具的增值税专用发票上注明销售额为 10 万元，另向购买方收取手续费 1.16 万元。同时，另开一张普通发票收取包装费 1 160 元。请计算雅纯饮用水公司本月销项税额。

【解析】

销项税额＝10×16％＋(1.16＋0.116)÷(1＋16％)×16％＝1.776（万元）

第三，如果纳税人有视同销售行为而无销售额，销售货物或者提供应税劳务时定价明显偏低又无正当理由，销售服务、无形资产或者不动产时价格明显偏低或者偏高且不具有合理商业目的时，则应由主管税务机关核定其销售额。根据现行规定，主管税务机关应按下列顺序核定增值税纳税人的销售额。

1）按纳税人最近时期同类货物、服务、无形资产或者不动产的平均销售价格确定。

2）按其他纳税人最近时期同类货物、服务、无形资产或者不动产的平均销售价格确定。

3）按组成计税价格确定，其公式为：

组成计税价格＝成本×(1＋成本利润率)

若所销售的货物是应征收消费税的货物，组成计税价应包括消费税在内。其计算公式为：

组成计税价格＝成本×(1＋成本利润率)÷(1－消费税税率)

或

组成计税价格＝成本×(1＋成本利润率)＋消费税

上述公式中的成本为实际生产成本或实际采购成本。成本利润率则分三种情况：销售货物或应税劳务的成本利润率一般规定为 10％；若是征收消费税的货物，则应按消费税的有关规定确定；销售服务、无形资产或者不动产的成本利润率由国家税务总局规定。

示例 7－3

金星彩电厂 2018 年 8 月将 20 台新研制的彩电赠与彩电科研组的有关人员，已知市场上尚无同类型的产品。假设每台彩电的生产成本为 1 万元，该批彩电如何作税务处理？

【解析】

彩电的组成计税价格＝20×1×(1＋10％)＝22 万元

销项税额＝22×16％＝3.52 万元

（2）当期进项税额的确定。

进项税额是指纳税人购进货物、应税劳务、服务、无形资产或者不动产，支付或者负担的增值税额。依据税法规定，准许从销项税额中抵扣进项税额的情况主要包括以下几类：1）从销售方取得的增值税专用发票上注明的增值税税额；2）从海关取得的海关进口增值税专用缴款书上注明的增值税税额；3）从境外单位或个人购进服务、无形资产或者不动产，自税务机关或者扣缴义务人取得的解缴税款的完税凭证上注明的增值税税额；4）购进农产品，除取得增值税专用发票或者海关进口增值税专用缴款书外，按农产品收购发票或者销售发票上注明的农产品买价和10%的扣除率计算。纳税人购进用于生产销售或委托加工16%税率货物的农产品，按照12%的扣除率计算进项税额。

示例 7-4

益康药业公司为增值税一般纳税人，本月购进原材料一批，取得增值税专用发票上注明价款为60 000元，收购农产品开具符合要求的农产品收购发票20 000元。请计算当月可以抵扣的进项税额。

【解析】

当月可抵扣的进项税额＝60 000×16%＋20 000×12%＝12 000（元）

但是，下列项目的进项税额不得从销项税额中抵扣：1）用于简易计税方法计税项目、免征增值税项目、集体福利或者个人消费的购进货物、加工修理修配劳务、服务、无形资产和不动产。其中涉及的固定资产、无形资产、不动产，仅指专用于上述项目的固定资产、无形资产（不包括其他权益性无形资产）、不动产。2）非正常损失的购进货物，以及相关的加工修理修配劳务和交通业服务。3）非正常损失的在产品、产成品所耗用的购进货物（不包括固定资产）、加工修理修配劳务和交通运输服务。4）非正常损失的不动产，以及该不动产所耗用的购进货物、设计服务和建筑服务。5）非正常损失的不动产在建工程所耗用的购进货物、设计服务和建筑服务。纳税人新建、改建、扩建、修缮、装饰不动产，均属于不动产在建工程。6）购进的旅客运输服务、贷款服务、餐饮服务、居民日常服务和娱乐服务。7）纳税人接受贷款服务向贷款方支付的与该笔贷款直接相关的投融资顾问费、手续费、咨询费等费用，其进项税额不得从销项税额中抵扣。8）纳税人取得的增值税扣税凭证不符合法律、行政法规或者国家税务总局有关规定的。纳税人凭完税凭证抵扣进项税额的，应当具备书面合同、付款凭证和境外单位的对账单或者发票。资料不全不得抵扣。9）有下列情形之一者，应当按照销售额和增值税税率计算应纳税额，不得抵扣进项税额，也不得使用增值税专用发票：其一，一般纳税人会计核算不健全，或者不能提供准确税务资料；其二，应当申请办理一般纳税人资格登记而未申请的。

2. 小规模纳税人应纳增值税额的计算

小规模纳税人应纳增值税额的计算不适用“扣税法”，而是适用简易的办法，即用不含税销售额乘以规定的征收率，不抵扣任何进项税额。其计算公式为：

应纳增值税额＝销售额×征收率

上述公式中的征收率为3%。

3. 进口货物应纳增值税额的计算

进口货物的纳税人，无论是一般纳税人还是小规模纳税人，均应按照组成计税价格和规定的税率计算应纳税额，不得抵扣进项税额。其计算公式为：

应纳增值税税额＝组成计税价格×税率

如果进口的货物不征消费税，则上述的组价公式为：

组成计税价格＝关税完税价格＋关税税额

如果进口的货物应征消费税，则上述的组价公式为：

组成计税价格＝关税完税价格＋关税＋消费税

第三节 所得税法

一、所得税法概述

（一）所得税的概念

所得税是以所得为征税对象并由获取所得的主体缴纳的一类税的总称，主要包括企业所得税和个人所得税。

（二）所得税的特征

所得税作为一个税类，主要具有以下特征。

1. 征税对象是所得，计税依据是纯所得额，这是所得税与商品税、财产税相区别的最主要的特点。

2. 计税依据的确定较为复杂。所得税的计税依据是纯所得额，即从总所得额中减去各种法定扣除项目后的余额。由于对法定扣除项目的规定较为复杂，因而其计税依据的确定也较为复杂，税收成本也会随之提高。

3. 比例税率与累进税率并用。商品税主要以适用比例税率为主，有利于提高效率；而所得税更强调保障公平，以量能纳税为原则，因而在适用比例税率的同时，尤其在个人所得税等领域亦适用累进税率。

4. 所得税是直接税。所得税作为典型的直接税，其税负由纳税人直接承担，税负不易转嫁。

5. 在税款缴纳上实行总分结合。所得税的应税所得额到年终才能最后确定，因而在理论上所得税在年终确定应税所得额后才能缴纳。但由于国家的财政收入必须均衡及时，因而在现实中，所得税一般实行总分结合，即先分期预缴，到年终再清算，以满足国家财政收入的需要。

二、企业所得税法

（一）企业所得税法概述

企业所得税，是指以企业为纳税人，以企业一定期间的纯所得额为计税依据而征收的一种税。目前我国企业所得税适用的法律依据主要是《中华人民共和国企业所得税法》（2018 年修正）及《中华人民共和国企业所得税法实施条例》（2019 年修订）。

（二）企业所得税的纳税人

1. 企业所得税纳税人的范围

《企业所得税法》规定，在中华人民共和国境内，企业和其他取得收入的组织（统称企业）为企业所得税的纳税人，依照该法的规定缴纳企业所得税。个人独资企业、合伙企业不适用该法。

2. 居民企业和非居民企业

我国采用注册地和实际管理机构的双重标准，将企业所得税的纳税主体分为居民企业和非居民企业两类。

居民企业，是指依法在中国境内成立，或者依照外国（地区）法律成立但实际管理机构在中国境内的企业。非居民企业则是指依照外国（地区）法律成立且实际管理机构不在中国境内，但在中国境内设有机构、场所的，或者在中国境内未设立机构、场所，但有来源于中国境内的所得的企业。

居民企业应当就其来源于中国境内、境外的所得缴纳企业所得税。非居民企业在中国境内设立机构、场所的，应当就其所设机构、场所取得的来源于中国境内的所得以及发生在中国境外但与其所设机构、场所有实际联系的所得，缴纳企业所得税。非居民企业在中国境内未设立机构、场所的，或者虽设立机构、场所但取得的所得与其所设机构、场所没有实际联系的，应当就其来源于中国境内的所得缴纳企业所得税。

（三）税率

《企业所得税法》中规定的税率分为如下几种情况。

1. 一般情况下，企业的所得税税率为25％。

2. 非居民企业在中国境内未设立机构、场所或者虽设立机构场所但取得的所得与其所设立机构、场所没有实际联系的，应当就其来源于中国境内的所得缴纳企业所得税，税率为20％。

3. 符合条件的小型微利企业，减按20％的税率征收企业所得税。所谓“符合条件的小型微利企业”，是指从事国家非限制和禁止行业，并符合下列条件的企业：年度应纳税所得额不超过300万元，从业人数不超过300人，资产总额不超过5 000万元。

4. 国家需要重点扶持的高新技术企业，减按15％的税率征收企业所得税。

（四）征税范围

企业所得税按纳税年度计算。企业每一纳税年度的收入总额，减除不征税收入、免税收入、各项扣除以及允许弥补的以前年度亏损后的余额，为应纳税所得额。

1. 收入总额

企业以货币和非货币形式从各种来源取得的收入，为收入总额。具体的收入类型如下。

（1）销售货物收入，是指企业销售商品、产品、原材料、包装物、低值易耗品以及其他存货取得的收入。

（2）提供劳务收入，是指企业从事建筑安装、修理修配、交通运输、仓储租赁、金融保险、邮电通信、咨询经纪、文化体育、科学研究、技术服务、教育培训、餐饮住宿、中介代理、卫生保健、社区服务、旅游、娱乐、加工以及其他劳务服务所取得的收入。

（3）转让财产收入，是指企业转让固定资产、生物资产、无形资产、股权、债权等财产而取得的收入。

（4）股息、红利等权益性投资收益，是指企业因权益性投资从被投资方取得的收入。

（5）利息收入，是指企业将资金提供他人使用但不构成权益性投资，或者因他人占用本企业资金取得的收入，包括存款利息、贷款利息、债券利息、欠款利息等收入。

（6）租金收入，是指企业提供固定资产、包装物或者其他有形资产的使用权取得的收入。

（7）特许权使用费收入，是指企业提供专利权、非专利技术、商标权、著作权以及其他特许权的使用权而取得的收入。

（8）接受捐赠收入，是指企业接受的来自其他企业、组织或者个人无偿给予的货币性资产、非货币性资产。

（9）其他收入。

此外，《企业所得税法》还规定收入总额中下列收入为不征税收入：（1）财政拨款，即政府对纳入预算管理的事业单位、社会团体等拨付的财政资金，但国务院和国务院财政、税务主管部门另有规定的除外。（2）依法收取并纳入财政管理的行政事业性收费、政府性基金。（3）国务院规定的其他不征税收入。

2. 企业所得税准予扣除的项目

（1）成本。是指企业在生产经营活动中发生的销售成本、销货成本、业务支出以及其他耗费，即企业销售商品（产品、材料、下脚料、废料、废旧物资等）、提供劳务、转让固定资产、无形资产（包括技术转让）的成本。

（2）费用。即企业为生产、经营和提供劳务等所发生的销售（经营）费用、管理费用和财务费用。已计入成本的有关费用除外。

（3）税金。是指企业发生的除企业所得税和允许抵扣的增值税以外的各项税金及其附加。

（4）损失。是指企业在生产经营活动中发生的固定资产和存货的盘亏、毁损、报废损失，转让财产损失，呆账损失，坏账损失，自然灾害等不可抗力因素造成的损失以及其他损失。

（5）扣除的其他支出。是指除成本、费用、税金、损失外，企业在生产经营活动中发生的与生产经营活动有关的、合理的支出。

3. 企业所得税的限制扣除项目

所谓限制扣除，是指只能按照《企业所得税》规定的标准和方法扣除。由于这一方面所涉及的项目较多，此处择其要予以介绍。

（1）工资、薪金支出。企业发生的合理的工资、薪金支出准予据实扣除。

（2）职工福利费、工会经费、职工教育经费。职工福利费用支出，不超过工资、薪金总额14%的部分准予扣除，超过部分不得扣除。工会经费支出，不超过工资、薪金总额2%的部分准予扣除，超过部分不得扣除。企业发生的职工教育经费支出，不超过工资薪金总额8%的部分准予扣除，超过部分准予在以后纳税年度结转扣除。

（3）业务招待费。企业发生的与生产经营活动有关的业务招待费支出，按照发生额的60%扣除，但最高不得超过当年销售（营业）收入的5‰。

思考 7－3

中润公司 2018 年度全年销售收入为 1 900 万元，转让无形资产所有权收入 30 万元，房屋出租收入 230 万元，当年发生的业务招待费 35 万元。

请思考：中润公司 2018 年度所得税前可以扣除的业务招待费是多少？

（4）公益性捐赠。[①] 企业发生的公益性捐赠支出，不超过年度利润总额 12%的部分，准予扣除。超过年度利润总额 12%的部分，准予结转以后 3 年内在计算应纳税所得额时扣除。年度

① 公益性捐赠，是指企业通过公益性社会组织或者县级以上人民政府及其部门，用于符合法律规定的慈善活动、公益事业的捐赠。

利润总额，是指企业依照国家统一会计制度的规定计算的年度会计利润。

思考 7-4

荣达公司2018年捐赠支出180万元，其中直接向贫困地区捐赠75万元，通过中国红十字基金会向某灾区捐赠115万元。请思考：上述捐赠是否都是公益性捐赠？

(5) 广告费和业务宣传费。企业发生的符合条件的广告费和业务宣传费支出，除国务院财政、税务主管部门另有规定外，不超过当年销售（营业）收入15%的部分，准予扣除；超过部分，准予在以后纳税年度结转扣除。

(6) 有关资产的费用。企业转让各类资产发生的费用，允许扣除。企业按规定计算的固定资产折旧费、无形资产和递延资产的摊销费，准予扣除。

4. 企业所得税不得扣除的项目

(1) 向投资者支付的股息、红利等权益性投资收益款项。

(2) 企业所得税税款。

(3) 税收滞纳金。

(4) 罚金、罚款和被没收财物的损失。

(5) 超过规定标准的捐赠支出。

(6) 赞助支出。①

(7) 未经核定的准备金支出。②

(8) 企业之间的管理费、企业内营业机构之间支付的租金和特许权使用费，以及非银行企业内营机构之间支付的利息。

(9) 与取得收入无关的其他支出。

(五) 应纳税额计算

1. 应纳税额计算的一般方法

企业每一纳税年度的收入总额，减除不征税收入、免税收入、各项扣除以及允许弥补的以前年度的亏损后的余额，为应纳税所得额。企业应纳税所得额乘以适用税率，减除税收减免和税收抵免后的余额，即为应纳税额。具体的计算公式如下。

应纳税所得额＝收入总额－不征税收入－免税收入－准予扣除项目－以前年度的亏损

应纳税额＝应纳税所得额×适用税率－税收减免额－税收抵免额

2. 非居民企业应纳税额的计算

非居民企业在中国境内未设立机构、场所的，或者虽设立机构、场所但取得的所得与其所设机构、场所没有实际联系的，应当就其来源于中国境内的所得缴纳企业所得税。计税方法如下。

(1) 股息、红利等权益性投资收益和利息、租金、特许权使用费所得，以收入全额为应纳税所得额。

(2) 转让财产所得，以收入全额减除财产净值后的余额为应纳税所得额。

---

① 赞助支出，是指企业发生的与生产经营无关的各种非广告性质支出。

② 未经核定的准备金支出，是指不符合国务院财政、税务主管部门规定的各项资产减值准备、风险准备等准备金支出。

（3）其他所得，参照前两项规定的方法计算应纳税所得额。

3．企业所得税的税收抵免

（1）直接抵免。企业取得下列所得已在境外缴纳的所得税税额，可以从其当期应纳税额中抵免，抵免额为该项所得依照《企业所得税法》规定计算的应纳税额；超过抵免限额的部分，可以在以后的5个年度内，用每年度抵免限额抵免当年应抵税额后的余额进行抵补：1）居民企业来源于中国境外的应税所得；2）非居民企业在中国境内设立机构、场所，取得发生在中国境外但与该机构、场所有实际联系的应税所得。计算公式为：

抵免限额＝境外所得×我国税率

（2）间接抵免。居民企业从其直接或者间接控制的外国企业分得的来源于中国境外的股息、红利等权益性投资收益，外国企业在境外实际缴纳的所得税税额中属该项所得负担的部分，可以作为该居民企业的可抵免境外所得税税额，在上述第（1）点规定的抵免限额内抵免。

三、个人所得税法

（一）个人所得税概述

个人所得税，是对个人在一定期间取得应税所得征收的一种所得税。随着税法的进一步修改完善，目前我国个人所得税逐步实现了由分类所得税制向综合兼分类所得税制的过渡。个人所得税的主要法律依据是《中华人民共和国个人所得税法》及《中华人民共和国个人所得税法实施条例》（2018年修订）。

（二）纳税主体

按照住所和时间标准，我国个人所得税的纳税主体可以划分为居民个人和非居民个人。

1．居民个人

凡在中国境内有住所，或者无住所而一个纳税年度内在中国境内居住累计满183天的个人即为居民个人，应就其源于中国境内、境外的所得缴纳个人所得税。

上述的在中国境内有住所的个人，是指因户籍、家庭、经济利益关系而在中国境内习惯性居住的个人。所谓习惯性居住，是判定纳税义务人是居民或非居民的一个法律意义上的标准，不是指实际居住或在某一个特定时期内的居住。如因学习、工作、探亲、旅游等而在中国境外居住的，在其原因消除之后，必须回到中国境内居住的个人，则中国即为该纳税人习惯性居住地。

上述的纳税年度，自公历1月1日起至12月31日止。此外，在中国境内，是指在中国大陆，不包括香港、澳门、台湾地区。

依据上述规定，符合住所标准和时间标准的即为个人所得税的居民纳税人，应该负有无限纳税义务。

思考7-5

美籍人员特川普2018年10月起到中国境内的公司任职，在2019年度内，曾于2月4日到7月12日被公司派往日本工作，12月23日辞职后离开中国。请思考：特川普在2018、2019年度分别是什么身份的纳税人。

2. 非居民个人

凡在中国境内无住所又不居住，或者无住所而一个纳税年度内在境内居住累计不满 183 天的个人，是非居民个人，就其来源于中国境内的所得，缴纳个人所得税。

对于所得是否属于来源于中国境内，并不以款项的支付地为认定标准，也不以取得者是否居住在中国境内为认定标准，而是以受雇活动的所在地、提供个人劳务的所在地、财产坐落地以及资金、产权的实际运用地等标准来确定。

除国务院财政、税务主管部门另有规定外，下列所得，不论支付地点是否在中国境内，均为来源于中国境内的所得：（1）因任职、受雇、履约等而在中国境内提供劳务取得的所得；（2）将财产出租给承租人在中国境内使用而取得的所得；（3）转让中国境内的不动产等财产或者在中国境内转让其他财产取得的所得；（4）许可各种特许权在中国境内使用而取得的所得；（5）从中国境内企业、事业单位、其他组织以及居民个人取得的利息、股息、红利所得。

（三）征税范围

我国的个人所得税法将个人所得分为 9 类。

1. 工资、薪金所得。即个人因任职或受雇而取得的工资、薪金、奖金、年终加薪、劳动分红、津贴、补贴以及与任职或者受雇有关的其他所得。

2. 劳务报酬所得。包括个人从事设计、装潢、安装、制图、化验、测试、医疗、法律、会计、咨询、讲学、新闻、广播、翻译、审稿、书画、雕刻、影视、录音、录像、演出、表演、广告、展览、技术服务、介绍服务、经纪服务、代办服务以及其他劳务取得的所得。

3. 稿酬所得。即个人因其作品以图书、报刊等形式出版、发表而取得的所得。

4. 特许权使用费所得。包括个人提供专利权、商标权、著作权、非专利技术以及其他特许权的使用权取得的所得。

5. 经营所得。包括个体工商户从事生产、经营活动取得的所得，个人独资企业投资人、合伙企业的个人合伙人来源于境内注册的个人独资企业、合伙企业生产经营的所得；个人依法从事办学、医疗、咨询以及其他有偿服务活动取得的所得；个人对企业、事业单位承包经营、承租经营以及转包、转租取得的所得；个人从事其他生产经营活动取得的所得。

6. 利息、股息、红利所得。即个人拥有债权、股权而取得的利息、股息、红利所得。

7. 财产租赁所得。包括个人出租不动产、机器设备、车船以及其他财产取得的所得。

8. 财产转让所得。包括个人转让有价证券、股权、合伙企业中的财产份额、不动产、机器设备、车船以及其他财产取得的所得。

9. 偶然所得。包括个人得奖、中奖、中彩以及其他偶然性质的所得。

居民个人取得上述前四项所得（即综合所得），按纳税年度合并计算个人所得税；非居民个人取得上述四项所得，按月或者按次分项计算个人所得税。纳税人取得上述其余五项所得，依法分别计算个人所得税。

（四）税率

个人所得税的税率可分为两类：一类是超额累进税率，适用于综合所得与经营所得；另一类是比例税率，其基本税率均为 20%，适用于除上述两类所得以外的其他各类所得。

1. 综合所得，适用七级超额累进税率，具体见表 7 - 1。

表 7-1 个人所得税税率表（综合所得适用）

级数	全年应纳税所得额	税率（%）
1	不超过 36 000 元的	3
2	超过 36 000 元至 144 000 元的部分	10
3	超过 144 000 元至 300 000 元的部分	20
4	超过 300 000 元到 420 000 元的部分	25
5	超过 420 000 元到 660 000 元的部分	30
6	超过 660 000 元到 960 000 元的部分	35
7	超过 960 000 元的部分	45

2. 经营所得适用五级超额累进税率，具体见表 7-2。

表 7-2 个人所得税税率表（经营所得适用）

级数	全年应纳税所得额	税率（%）
1	不超过 30 000 元的	5
2	超过 30 000 元至 90 000 元的部分	10
3	超过 90 000 元至 300 000 元的部分	20
4	超过 300 000 元到 500 000 元的部分	30
5	超过 500 000 元的部分	35

3. 对上述所得以外的其他各类应税所得（包括利息、股息、红利所得，财产租赁所得，财产转让所得和偶然所得），适用 20%的比例税率。

（五）应纳税额的计算

个人所得税的应纳税额应根据应纳税所得额和税率计算，公式为：

应纳税额＝应纳税所得额×税率

同各类所得税一样，个人所得税应纳税额的计算，关键也是应纳税所得额的计算或确定。为此，下面主要介绍各类所得的应纳税所得额的计算。

1. 居民个人的综合所得，以每一纳税年度的收入额减除费用 60 000 元以及专项扣除、专项附加扣除和依法确定的其他扣除后的余额，为应纳税所得额。此处的专项扣除，包括居民个人按照国家规定的范围和标准缴纳的基本养老保险、基本医疗保险、失业保险等社会保险费和住房公积金等。此处的专项附加扣除，包括子女教育、继续教育、大病医疗、住房贷款利息或者住房租金、赡养老人等支出，具体范围、标准和实施步骤由国务院确定，并报全国人民代表大会常务委员会备案。①

① 国务院《个人所得税专项附加扣除暂行办法》（国发〔2018〕41 号）规定：纳税人的子女接受全日制学历教育的相关支出，按照每个子女每月 1 000 元的标准定额扣除。纳税人在中国境内接受学历（学位）继续教育，在学历（学位）教育期间按照每月 400 元定额扣除。纳税人接受技能人员职业资格继续教育、专业技术人员职业资格继续教育的支出，在取得相关证书的当年，按照3 600 元定额扣除。在一个纳税年度内，纳税人发生的与基本医保相关的医药费用，扣除医保报销后个人负担（指医保目录范围内的自付部分）累计超过 15 000 元的部分，由纳税人在办理年度汇算清缴时，在 80 000 元限额内据实扣除。纳税人本人或者配偶单独或者共同使用商业银行或者住房公积金个人住房贷款为本人或者配偶购买中国境内住房，发生的首套住房贷款利息支出，在实际发生贷款利息的年度，按照每月 1 000 元的标准定额扣除，扣除期限最长不超过 240 个月。纳税人在主要工作城市没有自有住房而发生的住房租金支出，区分不同城市类型按照标准定额扣除，其中直辖市、省会（首府）城市、计划单列市以及国务院确定的其他城市的扣除标准为每月 1 500 元。纳税人赡养一位及以上被赡养人且纳税人为独生子女的，按照每月 2 000 元的标准定额扣除；纳税人为非独生子女的，由兄弟姐妹分摊每月 2 000 元的扣除额度，但每人分摊的额度不能超过每月 1 000 元。

示例 7－5

中国公民温琳 2019 年全年平均月工资 8 300 元。每月缴纳养老保险等社会统筹 850 元，按月计提住房公积金 550 元。另，温女士该年度发生的子女教育、继续教育、赡养老人等项支出中，符合国务院规定的专项附加扣除标准的金额为 15 400 元。请计算其 2019 年度应纳个人所得税税额。

【解析】

应纳税所得额＝8 300×12－60 000－(850＋550)×12－15 400＝7 400（元）

应纳税额＝7 400×3％＝222（元）

2. 非居民个人的工资、薪金所得，以每月收入额减除费用 5 000 元后的余额，为应纳税所得额。劳务报酬所得、稿酬所得、特许权使用费所得，以每次收入额为应纳税所得额。对于该三项所得，属于一次性收入的，以取得该项收入为一次；属于同一项目连续性收入的，以一个月内取得的收入为一次。此外，我国现行税法规定，无论居民个人还是非居民个人，其劳务报酬所得、稿酬所得、特许权使用费所得以减除 20％的费用后的余额为收入额。稿酬所得的收入额减按 70％计算。

示例 7－6

美国作家亚当斯在中国出版一部小说，一次性取得稿酬 100 000 元，其应纳个人所得税税额应当是多少？

【解析】

应纳税所得额＝100 000×(1－20％)×70％＝56 000（元）

应纳税额＝56 000×35％－7 160＝12 440（元）①

3. 经营所得，以每一纳税年度的收入总额，减除成本、费用以及损失后的余额，为应纳税所得额。取得经营所得的个人，没有综合所得的，计算其每一纳税年度应纳税所得额时，应当减除费用 60 000 元、专项扣除、专项附加扣除以及依法确定的其他扣除。

4. 财产租赁所得，每次收入不超过 4 000 元的，减除费用 800 元；4 000 元以上的，减除 20％的费用，其余额为应纳税所得额。财产租赁所得，以一个月内取得的收入为一次。

5. 财产转让所得，以转让财产的收入额减除财产原值和合理费用后的余额，为应纳税所得额。

---

① 根据国家税务总局《个人所得税扣缴申报管理办法（试行）》（国家税务总局公告 2018 年第 61 号），非居民个人工资、薪金所得，劳务报酬所得，稿酬所得，特许权使用费所得适用以下税率表：

级数	应纳税所得额	税率（％）	速算扣除数
1	不超过 3 000 元的	3	0
2	超过 3 000 元至 12 000 元的部分	10	210
3	超过 12 000 元至 25 000 元的部分	20	1 410
4	超过 25 000 元至 35 000 元的部分	25	2 660
5	超过 35 000 元至 55 000 元的部分	30	4 410
6	超过 55 000 元至 80 000 元的部分	35	7 160
7	超过 80 000 元的部分	45	15 160

6. 利息、股息、红利所得、偶然所得和其他所得，以每次收入额为应纳税所得额。

此外，我国个人所得税法规定：个人将其所得对教育、扶贫、济困等公益事业进行捐赠，捐赠额未超过纳税人申报的应纳税所得额 30%的部分，可以从其应纳税所得额中扣除；国务院规定对公益慈善事业捐赠实行全额税前扣除的，从其规定。

第四节 税收征收管理法

税收征收管理法，简称税收征管法，是调整在税收征纳及其管理过程中发生的社会关系的法律规范的总称。我国目前税收征收管理适用的法律依据主要为《中华人民共和国税收征收管理法》（以下简称《征管法》，2015 年修正）及《中华人民共和国税收征收管理法实施细则》（2016 年修订）。凡依法由税务机关征收的各种税收的征收管理，均适用《征管法》。关税及海关代征税收的征收管理，依照法律、行政法规的有关规定执行。此外，我国同外国缔结的有关税收的条约、协定同《征管法》有不同规定的，依照约定、协定的规定办理。

一、税务登记制度

税务登记，又称纳税登记，是指纳税人在开业、歇业前，以及生产经营期间发生涉税事项变动时，向税务机关办理登记的一项法定手续。根据《征管法》第 15 条规定，企业，企业在外地设立的分支机构和从事生产、经营的场所，个体工商户和从事生产经营的事业单位均应自领取营业执照之日起 30 天内，持有关证件，向税务机关申报税务登记。上述纳税人税务登记信息发生变动的，自工商变更登记之日起 30 日内或者向工商机关办理注销登记前办理变更或注销税务登记。纳税人未按照规定的期限申报办理税务登记、变更或者注销登记者，税务机关有权责令其限期改正，逾期不改正的，可处以 2 000 元以下罚款；情节严重者，外以 2 000 元以上 1 万元以下的罚款。

随着《国务院办公厅关于加快推进“三证合一”登记制度改革的意见》（国办发〔2015〕50 号）和《国务院办公厅关于加快推进“五证合一、一照一码”登记制度改革的通知》（国办发〔2016〕53 号）等文件的颁发及“三证合一”“五证合一、一照一码”[①] 系列工作的推进，除个体工商户和外国（地区）企业常驻代表机构的税务登记之外，其他纳税人的登记程序发生了重大变化。此处只介绍变化之后的登记制度。

（一）开业税务登记

公司、非公司企业法人、个人独资企业、合伙企业等企业及其分支机构和农民专业合作社及其分支机构领取由市场监督管理部门核发加载法人和其他组织统一代码的营业执照后，无须再次进行税务登记，不再领取税务登记证。企业办理涉税事宜时，在完成补充信息采集后，凭加载统一代码的营业执照可代替税务登记证使用。改革前核发的原税务登记证件在 2017 年 12 月 31 日前继续有效，有特殊困难的个别区域，按国家规定可宽延至 2020 年年底。

（二）变更税务登记

已办理税务登记的公司、非公司法人、个人独资企业、合伙企业等企业及其分支机构和农

① 五证分别指营业执照、组织机构代码、税务登记证、社会保险登记证、统计登记证。这些证照过去由多个部门分头办理，现改为“一表申请、一窗受理、并联审批、一份证照”，极大地降低了纳税人的奉行成本。

民专业合作社及其分支机构，申请办理相关变更登记和换发证照的，将领取统一代码营业执照代替税务登记证使用。持统一代码营业执照的纳税人生产经营地址、财务负责人、核算方式发生变更的，纳税人可以向主管税务机关申请变更，税务机关及时更新税务系统的企业信息。其他涉及统一代码营业执照信息的变更，纳税人需要到企业登记机关办理变更。

(三) 注销税务登记

除个体工商户和外国（地区）企业常驻代表机构之外的企业办理注销登记，须先向税务主管机关[①]申报清税，填写清税申报表。税务机关办结后向纳税人出具清税证明，并将信息共享到交换平台。税务机关开具清税证明后，纳税人到企业登记机关办理注销，由企业登记机关收缴统一代码营业执照。过渡期间未换发“一照一码”营业执照的企业申请注销，税务机关按原规定办理。

二、税款征收制度

(一) 税款征收方式

我国1993年《税收征收管理法实施细则》曾规定，税务机关可以采取查账征收、查定征收、查验征收、定期定额征收以及其他方式征收税款，从而为税款征收方式的选择提供了法律依据。[②] 但现行《征管法》及其实施细则并未对税款征收方式作出具体规定，只是强调了确定税款征收方式的原则，包括：保证国家税款及时足额入库原则；方便纳税人原则；降低税收成本原则。

(二) 应纳税额的确定

根据《征管法》，征税机关对纳税人的应纳税额享有确定权，具体又可分为核定权和调整权。

1. 应纳税额的核定

《征管法》第35条第1款规定，纳税人有下列情形之一的，税务机关有权核定其应纳税额：(1) 依照法律、行政法规的规定可以不设置账簿的；(2) 依照法律、行政法规的规定应当设置账簿但未设置的；(3) 擅自销毁账簿或者拒不提供纳税资料的；(4) 虽设置账簿，但账目混乱或者成本资料、收入凭证、费用凭证残缺不全，难以查账的；(5) 发生纳税义务，未按照规定的期限办理纳税申报，经税务机关责令限期申报，逾期仍不申报的；(6) 纳税人申报的计税依据明显偏低，又无正当理由的。

对有上述任一情形的纳税人，税务机关有权采取以下任何一种或同时采用两种以上的方式核定其应纳税额：(1) 参照当地同类行业或者类似行业中经营规模和收入水平相近的纳税人收入额和利润率核定；(2) 按照营业收入或者成本加合理的费用和利润核定；(3) 按照耗用的原材料、燃料、动力等推算或者测算核定；(4) 按照其他合理的方法核定。

2. 应纳税额的调整

税收调整制度主是指关联企业的税收调整制度。《征管法》第36条规定：企业或者外国企业在中国境内设立的从事生产、经营的机构、场所与其关联企业间的业务往来，应当按照独立

---

① 国税、地税合并之前，可向其任何一方提出清税申报。

② 1993年8月4日国务院令第123号发布的《中华人民共和国税收征收管理法实施细则》第31条规定，税务机关可以采取查账征收、查定征收、查验征收、定期定额征收以及其他方式征收税款。

企业之间的业务往来收取或者支付价款、费用；否则，因此而减少其应纳税收入或者所得额的，税务机关有权进行合理调整。

（三）征纳期限

纳税人、扣缴义务人应按照法律、行政法规规定的期限，或者税务机关依照法律、行政法规的规定确定的期限，缴纳或者解缴税款。税务机关违反法律、行政法规的规定提前征收、延缓征收或者摊派税款的，由其上级机关或者行政监察机关责令改正，对直接负责的主管人员和其他直接责任人员依法给予行政处分。纳税人、扣缴义务人未按照上述期限缴纳或解缴税款的，税务机关除责令限期缴纳外，从滞纳税款之日起，按日加收滞纳税款万分之五的滞纳金。纳税人因有特殊困难，不能按期缴纳税款的，经省级税务机关批准，可以延期缴纳税款，但最长不得超过3个月。

（四）税收保全

税务机关有根据认为从事生产、经营的纳税人有逃避纳税义务行为的，可以在规定的纳税期之前，责令限期缴纳税款；在限期内发现纳税人有明显的转移、隐匿其应税的商品、收入以及其他财产迹象，税务机关应责令其提供纳税担保。如果纳税人不能提供纳税担保，经县以上税务局（分局）局长批准，税务机关可以采取下列税收保全措施：书面通知纳税人开户银行或者其他金融机构冻结纳税人的金额相当于应纳税款的存款；扣押、查封纳税人的价值相当于应纳税款的商品、货物或者其他财产。

思考 7-6

昊天公司因经营业绩不佳欲搬至另一城市发展。2018年6月2日，公司停业，准备搬迁。因为该公司6月欠税30万元，同年6月10日，县国税局以该公司转移财产有逃避纳税义务之嫌疑为由，以正式文书通知银行冻结了该公司账上的全部存款60万元。请思考：税务机关的做法有何不当之处？

纳税人在前款规定的限期内缴纳税款的，税务机关必须立即解除税收保全措施；限期期满仍未缴纳税款的，经县以上税务局（分局）局长批准，税务机关可以书面通知纳税人开户银行或者其他金融机构从其冻结的存款中扣缴税款，或者依法拍卖或者变卖所扣押、查封的商品、货物或者其他财产，以拍卖或者变卖所得抵缴税款。

另外，个人及其所扶养家属维持生活必需的住房和用品，不在税收保全措施的范围之内。税务机关、税务人员查封、扣押纳税人及其所扶养家属维持生活必需的住房和用品，责令退还，依法给予行政处分；构成犯罪的，依法追究刑事责任。纳税人在限期内已缴纳税款，税务机关未立即解除税收保全措施，使纳税人的合法利益遭受损失的，税务机关应当承担赔偿责任。

三、税务检查制度

（一）税务检查的概念与内容

税务检查，是指税务机关以国家税收法律、法规和财务会计制度等为依据，对纳税人、扣缴义务人履行纳税义务和代扣代缴、代收代缴税款义务情况进行的检验、核查活动。

《征管法》规定，税务机关及税务人员有下列职权。

1. 查账权。检查纳税人的账簿、记账凭证、报表和有关资料，检查扣缴义务人代扣代缴、代收代缴税款账簿、记账凭证和有关资料。

2. 场地、经营情况检查权。有权到纳税人的生产、经营场所和货物存放地检查纳税人应纳税的商品、货物或者其他财产；有权检查扣缴义务人与代扣代缴、代收代缴税款有关的经营情况。

3. 责成提供资料权。有权责成纳税人、扣缴义务人提供与纳税或者代扣代缴、代收代缴税款有关的文件、证明材料和有关资料。

4. 询问权。有权询问纳税人、扣缴义务人与纳税或者代扣代缴、代收代缴税款有关的问题和情况。

5. 单证检查权。有权到车站、码头、机场、邮政企业及其分支机构检查纳税人托运、邮寄应纳税商品、货物或者其他财产的有关单据、凭证和有关资料。

6. 存款账户、储蓄存款查询权。经县以上税务局（分局）局长批准，凭全国统一格式的检查存款账户许可证明，查询从事生产、经营的纳税人、扣缴义务人在银行或者其他金融机构的存款账户。税务机关在调查税收违法案件时，经设区的市、自治州以上税务局（分局）局长批准，可以查询案件涉嫌人员的储蓄存款。税务机关查询所获得的资料，不得用于税收以外的用途。

7. 取证权。税务机关调查税务违法案件时，对与案件有关的情况和资料，可以记录、录音、录像、照相和复制。

（二）税务检查的实施和法律责任

根据我国《征管法》，税务机关派出的人员进行税务检查时，应当出示税务检查证和税务检查通知书，并有责任为被检查人保守秘密；未出示税务检查证和税务检查通知书的，被检查人有权拒绝检查。同时，税务机关及税务人员依法进行税务检查时，纳税人、扣缴义务人必须接受，如实反映情况，提供有关资料，不得拒绝和隐瞒。纳税人、扣缴义务人逃避、拒绝或者以其他方式阻挠税务机关检查的，由税务机关责令改正，可以处1万元以下的罚款；情节严重的，处1万元以上5万元以下的罚款。

《征管法》同时规定，税务人员滥用职权，故意刁难纳税人、扣缴义务人的，调离税收工作岗位，并依法给予行政处分；未依法为纳税人、扣缴义务人、检举人保密的，对直接负责的主管人员和其他直接责任人员，由所在单位或者有关单位依法给予行政处分。

课后练习

一、单项选择题

1. 区分不同税种的主要标志为（　　）。

A. 税目　　B. 税率　　C. 纳税人　　D. 征税对象

2. 下列各项中，不适用增值税10%税率的应税行为是（　　）。

A. 销售图书　　B. 销售交通运输服务

C. 销售增值电信服务　　D. 销售基础电信服务

3. 以下哪个是企业所得税纳税人？（　　）

A. 个人独资企业　　B. 合伙企业

C. 一人有限责任公司　　D. 居民个人

4. 下列税费的征收管理，适用《中华人民共和国税收征收管理法》的是（　　）。

A. 关税　　B. 房产税

C. 海关代征的消费税　　D. 教育费附加

二、多项选择题

1. 下列各项中，属于我国个人所得税居民纳税人的有（　　）。

A. 在中国境内无住所但一个纳税年度中在中国境内累计居住满 183 天的个人

B. 在中国境内无住所且不居住的个人

C. 在中国境内无住所，而在境内累计居住超过 90 天不满 183 天的个人

D. 在中国境内有住所的个人

2. 下列各项中税务机关有权核定其应纳税额的有（　　）。

A. 依照法律、行政法规的规定可以不设置账簿的

B. 擅自销毁账簿或者拒不提供纳税资料的

C. 发生纳税义务，未按照规定的期限办理纳税申报，经税务机关责令限期申报，逾期仍不申报的

D. 纳税人申报的计税依据明显偏低，又无正当理由的

三、案例分析

某区税务局接到群众举报，依法对一家五金建材商店实施税务检查，要求店主提供与纳税有关的进、销货凭证等账册资料。对方推说会计外出，无法提供所需资料，并口头答应尽快通知会计回来。当税务人员第二天如约来到该店时，该店只有一个临时雇佣的营业员，根本不见其店主的踪影。经询问该店员也不知道老板的下落，后税务人员设法与店主联系，然而对方手机关闭，致使税务检查无法进行。税务机关要求该营业员转告店主，在 3 天内主动与税务机关联系，并接受税务检查。但该店主一直未与税务机关联系。

请分析：

（1）该店主的做法有何违法之处？

（2）税务局将会如何处理此事？

第八章 商标法

商标是一种十分奇异的财产，它不能与其表彰的商品或服务的商誉分离而单独存在，好像是一对连体的暹罗双胞胎，一旦分离，商标就会死亡。

[美] 托马斯·麦肯锡

谋取垄断优势的冲动是我们这个贪婪的社会面临的巨大压力。如果不加制约的话……太阳和月亮也会被注册为专有的商标，这毫无疑问。

[美]（小）拉尔夫·S. 布朗

引　言

图 8-1 为宋代济南刘家功夫针铺印记铜版，其上部文字为“济南刘家功夫针铺”；中部文字为“认门前白兔儿为记”；下部文字为“收买上等钢条，造功夫细针，不误宅院使用，客转兴贩，别有加饶，请记白”；中间为持杵捣药的兔子图案。这是目前已知的中国乃至世界最早出现的商标广告实物，是中国最早的商标，也是世界最早的商标印刷实物。铜版原件珍藏在北京的中国国家博物馆内。

图 8-1　宋代济南刘家功夫针铺印记铜版

第一节　商标概述

一、商标的概念和功能

关于商标的概念有多种表述，一个代表性的表述可以参考《TRIPs 协议》，认为商标是“任何能够将一个企业的商品或者服务区别于另一个企业的商品或者服务（以下统称商品）的符合或符号组合”①。我国《商标法》第 8 条也是如此规定的，认为商标是任何能够将自然人、法人或者其他组织（也可以统称为经营者）的商品与他人相同或者类似的商品区别开的标志，包括文字、图形、字母、数字、三维标志、颜色组合和声音等，以及上述要素的组合。例如，当我们听到电影片头的狮子吼的时候，就知道这是米高梅公司而不是其他的电影公司出品的电影。所以说，商标的概念和功能是紧密联系在一起，不可分割，甚至可以说，所谓商标的概念，其实就是商标的功能。

从上面的分析可知，商标的功能在于把相同的商品或者服务区分开，即理论上所谓商标的“区分来源（识别）”功能。在交通、通信尚不发达的时代，例如十八、十九世纪，商标往往同某一个生产经营者存在具体的物理上的关联性，通过商标可以知道、识别出具体的商品生产者，但是随着现代工商业的发展，尤其是特许加盟经营商业模式以及生产的国际化分工与合作的产生，使得商标的识别、区分功能只是限于指示同一商标的商品具有同样的商业来源，由某一个商标持有人控制，消费者不一定知道具体生产经营者的具体名称，理论上称为“匿名来源原则”。

商号与商标同属于商业标识，承载着企业的商誉，商号与商品或服务的经营者相联系而存在。② 企业的字号（商号）和企业的商标都可以代表企业，用来区分、识别企业，有利于消费者把生产相同或类似产品的企业区分开。很多企业会把公司名称的显著识别部分即商号（字号）作为商标，例如青岛海尔投资发展有限公司的商标就是“海尔”，所以，很多情况下，企业的商号与商标是相同的。因此，当我们提起“海尔”时，常常既指商标，也指该公司。③ 企业字号、商号与商标相同，确实有利于消费者识别生产相同产品的企业。例如当我们说“海尔电冰箱”的时候，就把该电冰箱与其他企业生产的电冰箱区别开来。

企业在商品或者商业广告中使用的用来区分产品的文字、图形、字母、数字等，能够使消

---

① 刘春田．知识产权法．北京：高等教育出版社，2010：258.

② （2014）京知行初字第 193 号行政判决书。该案中，开滦（集团）有限责任公司主张自然人张某申请注册在第 44 类美容院、公共卫生浴等服务上的“开滦”文字商标损害了其现有的在先“开滦”商号权，商标评审委员会应撤销已注册的“开滦”文字商标。商评委认为从申请人开滦（集团）有限责任公司提供的证据来看，不能证明申请人在诉争商标注册前已经将“开滦”作为商号使用在诉争商标指定的美容院、公共卫生浴服务或与之类似的服务上，没有支持申请人的申请。开滦（集团）有限责任公司以商评委为被告向北京知识产权法院提起行政诉讼（根据第十二届全国人民代表大会常务委员会第十次会议于 2014 年 8 月 31 日通过的《关于在北京、上海、广州设立知识产权法院的决定》的规定，北京知识产权法院管辖申请人不服国务院行政部门裁定或者决定而提起的第一审知识产权授权确权的行政案件）。北京知识产权法院认为，原告企业名称为开滦（集团）有限责任公司，其中“开滦”系其企业商号，“开滦”商号形成于 1912 年并持续使用至今，原告对“开滦”商号享有商号权。诉争商标“开滦”申请注册时间为 2006 年，晚于“开滦”商号形成时间，综合全案证据来看，法院认为诉争商标“开滦”损害了原告的在先商号权。

③ 张月梅．张月梅的商标文．北京：中国工商出版社，2016：27.

费者将该文字、图形、字母、数字与特定的商品之间建立联系，就属于商标，无论是否注册。换言之，商标的本质在于文字、图形、字母、数字等与特定商品之间的联系，而这种联系只有通过使用才能建立起来，才是值得法律保护的利益之所在，该利益可以称为商誉。显然，只有使用才可以建立商誉，仅仅注册而不在经营活动中使用，自然无商誉可言，也就不值得法律保护，所以，《商标法》第 64 条第 1 款规定："注册商标专用权人请求赔偿，被控侵权人以注册商标专用权人未使用注册商标提出抗辩的，人民法院可以要求注册商标专用权人提供此前三年内实际使用该注册商标的证据。注册商标专用权人不能证明此前三年内实际使用过该注册商标，也不能证明因侵权行为受到其他损失的，被控侵权人不承担赔偿责任。"第 49 条第 2 款规定："注册商标……没有正当理由连续三年不使用的，任何单位或者个人可以向商标局申请撤销该注册商标。"总之，使用是商标权的基础。此观点与下文"关于商标显著性的正确认识"以及"商标权的对象"的观点是一致的。

二、商标的种类

按照不同的标准，商标可以作不同的划分。

（一）注册商标与非注册商标

注册商标是根据商标法的规定，经商标局核准注册，经营者在核定使用的商品上有专用权的商标。《商标法》第 56 条规定，经营者对于注册商标有专用权，即该专用权受《商标法》保护，但是注册商标的专用权，以核准注册的商标和核定使用的商品为限，经营者要在超出注册核定的商品上取得注册商标专业权的，需要另行申请注册。当然，如果该注册商标满足了驰名商标的条件，属于驰名商标，那么即使被告是在非注册核定使用的商品上使用该驰名商标的，如后文所述，也可能因为淡化该驰名商标，而侵犯驰名商标的专用权。

未注册商标是经营者在经营活动中使用的，未经商标局核准注册的商标。未注册商标也是受法律保护的。首先，根据我国《反不正当竞争法》第 6 条第 1 项的规定，经营者不得擅自使用与他人有一定影响的商品名称、包装、装潢等相同或近似的标识，引人误认为是他人商品，或者与他人存在特定联系。此处的"商品名称"就是商品的商标，例如一瓶水，如果粘贴上"百岁山"标识（商标），那么这瓶水的名称就是"百岁山"，如果粘贴上"康师傅"标识（商标），那么这瓶水的名称就是"康师傅"，所以百岁山商标、康师傅商标，是将不同生产者所生产的水这种商品区分开来的外在标志。其次，未注册商标不仅受到我国《反不正当竞争法》的保护，也受《商标法》的保护，具体来说就是，申请人复制、摹仿或者翻译他人未在中国注册的驰名商标，向中国商标局在相同或者类似商品[①]上作为自己的商标申请注册，容易导致混淆的，如果在商标初步审定公告的异议期内，利害关系人根据《商标法》第 33 条的规定向商标局提出异议，中国商标局不予注册并禁止使用。最后，抢注其他公司或者自然人已经使用但是

---

① 商品是否相同或者类似的判断标准主要是《商标注册用商品和服务国际分类尼斯协定》（简称《尼斯协定》）。在中国实践中，商标审查机关即商标局和商标评审机关，其在注册审查和复审案件中对于商品是否相同或类似的判断一般以《类似商品和服务区分表》为标准判定商品或服务是否类似，但时常突破该区分表的归类标准。换言之，行政机关和司法机关认定商品/服务是否相同或者类似的标准有所不同。马伟阳．《尼斯协定》在中国的实践．中华商标．2010（5）：16．姜珊．商品类似的判定不应完全依据区分表．中华商标．2012（12）：44．张月梅．张月梅的商标文．北京：中国工商出版社，2016：102.

未注册的商标是《商标法》禁止的。《商标法》第 15 条第 2 款规定："就同一种商品或者类似商品申请注册的商标与他人在先使用的未注册商标相同或者近似，申请人与该他人具有前款规定以外的合同、业务往来关系或者其他关系而明知该他人商标存在，该他人提出异议的，不予注册。"第 32 条规定："申请商标注册……不得以不正当手段抢先注册他人已经使用并有一定影响的商标。"

由此也可以看出，我国对于商标的民事保护依据主要是由《商标法》和《反不正当竞争法》组成，《商标法》以保护注册商标为主，兼及未注册商标。

（二）商品商标、服务商标和集体商标、证明商标

依据我国《商标法》第 3 条的规定，核准注册的商标包括商品商标、服务商标和集体商标、证明商标，这是根据商标的用途进行的分类。

将文字、图形、字母、数字等商标，贴附在商品上或者商品的包装容器、交易文书标签上，或者用于商品的广告宣传、展销以及其他商业活动中，这种商标为商品商标。

服务商标是经营者为将自己提供的服务与他人的服务相区别而使用的商标，如金融、运输、广播、建筑、旅馆等服务行业标记。因为服务与商品不同，服务是无形的，所以服务商标的使用，要么使用于服务介绍手册、服务场所的招牌、店堂装饰、工作人员服饰、与服务相关的配套用具，以及与服务有联系的文件资料上，要么将服务商标使用在商业广告中。①

集体商标，是指以团体、协会或者其他组织名义注册，供该组织成员在商事活动中使用，以表明使用者在该组织中的成员资格的标志②，新华书店是我国最著名的集体商标之一。

证明商标，是指由对某种商品或者服务具有监督能力的组织所控制，而由该组织以外的单位或者个人使用于其商品或者服务，用以证明该商品或者服务的原产地、原料、制造方法、质量或者其他特定品质的标志。③ 证明商标的证明内容是多样的：有的证明所标示的商品来源于某个特定地域（"原产地"），且商品的特定品质与该特定地域密切相关，地理标志证明商标即属于此类，如库尔勒香梨之"库尔勒"、安溪铁观音之"安溪"、龙泉青瓷之"龙泉"；有的证明商品或者服务的原料、制造方法、质量等方面满足一定标准，如绿色食品标志、旅游饭店星级标志、国际羊毛局的"纯羊毛"标志等原料、质量证明商标。

如果有些证明商标被某一个集体组织例如商会注册，那么这种地理标志证明商标又属于集体商标，出现重合，例如"舟山带鱼"之"舟山"、"五常大米"之"五常"等，既是地理标志证明商标，又是地理标志集体商标，它们均指明了"舟山""五常"之类的地理位置。因此，某些集体商标和证明商标又具有指明产品原产地的作用，在此意义上，这些集体商标和证明商标又均属于地理标志商标。地理标志保护的是产品来源地所有符合条件的生产经营者的共同利益，与普通商标多为某一个体独占的特点相比，集体商标和证明商标更加适用于保护地理标志。地理标志商标要么是证明商标、要么是集体商标，但证明商标则不限于地理标志，如绿色食品标志，集体商标也是证明商标。④

（三）平面商标与立体商标

平面商标是二维商标，立体商标是三维商标。

---

① 张玉敏．商标注册与确权程序改革研究——追求效率与公平的统一．北京：知识产权出版社，2016：30.

② 《商标法》第 3 条第 2 款。

③ 《商标法》第 3 条第 3 款。

④ 赖莹．地理标志与集体商标、证明商标．中国工商报，2016－11－08（7）.

根据商标的构成要素，平面商标又分为文字商标、图形商标和组合商标。

文字商标，是指以文字构成的商标。我国的文字商标以汉字为主，也可使用少数民族文字，甚至还可以用汉语拼音、阿拉伯数字、外国文字等。可采用一种文字为主，附以其他文字；可以是单词，也可以是词组，且字体不限。

图形商标，是指无任何文字，仅由各种形象图案所构成的商标。

组合商标，是以文字和图形组合而成的商标，注册后作为一个完整的整体对待，不可随意更动其组合或排列，也不可改动某一个部分。

立体商标即三维标志，是指以商品形状或者其容器、包装的形状，以及其他立体造型构成的三维标志。如在美国注册的“可口可乐”玻璃瓶的瓶形商标，麦当劳餐饮服务的小丑形象等。我国《商标法》规定，三维标志可以作为商标申请注册。

（四）驰名商标与非驰名商标

驰名商标是经过长期使用或大量商业推广与宣传，在市场上享有很高知名度，并为相关公众所熟知的商标。[1] 认定驰名商标应当考虑下列因素：（1）相关公众对该商标的知晓程度；（2）该商标使用的持续时间；（3）该商标的任何宣传工作的持续时间、程度和地理范围；（4）该商标作为驰名商标受保护的记录；（5）该商标驰名的其他因素。

驰名商标与非驰名商标的区分是商标法的一个重要问题，因为我们思考仿冒侵犯商标专用权等问题的时候，我们能够想到的往往总是耳熟能详的驰名商标，例如华为、格力、adidas、apple、丰田等这些驰名商标。最高人民法院《关于审理商标民事纠纷案件适用法律若干问题的解释》（法释〔2020〕19号），说明了《商标法》第13条第3款对驰名商标提供跨类保护的含义，即我国实际上对驰名商标提供超越注册时核定使用的商品的反淡化保护。换言之，驰名商标除了与普通商标那样可以制止使用在相同或者类似商品上导致消费者混淆的仿冒行为外，还可以制止使用在不相同或者不类似的商品上，此种情形虽没有导致消费者混淆，但是能引起消费者混淆之外的联想的淡化行为。此外，已经注册的驰名商标相比普通商标受到更全面的保护。

示例 8-1

① 王迁．知识产权法教程．4版．北京：中国人民大学出版社，2014：494.

问题：你见过这些商标吗？从商标的分类角度分别指出它们是什么类型的商标？

第二节　商标注册

一、商标注册的原则

商标注册是指商标使用人将其使用的商标依照法律规定的注册条件、程序，向商标注册机关申请取得商标专用权的法律活动。《商标法》第3条第1款规定，经商标局核准注册的商标为注册商标，商标注册人享有商标专用权，受法律保护。

（一）商标注册的原则

1. 自愿注册与强制注册结合原则

自愿注册是指商标使用人是否申请商标注册取决于自己的意愿。自愿注册是相对于强制注册而言的，强制注册原则是自愿注册原则的补充。如我国《烟草专卖法》第19条规定，卷烟、雪茄烟和有包装的烟丝必须申请商标注册，未经核准注册的，不得生产、销售。禁止生产、销售假冒他人注册商标的烟草制品。

2. 申请在先与使用在先结合原则

申请在先原则又称注册在先原则，指两个或两个以上的申请人，在同一种或类似的商品上以相同或者近似的商标申请注册时，申请在先的商标申请人可获得商标专用权，在后的商标注册申请予以驳回。

使用在先原则是指两个或者两个以上的商标注册申请人，在同一种商品或者类似商品上，以相同或者近似的商标在同一天申请注册的，初步审定并公告使用在先的商标，驳回其他人的申请，不予公告。

3. 优先权原则

优先权原则是指商标局对商标注册申请日的确定，不以商标局收到申请的日期为准，而是按照法律规定的标准以先前的日期为申请日。《商标法》规定了两种优先权。

（1）国际优先权。《商标法》第 25 条规定，商标注册申请人自其商标在外国第一次提出商标注册申请之日起 6 个月内，又在中国就相同商品以同一商标提出商标注册申请的，依照该外国同中国签订的协议或者共同参加的国际条约，或者按照相互承认优先权的原则，可以享有优先权。

要求国际优先权的，应当在提出商标注册申请的时候提出书面声明，并且在 3 个月内提交第一次提出的商标注册申请文件的副本；未提出书面声明或者逾期未提交商标注册申请文件副本的，视为未要求优先权。

（2）展览优先权。《商标法》第 26 条规定，商标在中国政府主办的或者承认的国际展览会展出的商品上首次使用的，自该商品展出之日起 6 个月内，该商标的注册申请人可以享有优先权。

要求展览优先权的，应当在提出商标注册申请的时候提出书面声明，并且在 3 个月内提交展出其商品的展览会名称、在展出商品上使用该商标的证据、展出日期等证明文件；未提出书面声明或者逾期未提交证明文件的，视为未要求优先权。

二、商标注册的条件

商标注册的条件，实际上即商标专用权取得的条件，指企业申请将文字、图形、字母、数字等内容注册于某种商品上从而取得商标专用权应当满足的条件，即所谓“商标权注册取得”。

在注册商标时，商标局进行实质审查的依据就是申请人的商标是否违反了本节所述的取得商标权的全部的绝对禁止事由以及相对禁止事由。

（一）商标权注册取得的绝对禁止事由

依据《商标法》第 8 条规定，任何能够将自然人、法人或者其他组织的商品与他人的商品区别开的标志，包括文字、图形、字母、数字、三维标志、颜色组合和声音等，以及上述要素的组合，均可以作为商标申请注册。《商标法》第 9 条第 1 款规定，申请注册的商标，应当有显著特征，便于识别，并不得与他人在先取得的合法权利相冲突。

《商标法》第 10 条、第 11 条、第 12 条又从消极方面规定了不可以获得作为商标使用或者商标注册的禁止事由。

《商标法》第 10 条规定，下列标志不得作为商标使用：第一，同中华人民共和国的国家名称、国旗、国徽、国歌、军旗、军徽、军歌、勋章等相同或者近似的，以及同中央国家机关的名称、标志、所在地特定地点的名称或者标志性建筑物的名称、图形相同的；第二，同外国的国家名称、国旗、国徽、军旗等相同或者近似的，但经该国政府同意的除外；第三，同政府间国际组织的名称、旗帜、徽记等相同或者近似的，但经该组织同意或者不易误导公众的除外；第四，与表明实施控制、予以保证的官方标志、检验印记相同或者近似的，但经授权的除外；第五，同“红十字”“红新月”的名称、标志相同或者近似的；第六，带有民族歧视性的；第七，带有欺骗性，容易使公众对商品的质量等特点或者产地产生误认的；第八，有害于社会主义道德风尚或者有其他不良影响的。县级以上行政区划的地名或者公众知晓的外国地名，不得作为商标。但是，地名具有其他含义或者作为集体商标、证明商标组成部分的除外；已经注册的使用地名的商标继续有效。

《商标法》第 11 条规定，下列标志不得作为商标注册：第一，仅有本商品的通用名称、图形、型号的；第二，仅直接表示商品的质量、主要原料、功能、用途、重量、数量及其他特点的；第三，其他缺乏显著特征的。前款所列标志经过使用取得显著特征，并便于识别的，可以作为商标注册。例如，直接标明牙膏主要原料成分的“两面针”本来是不能作为商标被注册的，但是因为经过长期使用，在消费者的心目中，该文字已经和特定的牙膏产品建立了联系，属于“经过使用取得显著特征”，即具有了“显著性”[①]，所以可以被注册为牙膏的商标。此类商标被称为“第二含义商标”。

《商标法》第 12 条规定：“以三维标志申请注册商标的，仅由商品自身的性质产生的形状、为获得技术效果而需有的商品形状或者使商品具有实质性价值的形状，不得注册。”也就是说，三维立体商标不能具有商品的功能性，例如，液体商品的包装瓶的形状通常不能被认为是该商品的商标，因为用来盛装液体的瓶子无非就是圆形、方形、椭圆形等有限的几种形状，各种各样的瓶子的形状的功能就是用来盛装液体商品例如饮料、酱油调料等，如果授予某经营者对于该包装瓶形状享有商标权，那么只要其他的经营者用此类瓶子盛装液体商品例如饮料、酱油调料等，就会侵犯该经营者对于该包装瓶形状的商标权，这显然有害于市场正当竞争。应当注意的是，该条规定的商标的“非功能性”限制只适用于三维标志商标，不适用于文字、图形、字母、数字、颜色组合、声音等商标。其实，某些情形下，饮料容器的黑色、药片使用的白色等都可能被认定为具有功能性，经营者也不能就该黑色或者白色获得商标专用权。例如，饮料容器的黑色，具有避光功能，有助于饮料的保鲜，而且可以使消费者看不到容器中饮料的果汁和果肉分离的状态，这种黑色是具有功能性的，经营者不能就该黑色容器具有商标专用权。药品的自然颜色普遍是白色，所以，药品的白色也是具有功能性的，如果允许某药厂对该白色药片有商标专用权，那么其他经营者就必须增加成本，把药片涂抹成其他颜色，这显然妨碍公平竞争，商标权利可能被滥用。[②]

（二）商标权注册取得的相对禁止事由

在商标注册中，商标局经审查发现，或者经利害关系人提出异议，经调查核实后，具有下列情形之一的，驳回申请、不予公告或者作出不予注册的决定。

《商标法》第 13 条第 2、3 款规定，就相同或者类似商品申请注册的商标是复制、摹仿或者翻译他人未在中国注册的驰名商标，容易导致混淆的，不予注册并禁止使用。就不相同或者不相类似商品申请注册的商标是复制、摹仿或者翻译他人已经在中国注册的驰名商标，误导公众，致使该驰名商标注册人的利益可能受到损害的，不予注册并禁止使用。

---

① 美国传统理论将商标显著性分为固有显著性（inherent distinctiveness）和获得显著性（acquired distinctiveness）两种。固有显著性商标就是指标志最初就是被用来向消费者传递产品的来源，而不会被理解为该标志用于产品的描述或装饰。例如设计“EXXON 埃克森”商标就是保证该字眼在任何语言中都没有任何含义，只被用来代表埃克森公司的石油产品。获得显著性商标是指那些本来用于描述装饰商品，但通过使用获得了与描述装饰意义不同的，可以代表商品的具有第二含义的商标，例如两面针牙膏。王太平．商标法原理与案例．北京：北京大学出版社，2015：65.

② 张玉敏．商标注册与确权程序改革研究——追求效率与公平的统一．北京：知识产权出版社，2016：55.

《商标法》第 15 条规定，未经授权，代理人或者代表人以自己的名义将被代理人或者被代表人的商标进行注册，被代理人或者被代表人提出异议的，不予注册并禁止使用。就同一种商品或者类似商品申请注册的商标与他人在先使用的未注册商标相同或者近似，申请人与该他人具有前款规定以外的合同、业务往来关系或者其他关系而明知该他人商标存在，该他人提出异议的，不予注册。

《商标法》第 16 条规定，商标中有商品的地理标志，而该商品并非来源于该标志所标示的地区，误导公众的，不予注册并禁止使用；但是，已经善意取得注册的继续有效。

《商标法》第 30 条规定，申请注册的商标，凡同他人在同一种商品或者类似商品上已经注册的或者初步审定的商标相同或者近似的，由商标局驳回申请，不予公告。

但是这些商标注册的相对禁止事由，商标局只根据《商标法》第 30 条的规定，主动审查申请注册的商标是否同他人在同一种商品或者类似商品上已经注册的或者初步审定的商标相同或者近似，其他事由要由利害关系人在初步审定公告期间向商标局提出异议，商标局才会审查申请注册的商标是否违反这些相对禁止事由。

示例 8-2

商标局、商评委、人民法院如何执行、适用《商标法》第 32 条的规定，判断注册商标侵犯了他人合法取得的商号权、著作权、外观设计专利等在先权利，下面这个案件具有典型的参考价值。

该案的诉争商标“王者荣耀”是某酒业公司于 2015 年 11 月 19 日申请注册的，核定使用在第 33 类“葡萄酒、白酒”等商品上。2018 年 6 月 19 日，腾讯科技（深圳）有限公司对诉争商标提出了无效宣告请求，国家知识产权局以诉争商标与引证商标没有构成类似商品上的近似商标，诉争商标的注册未侵犯腾讯公司的著作权，裁定维持了诉争商标。

腾讯公司不服该裁定，以国家知识产权局为被告向北京知识产权法院提起第一审行政诉讼。诉讼中，原告腾讯公司认为，诉争商标作为商标注册使用在葡萄酒、白酒等相关商品上，损害了其对游戏《王者荣耀》的作品名称所享有的在先权利，违反了《商标法》第 32 条的规定。原告还主张，诉争商标的注册具有明显恶意，具有抢注商标并牟取不正当的商业利益的意图。

《王者荣耀》是一款手游，网络游戏产品在生命周期、营销推广策略、用户规模、玩家群体、网络效应等方面具有独有的产业特点，这些对于知名度的考量是有影响的。游戏于 2015 年 10 月 23 日公布、10 月 26 日上线，诉争商标的申请日为 2015 年 11 月 19 日，二者时间相距不到一个月。根据原告提交的相关证据，以“王者荣耀”作为关键字的 2015 年 10 月 1 日至 2016 年 2 月 19 日的百度搜索指数显示，2015 年 10 月 28 日该搜索指数曾出现 150 000 的峰值，同时也有该游戏上架首日在“免费榜”排名第一以及保持持续热度趋势、游戏相关获奖情况等相关报道。可见，《王者荣耀》在上线之初短时间内即集聚了较高的搜索点击量和广泛的关注度，取得了较高的知名度，“王者荣耀”作为该游戏的作品名称亦已为相关公众所熟知，可以作为作品名称在先权益予以保护。

基于《王者荣耀》游戏较高的知名度，第三人申请注册诉争商标时对该游戏理应知晓，《王者荣耀》在饮料、餐饮等与诉争商标核定使用商品关系密切的领域进行了积极开发和合作，如与麦当劳合作推出了套餐、与可口可乐公司合作推出雪碧饮料等。游戏的受众群体与饮料、酒精饮料、餐饮等相关领域的受众高度重合，第三人申请注册诉争商标难谓善意。此外，第三人申请注册了多个带有“王者荣耀”、“王者”或“荣耀”字样的商标，其法定代表人还同时担任某带有“王者荣耀”字样的公司的法定代表人，据此可以看出第三人申请注册诉争商标具有主观恶意。

结合其他相关因素，北京知识产权法院一审认定诉争商标的注册申请损害了原告的作品名称“王者荣耀”的在先权益，违反了《商标法》第 32 条的规定，判决撤销国家知识产权局商标评审委员会的裁定，并判令其重新作出裁定。[①]

三、商标注册的程序

商标注册的申请人可以是任何民事主体。《商标法》第 4 条规定，自然人、法人或者其他组织在生产经营活动中，对其商品或者服务需要取得商标专用权的，应当向商标局申请商标注册。

申请人要取得商标专用权应当通过商标局的审核。商标审核分为以下几个步骤。

（一）形式审查

形式审查是对商标注册申请人的资格、申请文件、申请手续等是否符合法律规定的审查。在审查过程中，商标局认为商标注册申请内容需要说明或者修正的，可以要求申请人作出说明或者修正。申请人未作出说明或者修正的，不影响商标局作出审查决定。

（二）实质审查

实质审查是对商标是否具备注册条件的审查。实质审查包括以下几个方面：商标是否违背《商标法》规定的禁用条款；商标是否具备法定的构成要素，是否具有显著特征；商标是否与他人在同一种或类似商品上注册的商标相混同，是否与他人的在先权利相冲突等。

（三）公告、异议与核准

申请注册的商标，凡符合《商标法》有关规定的，由商标局初步审定，予以公告。对初步审定的商标，自公告之日起 3 个月内，任何人均可以提出异议。公告期满无异议的，予以核准注册，发给商标注册证，并予公告。

（四）复审与裁定

对驳回申请、不予公告的商标，商标局应当书面通知商标注册申请人。商标注册申请人不服的，可以自收到通知之日起 15 日内向商标评审委员会申请复审，由商标评审委员会作出决定，并书面通知申请人。当事人对商标评审委员会的决定不服的，可以自收到通知之日起 30 日内向人民法院起诉。

对初步审定、予以公告的商标提出异议的，商标局应当听取异议人和被异议人陈述事实和理由，经调查核实后，作出裁定。当事人不服的，可以自收到通知之日起 15 日内向商标评审委员会申请复审，由商标评审委员会作出裁定，并书面通知异议人和被异议人。当事人对商标评审委员会的裁定不服的，可以自收到通知之日起 30 日内向人民法院起诉。人民法院应当通知商标复审程序的对方当事人作为第三人参加诉讼。

当事人在法定期限内对商标局作出的裁定不申请复审或者对商标评审委员会作出的裁定不

---

① http：//www.cta.org.cn/ldjh/202006/t20200624_50800.html.

向人民法院起诉的，裁定生效。经裁定异议不能成立的，予以核准注册，发给商标注册证，并予公告；经裁定异议成立的，不予核准注册。

四、注册商标的期限、续展、转让与使用许可

（一）注册商标的期限与续展

注册商标的有效期为10年，自核准注册之日起计算。注册商标有效期满，需要继续使用的，商标注册人应当在期满前12个月内按照规定办理续展手续；在此期间未能办理的，可以给予6个月的宽展期。每次续展注册的有效期为10年，自该商标上一届有效期满次日起计算。期满未办理续展手续的，注销其注册商标。

（二）注册商标的转让

根据《商标法》的规定，转让注册商标应当遵循以下规定。首先，转让人和受让人应当签订转让协议，并共同向商标局提出申请。其次，遵守整体转让原则，商标注册人转让注册商标，应当将其在同一种商品上注册的近似的商标，或者在类似商品上注册的相同或者近似的商标一并转让。最后，注册商标的受让人应当保证使用该注册商标的商品质量。

对容易导致混淆或者有其他不良影响的转让，商标局不予核准，书面通知申请人并说明理由。转让注册商标经核准后，予以公告。受让人自公告之日起享有商标专用权。

（三）注册商标的使用许可

注册商标的使用许可是指注册商标的所有人通过签订使用许可合同，许可他人使用其注册商标，被许可人在约定范围内享有注册商标的使用权。

在注册商标的使用许可中，许可人应当监督被许可人使用其注册商标的商品质量，被许可人应当保证使用该注册商标的商品质量，被许可人必须在使用该注册商标的商品上标明被许可人的名称和商品产地。

许可他人使用其注册商标的，许可人应当将其商标使用许可报商标局备案，由商标局公告。商标使用许可未经备案不得对抗善意第三人。

第三节　商标使用的管理与保护

一、商标使用的管理

（一）注册商标使用的管理

注册商标的使用，包括商标注册人、商标受让人、商标继受人和被许可使用人的使用，但主要是商标注册人的使用，主要是指将商标用于商品、商品包装或者容器以及商品交易文书上，或者将商标用于广告宣传、展览以及其他商业活动中，用于识别商品来源的行为。

使用注册商标的，应当标明“注册商标”字样或注册标记，而未注册商标则不能标明“注册商标”或注册标记。

《商标法》第49条规定，商标注册人在使用注册商标的过程中，自行改变注册商标、注册人名义、地址或者其他注册事项的，由地方工商行政管理部门责令限期改正；期满不改正的，由商标局撤销其注册商标。

注册商标成为其核定使用的商品的通用名称或者没有正当理由连续三年不使用的，任何单

位或者个人可以向商标局申请撤销该注册商标。

注册商标被撤销、被宣告无效或者期满不再续展的，自撤销、宣告无效或者注销之日起一年内，商标局对与该商标相同或者近似的商标注册申请，不予核准。

法律、行政法规规定必须使用注册商标的商品，必须申请商标注册，未经核准注册的，不得在市场销售，否则由地方工商行政管理部门责令限期申请注册，可以并处罚款。

（二）未注册商标使用的管理

未注册商标是指未经商标局核准注册而在市场上使用的商标。未注册商标所有人不享有商标专用权，未注册商标不受《商标法》保护，《商标法》是对注册商标提供保护的，但未注册商标可以受《反不正当竞争法》等法律保护。

将未注册商标冒充注册商标使用的，或者使用的未注册商标使用《商标法》第 10 条规定的禁用标志的，由地方市场监督管理部门予以制止，限期改正，并可以予以通报和罚款。

二、商标的保护

（一）商标专用权的保护范围

注册商标专用权，以核准注册的商标和核定使用的商品为限。商标专用权的效力范围，限于商标注册人对其注册商标所享有的“使用权”，即商标注册人有权在核定的商品上独占地使用其注册商标，并不涉及近似商标和类似商品。商标注册人无权任意加以改变或扩大使用范围。如果擅自改变注册商标的构成要素，或者将注册商标使用于核定商品以外的其他商品上，便超出了商标专用权的保护范围，不仅得不到法律的保护，甚至有可能受到法律制裁。

商标专用权的保护范围大于商标专用权的效力范围，即商标权保护范围除核定注册的商标和核定使用的商品外，还包括与注册商标相近似的商标和与该注册商标核定使用的商品相类似的商品。

但是，注册商标专用权的保护也存在“商标合理使用”的例外。

第一，注册商标中含有的本商品的通用名称、图形、型号，或者直接表示商品的质量、主要原料、功能、用途、重量、数量及其他特点，或者含有的地名，注册商标专用权人无权禁止他人正当使用。

第二，三维标志注册商标中含有的依商品自身的性质产生的形状、为获得技术效果而需有的商品形状或者使商品具有实质性价值的形状，注册商标专用权人无权禁止他人正当使用。

第三，商标注册人申请商标注册前，他人已经在同一种商品或者类似商品上先于商标注册人使用与注册商标相同或者近似并有一定影响的商标的，注册商标专用权人无权禁止该使用人在原使用范围内继续使用该商标，但可以要求其附加适当的区别标识。

示例 8-3

王某、深圳歌力思服饰股份有限公司、杭州银泰世纪百货有限公司侵害商标权纠纷提审案中，原告王某诉称，原告在第 18 类商品[①]上注册第 7925873 号“歌力思”中文商标，有效期自 2011 年 6 月 21 日至 2021 年 6 月 20 日，被告深圳歌力思服饰有限公司在女包等商品上使用

---

① 核定使用第 18 类的商品为：仿皮、钱包、手提包、旅行包（箱）、护照夹（皮革制）、兽皮（动物皮）、皮带（马具）、背包、公文包。

"歌力思"字样侵害了原告的商标专用权，被告杭州银泰世纪百货有限公司销售了侵犯注册商标专用权的商品。本案一审杭州市中级人民法院、二审浙江省高级人民法院均判决原告胜诉。但是最高人民法院再审后认为，原告的第7925873号商标由中文文字"歌力思"构成，与被告歌力思公司在先使用的企业字号以及在先于第25类服装商品[①]上注册的"歌力思"商标的文字构成完全相同。"歌力思"本身为无固有含义的臆造词，具有较强的显著性，依常理判断，在完全没有接触或知悉的情况下，因巧合而出现雷同注册的可能性较低。歌力思公司地处广东省深圳市，王某曾长期在广东省广州市经营皮具商行，作为地域接近、经营范围关联程度较高的商品经营者，王某对被告的"歌力思"字号及商标完全不了解的可能性较低。在上述情形之下，王某仍于2009年在与服装商品关联性较强的手提包、钱包等商品上申请注册第7925873号商标，其行为难谓正当。据此，王某以非善意取得的商标权对歌力思公司的正当使用行为提起的侵权之诉，构成权利滥用，其与此有关的诉讼请求不应得到法律的支持。综合考虑歌力思公司的在先权利状况、使用行为的正当性以及王某取得和行使权利的正当性等因素，对王某所提歌力思公司、杭州银泰公司侵害其第7925873号商标权的诉讼主张，最高人民法院不予支持。[②]

（二）商标侵权的表现形式

侵犯注册商标专用权的行为方式有下列几种。

1. 未经商标注册人的许可，在同一种商品或者类似商品上使用与其注册商标相同或者近似的商标的行为。如果未经商标注册人许可而在同一种或类似商品上使用与其注册商标相同的或近似的商标，无论出于故意或过失，都构成商标侵权行为。

示例 8-4

如何认定商品相同或者类似？下面这个案件具有重要参考价值。

杭州啄木鸟鞋业有限公司（下称"啄木鸟公司"）于2001年8月7日在商标局核准注册了啄木鸟图形商标，指定使用在《区分表》第25类商品的鞋、靴商品上。2004年2月3日，七好公司向商标评审委员会（下称"商评委"）申请撤销啄木鸟公司的啄木鸟商标，认为该啄木鸟商标与其在先注册的使用在《区分表》第25类商品的服装商品上的"鸟图形＋TUCANO"商标近似，容易导致消费者混淆鞋、靴和服装商品的来源。[③] 商评委认为，啄木鸟公司的商标指定使用在鞋、靴商品上，七好公司的商标指定使用在服装商品上，鞋、靴商品和服装商品所属的范围和领域不同，消费者获取上述商品的渠道有所区别，在《区分表》中不属于同一类似群组，不属于类似商品，啄木鸟公司的啄木鸟商标与七好公司的"鸟图形＋TUCANO"商标不构成使用在同一种或类似商品上的近似商标，所以，商评委没有撤销啄木鸟公司的啄木鸟注册商标。

七好公司不服商评委的裁定，向北京市第一中级人民法院提起行政诉讼。北京市第一中级人民法院也认为啄木鸟公司的商标指定使用在鞋、靴商品上，与七好公司的商标指定使用的服装商品不属于类似商品，啄木鸟商标与"鸟图形＋TUCANO"商标使用在非类似商品上，不

---

① 核定使用第25类的商品为：衬衣（服装）、皮衣（服装）、裤子、裙子、内衣、童装、大衣、睡衣、外套。

② 最高人民法院（2014）民提字第24号民事判决书。

③ 鞋、靴商品和服装商品虽然同属于《区分表》中第25类商品，但是属于该类商品下的不同群组。

会导致普通消费者对商品来源的混淆误认，故维持了商评委的裁定。七好公司不服北京市第一中级人民法院的一审判决，向北京市高级人民法院提起上诉。北京市高级人民法院二审认为：啄木鸟公司的商标与七好公司的“鸟图形＋TUCANO”商标两者指定使用的商品虽然不是同一类似群组，但均为穿戴类商品，商品的关联性极强，因此，啄木鸟商标与“鸟图形＋TUCANO”商标指定使用的商品应为关联商品，即类似商品，而且啄木鸟的图形与“鸟图形＋TUCANO”商标的整体外观近似，属于近似商标，它们两者在市场上共同使用，容易使消费者对鞋、靴、服装商品的来源产生混淆误认，因此，北京市高级人民法院判决撤销北京市第一中级人民法院的判决和商评委的裁定。

啄木鸟公司不服二审判决，向最高人民法院申请再审，最高人民法院经审查认为：啄木鸟公司的商标指定使用的商品为鞋和靴，七好公司的商标指定使用的商品是服装，虽然鞋、靴和服装在具体的原料、用途等方面存在一些差别，但是两者的消费对象是相同的，而且在目前的商业环境下，一个厂商同时生产服装和鞋类产品，服装和鞋类商品通过同一渠道销售，比如通过同一专卖店、同一专柜销售的情形较为多见，而且，啄木鸟商标与“鸟图形＋TUCANO”商标的基本形态相同，两者属于近似商标，在这种情况下，如果两商标在服装和鞋类商品上共存、共同使用，容易使相关公众认为两商品是同一厂家生产或者两种商品的提供者之间存在特定联系，因此，啄木鸟公司的啄木鸟商标与七好公司的“鸟图形＋TUCANO”商标构成在类似商品上的近似商标。最高人民法院还认为，《区分表》在商标注册时用来判断商品是否类似，具有客观性、一致性和易于操作性，可以保证商标审查的统一性和效率。但是，商标异议、争议制度涉及特定民事权益保护，有别于商标注册申请审查制度，强调个案性和实际情况。因此在商标异议、争议及其后续诉讼，以及商标侵权诉讼中进行商品类似关系判断时，不能简单、机械地以《区分表》为依据或标准，而应当考虑更多实际要素，结合个案情况认定商品是否类似。最高人民法院驳回了啄木鸟公司的再审申请。①

2. 销售侵犯注册商标专用权的商品的行为。不论销售者是否出于故意，只要其销售了侵犯注册商标专用权的商品，就认定为商标侵权行为。如果销售者主观上存在非故意，又能证明该商品是自己合法取得的并说明提供者的，其销售行为虽属于侵权行为但不承担赔偿责任。

3. 伪造、擅自制造他人注册商标标识或者销售伪造、擅自制造的注册商标标识的行为。

4. 未经商标注册人同意，更换其注册商标并将该更换商标的商品又投入市场的行为。学理上称这种行为为商标反向假冒，具体是指在商品销售活动中将他人在商品上的商标消除、变动或者更换，冒充为自己的商品予以展示或者销售的行为。这种行为在消费者中间造成混淆，不仅损害了商标注册人的合法权益，同时也损害了消费者的利益。

5. 故意为侵犯他人商标专用权行为提供便利条件，帮助他人实施侵犯商标专用权行为。这种行为包括但不限于提供仓储运输、邮寄、隐匿等便利条件。

6. 给他人的注册商标专用权造成其他损害的行为。根据最高人民法院《关于审理商标民事纠纷案件适用法律若干问题的解释》的有关规定，给他人注册商标专用权造成其他损害的行为包括以下方面：（1）将与他人注册商标相同或者相近似的文字作为企业的字号在相同或者类

① 北京市中级人民法院（2009）一中行初字第1068号；北京市高级人民法院（2010）高行终字第743号；再审申请：最高人民法院（2011）知行字第37号。

似商品上突出使用，容易使相关公众产生误认的；(2) 复制、摹仿、翻译他人注册的驰名商标或其主要部分在不相同或者不相类似商品上作为商标使用，误导公众，致使该驰名商标注册人的利益可能受到损害的；(3) 将与他人注册商标相同或者相近似的文字注册为域名，并且通过该域名进行相关商品交易的电子商务，容易使相关公众产生误认的。

(三) 注册商标专用权的保护

我国对注册商标专用权的保护采用行政保护和司法保护并重的方式。

1. 行政保护

市场监督管理部门可以依其职权主动查处商标侵权行为，也可以应商标注册人或者利害关系人的请求处理商标侵权行为。

市场监督管理部门认定商标侵权行为成立，可以采取以下措施制止侵犯商标权的行为：责令立即停止侵权行为，没收、销毁侵权商品和专门用于制造、伪造注册商标标识的工具，并可处以罚款。

市场监督管理部门依法查处侵犯注册商标专用权的行为时，发现该行为涉嫌商标犯罪，则应当及时移送司法机关依法处理，不得以罚代刑。

2. 司法保护

对于侵犯商标专用权的行为，商标注册人或者利害关系人既可以向市场监督管理部门提出控告，也可以直接向人民法院提起民事诉讼。如果商标注册人或者利害关系人已请求市场监督管理部门处理，并且市场监督管理部门应当事人的请求就赔偿数额进行调解未成时，那么商标注册人或者利害关系人也可以向人民法院提起民事诉讼。

民事诉讼涉及的侵犯商标专用权的赔偿数额，按照权利人因被侵权所受到的实际损失确定；实际损失难以确定的，可以按照侵权人因侵权所获得的利益确定；权利人的损失或者侵权人获得的利益难以确定的，参照该商标许可使用费的倍数合理确定。对恶意侵犯商标专用权，情节严重的，可以在按照上述方法确定数额的1倍以上5倍以下确定赔偿数额。赔偿数额应当包括权利人为制止侵权行为所支付的合理开支。

课后练习

1. 根据《商标法》第4条，自然人、法人或者其他组织经向商标局申请注册，即使没有实际使用注册商标，也可以获得商标专用权，很多“懂商标法”的人，就抢注他人的姓名、企业字号（商号）、美术作品等作为企业的商标，当被抢注者以侵犯姓名权、商号权、版权等控告抢注者侵犯权利时，抢注者声称：“该商标是依照《商标法》申请注册并享有专用权的商标，受中国法律保护。”这种抗辩理由能否成立？

2. 我国《商标法》第57条规定：“有下列行为之一的，均属侵犯注册商标专用权：（一）未经商标注册人的许可，在同一种商品上使用与其注册商标相同的商标的；（二）未经商标注册人的许可，在同一种商品上使用与其注册商标近似的商标，或者在类似商品上使用与其注册商标相同或者近似的商标，容易导致混淆的……”比较这两项规定，可以发现第57条第1项并未将“导致混淆”规定为商标侵权的条件，因此，只要未经商标注册人许可，在同一种商品上使用与其注册商标相同的商标，就构成侵权，而无论是否存在混淆的可能性。该观点是否正确？

3. 飞利浦公司诉雷明顿公司商标侵权案

飞利浦公司在1966年设计了一款由三个呈等边三角形排列的旋转刀头组成的剃须刀，并以此设计向有关国家申请了专利权。此后，飞利浦公司在长达20年的时间内，一直独家生产和销售三头剃须刀，导致消费者一看到三头剃须刀，即会联想到飞利浦公司，与飞利浦公司对应起来。换言之，经过长期的使用，该三头剃须刀的外形已经与飞利浦公司建立了固定的联系，即该三头剃须刀的外形已经在长期使用中产生了“第二含义”，具有了显著性，发挥着商标区分产品的功能。1985年，飞利浦公司在此专利保护期即将届满之前，在英国就该三头剃须刀的外形申请了商标注册。1995年，雷明顿公司开始在英国大量生产和销售自己的三头剃须刀。飞利浦公司起诉雷明顿公司侵犯了其三头剃须刀外形的商标专用权，而雷明顿公司则认为该三头剃须刀外形是为了获得更干净的剃须效果所必需的技术，而且这个外形还赋予了该三头剃须刀实质性的价值，所以该三头剃须刀的形状不应当为飞利浦公司所垄断，该注册商标应该撤销。

问题：我国《商标法》关于三维标志商标是如何规定的？商品的功能性与商标的显著性是什么关系？根据我国《商标法》的规定，飞利浦公司是否就该三头剃须刀的外形享有商标专用权？

附录　各章课后练习参考答案

第一章

一、单项选择题

1. B　2. D　3. B　4. D　5. B　6. D　7. D　8. B　9. B　10. D

二、多项选择题

1. ABC　2. CD　3. ABCD　4. ABCD　5. ABCD

三、案例分析

1. 甲的诉讼要求没有法律依据。李某的行为是无权代理。《民法典》第171条规定行为人没有代理权、超越代理权或者代理权终止后以被代理人名义订立的合同，未经被代理人追认，对被代理人不发生效力，由行为人承担责任。李某只是乙单位后勤机关人员没有单位的授权，私自以单位名义与甲公司签订合同并采取欺骗手段盖了单位公章。因此李某的行为是无权代理行为，此合同属效力待定合同，单位不承认则不产生法律效力。

2. (1) 1) 甲传真订货的性质属于要约邀请。因该传真欠缺价格条款，不具有要约性质。2) 乙报价行为的性质属于要约。根据《民法典》的规定，要约要具备两个条件：第一，内容具体确定；第二，表明经受要约人承诺，要约人即受该意思表示约束。本案中，乙的报价因同意甲方传真中的其他条件，并通过报价使合同条款内容具体确定，约定回复日期则表明其将受报价的约束，已具备要约的全部要件。3) 甲回复报价行为的性质属于承诺。因其内容与要约一致，且于承诺期内作出。

(2) 买卖合同依法成立。根据《民法典》的规定，当事人约定采用书面形式订立合同，当事人未采用书面形式但一方已经履行主要义务，对方接受的，该合同成立。本案中，虽双方未按约定签订书面合同，但乙已实际履行合同义务，甲亦接受，未及时提出异议，故合同成立。

(3) 乙可向人民法院提出行使撤销权的请求，撤销甲放弃到期债权、无偿转让财产的行为，以维护其权益。对撤销权的时效，《民法典》规定，撤销权应自债权人知道或者应当知道撤销事由之日起1年内行使，自债务人的行为发生之日起5年内未行使撤销权的，该权利消灭。

3. (1) 乙公司暂停发货没有法律依据。依照《合同法》的规定，应当先履行债务的当事人，有确切证据证明对方经营状况严重恶化的，可以行使不安抗辩权，中止合同履行。在本题中，乙公司并没有确切证据证明甲公司经营状况不佳，因此，乙公司不能以不安抗辩权为由暂停发货。

(2) 合同当事人对履行地点约定不明确，依照《合同法》有关规定仍不能确定的，标的物需要运输的，出卖人应当将标的物交付给第一承运人以运交给买受人。

(3) 丙银行不能直接要求丁公司承担保证责任。依照《物权法》的规定，被担保的债权既有物的担保又有人的担保的，债务人不履行到期债务时，债权人应当按照约定实现债权；没有约定或者约定不明确，债务人自己提供物的担保的，债权人应当先就该物的担保实现债权。在本题中，丙银行应当优先执行主债务人甲公司的抵押，因此，丙银行不能直接要求丁公司承担保证责任。

（4）丁公司的保证期间为2年。依照《合同法》的规定，保证合同约定保证人承担保证责任直至主债务本息还清时为止等类似内容的，视为约定不明，保证期间为主债务履行期届满之日起2年。

4.（1）合同约定甲公司向乙公司给付25万元定金合法。定金数额没有超过标的额的20%，定金合同、定金数额都是当事人自由约定的。

（2）乙公司通知甲公司解除合同不合法。首先，双方并没有就解除合同达成一致；其次，没有出现《合同法》规定的法定解除合同的情形。

（3）甲公司要求增加违约金数额依法能成立。《合同法》第114条规定，约定的违约金低于造成的损失的，当事人可以请求人民法院或者仲裁机构予以增加。根据最高人民法院《关于适用〈中华人民共和国合同法〉若干问题的解释（二）》（法释〔2009〕5号）第28条的规定，增加后的违约金数额以不超过实际损失额为限。

（4）甲公司要求乙公司继续履行合同依法成立。《合同法》第110条规定，当事人一方不履行非金钱债务或者履行非金钱债务不符合约定的，对方可以要求履行。

（5）依据《担保法》的规定，一般保证的保证人在主合同纠纷未经审判或者仲裁，并就债务人财产依法强制执行仍不能履行债务前，对债权人可以拒绝承担保证责任。有下列情形之一的，保证人不得行使前款规定的权利：1）债务人住所变更，致使债权人要求其履行债务发生重大困难的；2）人民法院受理债务人破产案件，中止执行程序的；3）保证人以书面形式放弃前款规定的权利的。丙公司只有在符合上述三种情形之一的条件下，应当履行一般保证责任。

第二章

一、不定项选择题

1. D　2. B　3. B　4. AD　5. AD　6. AB　7. B

二、案例分析

1.（1）甲、乙反对丁提议B会计师事务所承办A企业审计业务的理由不成立。

根据合伙企业法律制度的规定，有限合伙人参与选择承办本企业审计业务的会计师事务所，不视为执行合伙事务。

（2）在甲、乙反对，其他合伙人同意的情况下，丁关于聘请B会计师事务所承办A企业审计业务的提议能够通过。根据合伙企业法律制度的规定，合伙协议未约定表决办法的，实行合伙人一人一票并经全体合伙人过半数通过的表决办法。A企业的合伙协议没有约定表决办法，丙、丁、戊合计超过全体合伙人的半数，故丁的提议可以通过。

（3）甲、乙、丙关于戊违反竞业禁止义务的主张不成立。根据合伙企业法律制度的规定，除非合伙协议另有约定，有限合伙人可以自营或者同他人合作经营与本有限合伙企业相竞争的业务。

（4）庚不能以其对戊的债权抵销所欠A企业的债务。根据合伙企业法律制度的规定，合伙人发生与合伙企业无关的债务，相关债权人不得以其债权抵销对合伙企业的债务。

（5）戊的出质行为有效。根据合伙企业法律制度的规定，除非合伙协议另有约定，有限合伙人可以将其在有限合伙企业中的财产份额出质。

（6）庚有权请求人民法院强制执行戊在 A 企业中的财产份额。根据合伙企业法律制度的规定，当合伙人的自有财产不足清偿其与合伙企业无关的债务时，债权人可以请求人民法院强制执行该合伙人在合伙企业中的财产份额用于清偿。因戊的自有财产不足以偿还所欠庚的到期借款，故庚有权请求人民法院强制执行戊在 A 企业中的财产份额。

2.（1）李某不得以姓名出资。依据《公司登记管理条例》（2014 年修订）第 14 条，股东不得以劳务、信用、自然人姓名、商誉、特许经营权或者设定担保的财产等作价出资。

（2）李某以未来从 A 公司可分得的奖金分期缴纳出资款不符合规定。依据《公司法》（2005 年修订）第 179 条，有限责任公司增加注册资本时，股东认缴新增资本的出资，依照《公司法》设立有限责任公司缴纳出资的有关规定执行。在本题中，李某的出资以"未来"的奖金缴纳，属于无法用确切货币估价且不能转让的情形，故不能作为出资。

（3）丙以股东出资后不得撤回为由反对乙退资的主张不成立。依据《公司法》（2005 年修订）第 178 条，公司可以以销除股权或者股份的方式减资。在本题中，A 公司如果依法定程序减资后再销除乙的股权是允许的。

（4）丙公司有权要求 A 公司清偿未到期的债务。依据《公司法》（2005 年修订）第 178 条，公司减少注册资本时，应当自作出减少注册资本决议之日起 10 日内通知债权人，并于 30 日内在报纸上公告。债权人自接到通知书之日起 30 日内，未接到通知书的自公告之日起 45 日内，有权要求公司清偿债务或者提供相应的担保。

3.（1）董事会增选职工代表李某为监事不合法。首先，监事会中的职工代表由公司职工通过职工代表大会、职工大会或者其他形式民主选举产生。其次，如果不是职工代表的监事，则是由股东会议选举产生，而不能由董事会选举产生。

（2）出席会议的 6 名董事中，只有赵某不承担赔偿责任，其他董事承担赔偿责任。依据《公司法》第 113 条第 3 款，董事应当对董事会的决议承担责任。董事会的决议违反法律、行政法规或者公司章程、股东大会决议，致使公司遭受严重损失的，参与决议的董事对公司负赔偿责任。但经证明在表决时曾表明异议并记载于会议记录的，该董事可以免除责任。题目中，赵某对担保事项持反对意见并记载于会议记录，因此不承担赔偿责任。

第三章

一、单项选择题

1. C　2. C　3. B　4. A

二、多项选择题

1. BD　2. ACD　3. ABC　4. ACD

三、案例分析

1.（1）天津国青旅的行为构成不正当竞争。根据《反不正当竞争法》第 6 条的规定，经营者擅自使用他人有一定影响的企业名称（包括简称、字号等），引人误认为是他人商品或者与他人存在特定联系的，即构成不正当竞争行为。本案中，"天津青旅"作为天津中国青年旅行社的企业名称简称，于 2007 年就已被其在经营活动中广泛使用，相关宣传报道和客户也以

“天津青旅”指代天津中国青年旅行社，应认定其为有一定影响的企业名称简称。天津国青旅作为从事旅游服务的经营者，未经天津青旅许可，通过在相关搜索引擎中设置与天津青旅企业名称有关的关键词并在网站源代码中使用等手段，使相关公众在搜索“天津中国青年旅行社”和“天津青旅”关键词时，直接显示天津国青旅的网站链接，从而进入天津国青旅的网站联系旅游业务，达到利用网络用户的初始混淆争夺潜在客户的效果，主观上具有使相关公众在网络搜索、查询中产生误认的故意，客观上擅自使用“天津中国青年旅行社”及“天津青旅”，利用了天津青旅的企业信誉，损害了天津青旅的合法权益，其行为构成不正当竞争行为。

（2）根据《反不正当竞争法》第 17 条和第 18 条的规定，应当判令天津国青旅立即停止违法行为，并赔偿天津青旅的损失。

2.（1）根据《反垄断法》第 14 条的规定，禁止经营者与交易相对人达成限定向第三人转售商品的最低价格的垄断协议。五粮液公司通过书面或网络的形式，与全国 3 200 多家具有独立法人资格的经销商达成协议，限定向第三人转售五粮液白酒的最低价格，违反了《反垄断法》，构成纵向价格垄断协议。

（2）根据《反垄断法》第 46 条的规定，应当由反垄断执法机构责令五粮液公司停止违法行为，并处上一年度销售额 1%以上 10%以下的罚款。

3.（1）深圳市教育局的行为违反了《反垄断法》。《反垄断法》第 8 条规定：“行政机关和法律、法规授权的具有管理公共事务职能的组织不得滥用行政权力，排除、限制竞争。”第 34 条规定：“行政机关和法律、法规授权的具有管理公共事务职能的组织不得滥用行政权力，以设定歧视性资质要求、评审标准或者不依法发布信息等方式，排斥或者限制外地经营者参加本地的招标投标活动。”学生装的招标应当由市场自行定价，深圳市教育局的招标公告中公布指导价格，并且在投标人资格要求和评审标准方面，设定了明显有利于本地企业的不合理条件，排除限制了公平自由的市场竞争，违反了《反垄断法》。

（2）根据《反垄断法》第 51 条第 1 款的规定，行政机关和法律、法规授权的具有管理公共事务职能的组织滥用行政权力，实施排除、限制竞争行为的，由上级机关责令改正；对直接负责的主管人员和其他直接责任人员依法给予处分。反垄断执法机构可以向有关上级机关提出依法处理的建议。

第四章

一、不定项选择题

1. D　2. A　3. ABCD　4. B　5. ABCD　6. BD　7. E　8. AB　9. ABCD　10. BCD

二、案例分析

该广告是一则违法广告。这是一则特殊用途化妆品广告，必须具有国务院卫生部核发的批准文号。广告中的承诺“黑发效果能 100%保持数年之久”是虚假夸大，且给该青年造成了人身伤害，应该承担行政、民事责任。

第五章

一、不定项选择题

1. CD　2. ABCDE　3. ACD　4. ABD　5. ABCD　6. ABC　7. D　8. ABCD

二、案例分析

1.（1）本案争议的焦点是“对欺诈行为的认定”，即红星美凯龙是否存在欺诈消费者杨某的行为。

欺诈是指以使人发生错误认识为目的的故意行为。当事人由于他人的故意的错误陈述，发生认识上的错误而为意思表示，即构成因受欺诈而为的民事行为。构成欺诈行为一般必须具备以下四个要件：1）欺诈人有欺诈的故意。2）欺诈人实施了欺诈行为。3）被欺诈人因欺诈而陷入错误。4）被欺诈人因错误而为意思表示。《合同法》《民法总则》均允许受欺诈的一方当事人撤销该种民事行为。

对经营者的欺诈行为，1993年《消费者权益保护法》明确规定了“双倍赔偿”的惩罚性赔偿制度，即该法第49条规定：“经营者提供商品或者服务有欺诈行为的，应当按照消费者的要求增加赔偿其受到的损失，增加赔偿的金额为消费者购买商品的价款或者接受服务的费用的一倍”。这种“1＋1”的惩罚性赔偿规定，对于打击经营者的欺诈行为、保护消费者的合法权益具有积极的作用。但在司法实践中，对“经营者的欺诈行为”的认定，却存在理解与适用上的种种争议。对此，1996年国家工商总局发布并实施的《欺诈消费者行为处罚办法》第2条规定：“本办法所称欺诈消费者行为，是指经营者在提供商品（以下所称商品包括服务）或者服务中，采取虚假或者其他不正当手段欺骗、误导消费者，使消费者的合法权益受到损害的行为。”第3条、第4条分别列举了18种欺诈行为，其中13种欺诈行为采用了客观标准，5种采用了主观标准。实践证明这一认定方式对有效惩治欺诈行为发挥了巨大作用，但具体欺诈情形仍有不明确之处，对欺诈的认定就难免存在争议，给消费者维权及行政部门执法带来了一定的难度。

2013年修订的《消费者权益保护法》第55条提高了对经营者欺诈行为的惩罚性赔偿标准，即将“1＋1”赔偿升级为“1＋3”赔偿，加大了对欺诈行为的处罚力度。2013年《消费者权益保护法》实施后，2015年国家工商总局公布并实施了《侵害消费者权益行为处罚办法》（以下简称《处罚办法》，1996年的《欺诈消费者行为处罚办法》同时废止），进一步明确了经营者欺诈行为的具体情形，为工商部门和消费者针对欺诈行为依法行政和依法维权提供了更加明确而有力的法律依据。《处罚办法》第5条第7款规定，经营者不得在销售的商品中掺杂、掺假，以假充真，以次充好，以不合格商品冒充合格商品。第6条第2款、第3款规定，经营者不得以虚假或者引人误解的商品说明、商品标准、实物样品等方式销售商品或者服务，不得作虚假或者引人误解的现场说明和演示。第13条第1款规定，从事服务业的经营者不得有下列行为：从事为消费者提供修理、加工、安装、装饰装修等服务的经营者谎报用工用料，故意损坏、偷换零部件或材料，使用不符合国家质量标准或者与约定不相符的零部件或材料，更换不需要更换的零部件，或者偷工减料、加收费用，损害消费者权益的。《处罚办法》第16条将违反上述条款规定的行为，定性为欺诈消费者行为。可见，《处罚办法》主要依据客观要件来认定经营者的欺诈行为，对经营者欺诈行为的界定十分细致，操作性很强，对降低消费者维权成本有非常重要的意义。

（2）就双方争议内容及法院裁判要旨来看，本案主要涉及如下问题。

1）原告杨某主张被告存在欺诈消费者的行为，而被告红星美凯龙认为其应承担的是一般商品瑕疵责任而不是欺诈消费者的法律后果。对此，法院在一审、二审、再审的裁判理由中，依据案件争议的事实及相关法律条款，予以了细致、清晰的说理与分析，最终认定被告的行为并不构成欺诈，因此，没有支持原告的惩罚性赔偿要求。此问题是本案的焦点问题，即“经营者的欺诈行为”的认定，本问题在前已有阐述，在此不再赘述。

2）关于产品瑕疵责任的举证责任。2013 年修订的《消费者权益保护法》第 23 条第 3 款规定，由经营者承担耐用商品或者装饰装修等服务有关瑕疵的举证责任。但本案争议发生的时间是 2013 年修订的《消费者权益保护法》实施之前，2009 年《消费者权益保护法》并没有明确经营者对瑕疵产品或服务提供举证责任的规定，所以二审法院根据最高人民法院《关于民事诉讼证据的若干规定》第 2 条之规定，没有将该举证责任交由红星美凯龙承担并无不当。本着“谁主张谁举证”的原则，原告杨某应就红星美凯龙所交付的产品和提供的相关服务存在以次充好、质量不达标、安装服务有问题等相关履行合同的瑕疵责任承担举证责任。

3）关于定金问题。本案的货款为 4 035 元，能够得到法律保护的定金数额最多为 4 035 元×20%＝807 元，所以，即使“订货单”上写明的 4 035 元为定金，其也不符合法律关于定金上限的规定。《合同法》第 115 条规定，债务人履行债务后，定金应当抵作价款或者收回。给付定金的一方不履行约定的债务的，无权要求返还定金；收受定金的一方不履行约定的债务的，应当双倍返还定金。本案中，红星美凯龙存在履行合同不符合约定的违约问题，但其已经履行了交货、安装、维修等主要合同义务，因此不存在双倍返还定金的问题。

4）关于违约金问题。《合同法》第 116 条规定，当事人既约定违约金，又约定定金的，一方违约时，对方可以选择适用违约金或者定金条款。本案的“订货单”约定：“供货方逾期交货的，购货方可要求供货方支付违约金；违约金计算方式为：货款金额的 3‰×逾期天数，违约金不超过定金的两倍。”据此，杨某至多可向红星美凯龙要求支付违约金 807 元×2＝1 614 元。对此，再审法院认为，本案并不存在红星美凯龙迟延履行的情形，杨某也没有主张红星美凯龙因迟延履行而应向其支付违约金。因此，杨某主张红星美凯龙按照其已交货款 4 035 元的 2 倍支付违约金，没有事实和法律依据。①

2. 孙某等人实际上已成为“职业打假人”，他们的行为已超出了普通消费者的维权范畴，甚至涉嫌触犯《刑法》第 274 条之规定，可能构成敲诈勒索罪。

依据《消费者权益保护法》第 55 条规定，在普通消费产品领域，消费者获得惩罚性赔偿的前提是经营者有欺诈行为。而作为职业打假人，其已经知道所购产品是假产品，再去购买并向商家索赔，在主观上没有受到欺诈，因此该行为在法律上得不到保护。

2017 年 5 月 19 日，最高人民法院办公厅发给国家工商总局的《对十二届全国人大五次会议第 5990 号建议的答复意见》（法办函〔2017〕181 号），在回应阳国秀等全国人大代表提出的关于引导和规范职业打假人的建议时强调：“目前可以考虑在除购买食品、药品之外的情形，逐步限制职业打假人的牟利性打假行为。适时借助司法解释、指导性案例等形式，逐步遏制职业打假人的牟利性打假行为。”

由此，最高人民法院已明确不再支持职业打假人，原因在于，目前在消费维权司法实践

① 杨某与长春红星美凯龙全球家居置业有限公司买卖合同纠纷．［2018－05－30］．中国裁判文书网：wenshu.court.gov.cn.

中，知假买假行为有形成商业化的趋势，出现了越来越多的职业打假人、打假公司，其动机并非维护自身的合法权益而是利用惩罚性赔偿为自身牟利或借机对商家进行敲诈勒索。

第六章

一、不定项选择题

1. ABC　2. ABCD　3. ABCD　4. BC　5. ABCD

二、案例分析

1. 李某不能向电扇厂索赔，只能向孙某要求赔偿。尽管李某所受的伤害是因电扇的缺陷所致，但是根据《产品质量法》第 41 条规定的生产者的免责事由，生产者能够证明产品未进入流通的，不承担产品责任。该电扇系孙某伙同他人从电扇厂仓库盗窃而来，并没有正式投入流通，属于法律规定的免责情况。因此，电扇厂对李某不负赔偿责任。

2. (1) 有赔偿责任和及时告知义务。依据《产品质量法》第 35 条的规定，销售者不得销售失效、变质的产品，因此销售产品的商场丙、丁、戊均应对购买者的损失予以赔偿。然后可以依法向乙公司或甲公司追偿。

(2) 乙公司应当承担责任。依据《产品质量法》第 41 条的规定，生产者对产品质量承担无过错责任，所以应满足三家商场的追偿请求，但可以向甲公司行使追偿权。

(3) 甲公司应当承担赔偿责任。甲公司因其产品真空包装袋的质量不合格，导致乙公司的产品变质，对此甲公司应当承担责任。

第七章

一、单项选择题

1. D　2. C　3. D　4. B

二、多项选择题

1. AD　2. ABCD

三、案例分析

(1) 依据《税收征收管理法》第 54 条的规定，税务机关及税务人员有权检查纳税人的账簿、记账凭证、报表和有关资料，检查扣缴义务人代扣代缴、代收代缴税款账簿、记账凭证和有关资料。税务机关依法进行税务检查时，有权向有关单位和个人调查纳税人、扣缴义务人和其他当事人与纳税或者代扣代缴、代收代缴有关的情况，有关单位和个人有义务向税务机关如实提供有关资料及证明材料。本案中五金建材店老板故意躲避税务机关的税务检查，显然违反了《税收征收管理法》的相关规定，形成了阻碍税务机关实施税务检查的事实。

(2) 依据《税收征收管理法》第 70 条的规定，纳税人、扣缴义务人逃避、拒绝或者以其他方式阻挠税务机关检查的，由税务机关责令改正，可以处以 1 万元以下罚款；情节严重的，处 1 万元以上 5 万元以下罚款。据此，税务局可以责令该店限期接受税务机关检查，并依照法定程序做出 1 万元以下的处罚决定。

第八章

1. 这种抗辩理由不成立。我国《商标法》第 7 条规定：申请注册和使用商标，应当遵循诚实信用原则。第 32 条规定：申请商标注册不得损害他人现有的在先权利。所谓他人现有的在先权利，主要就是他人的姓名权、商号权和版权。在程序上，我国《商标法》第 33 条规定，对初步审定公告的商标，自公告之日起 3 个月内，在先权利人、利害关系人认为违反《商标法》第 32 条规定的，可以向商标局提出异议。根据《商标法》第 35 条的规定，商标局将根据异议作出不予注册的决定。即使权利人错过了 3 个月的异议期间，抢注他人的姓名、企业字号（商号）、美术作品，成功获准注册，在先权利人可以根据《商标法》第 44 条"以欺骗手段或者其他不正当手段取得注册的"规定，请求商标评审委员会宣告该注册商标无效。一般认为，对于不以使用为目的，大量或多次抢注商标，谋取不正当利益的行为，通常会被认为是"以其他不正当手段取得注册"①。或者根据《商标法》第 45 条的规定，自商标注册之日起 5 年内，在先权利人或者利害关系人可以请求商标评审委员会宣告该注册商标无效。当然，如果一旦提出争议裁定申请的 5 年的时效届满，系争商标很可能就获得了事实上的不可争议的地位。总之，一旦这些在先权利被认定为合法有效，那么商标就不能获得注册或者被无效，理由就是商标注册侵犯了在先权利。换言之，解决商标权利与在先权利冲突的基本原则是保护在先权利，这就要求在后注册的商标权的确立和行使，都不得侵犯合法在先权利，如果在后注册的商标权利是以侵犯他人合法在先权利为前提，这种商标权就不应独立存在，其存在和行使应当被完全禁止。②

2. 该观点不正确。这是因为《商标法》第 57 条第 1 项认为，在同一种商品上使用与其注册商标相同的商标，推定为必然存在消费者混淆可能性。但这仅仅是一种推定，如果有证据证明，在同一种商品上使用与其注册商标相同的商标并未导致消费者混淆，则仍然不侵犯商标专用权。例如本田汽车和现代汽车的商标几乎相同，消费者不会发生混淆误认，也就不存在侵犯商标专用权的纠纷。所以说，《商标法》第 57 条第 1 项仍然是以消费者混淆可能性为条件的。

3. 我国《商标法》第 8 条允许三维标志注册为商标，三维标志注册为商标的前提条件仍然是要具有显著性，即能够区分商品。对于一种商品的形状而言，如果消费者看到该商品的外形，只能想到这是一件商品，而非联想到某家公司或者某种特定的商品，那么这种商品的外形就不具有显著性，不能被注册为立体三维商标，所以我国《商标法》第 12 条规定："以三维标志申请注册商标的，仅由商品自身的性质产生的形状……不得注册。"在此意义上，功能性就是立体三维标志商标具有显著性的反面，商品的外形具有功能性则不具有显著性（识别性）。但是有些时候，功能性的商品外形经过长期使用也可以获得"第二含义"，具有显著性。这时为了划清商标法与专利法、著作权法的界限，防止架空专利法和著作权法对于技术特征、外观设计和实用艺术作品保护期的规定，不允许通过将产品的形状注册为商标来获得对于具有技术特征和美感造型的商品的无限期的保护，防止用注册商标权这种独占和持久的权利扩展专利权和著作权的期限，所以不允许这些经过使用具有显著性的三维标志注册为商标。我国《商标法》第 12 条还规定："以三维标志申请注册商标的，仅……为获得技术效果而需有的商品形状或者使商品具有实质性价值的形状，不得注册。"它们分别由专利法保护和著作权法保护。所以某些专利产品或者实用艺术作品，即使经过长期使用，在消费者的心目中具有了识别性，可

① 汪泽．中国商标案例精读．北京：商务印书馆，2015：16－17.

② 段晓梅．商标权与在先著作权的权利冲突．北京：知识产权出版社，2012：49－50，56.

以用来区分产品，例如飞利浦公司的三头剃须刀的外形，也不能注册为商标。英国授予飞利浦公司就三头剃须刀外形的商标专用权，其实就是赋予飞利浦公司就三头剃须刀制造的垄断权，这是错误的。总之，具有功能性的产品的外形，不能获得商标专用权。即使已经获得注册，根据我国《商标法》第44条的规定，也可以该三维标志具有功能性向商标评审委员会申请该三维标志商标无效，而且没有申请时间限制。

《　　　　　　》※任课教师调查问卷

为了能更好地为您提供优秀的教材及良好的服务，也为了进一步提高我社法学教材出版的质量，希望您能协助我们完成本次小问卷，完成后您可以在我社网站中选择与您教学相关的1本教材作为今后的备选教材，我们会及时为您邮寄送达！如果您不方便邮寄，也可以申请加入我社的**法学教师QQ群：83961183（申请时请注明法学教师）**，然后下载本问卷填写，并发往我们指定的邮箱（cruplaw@163.com）。

邮寄地址：北京市海淀区中关村大街31号中国人民大学出版社806室收

邮　　编：100080

再次感谢您在百忙中抽出时间为我们填写这份调查问卷，您的举手之劳，将使我们获益匪浅！

基本信息及联系方式：※

姓名：__________ 性别：__________ 课程：____________________

任教学校：____________________ 院系（所）：________________

邮寄地址：____________________ 邮编：____________________

电话（办公）：__________ 手机：__________ 电子邮件：______________

调查问卷：※

1. 您认为图书的哪类特性对您使用教材最有影响力？（　　）（可多选，按重要性排序）

   A. 各级规划教材、获奖教材　　B. 知名作者教材

   C. 完善的配套资源　　D. 自编教材

   E. 行政命令

2. 在教材配套资源中，您最需要哪些？（　　）（可多选，按重要性排序）

   A. 电子教案　　B. 教学案例

   C. 教学视频　　D. 配套习题、模拟试卷

3. 您对于本书的评价如何？（　　）

   A. 该书目前仍符合教学要求，表现不错将继续采用。

   B. 该书的配套资源需要改进，才会继续使用。

   C. 该书需要在内容或实例更新再版后才能满足我的教学，才会继续使用。

   D. 该书与同类教材差距很大，不准备继续采用了。

4. 从您的教学出发，谈谈对本书的改进建议：____________________

____

____

选题征集：如果您有好的选题或出版需求，欢迎您联系我们。

联系人：宁丹丽　联系电话：010-62515536

索取样书：书名：______________________________

书号：__________________________________

备注：※ 为必填项。